国家出版基金项目
NATIONAL PUBLICATION FOUNDATION

歐人之漢學研究

[日]石田幹之助◎著
朱滋萃◎譯

山西人民出版社
山西出版傳媒集團

圖書在版編目(CIP)數據

歐人之漢學研究 / [日]石田幹之助著;朱滋萃譯. —
太原: 山西人民出版社, 2015.12
(近代海外漢學名著叢刊 / 鄭培凱主編)
ISBN 978-7-203-09367-1

Ⅰ. ①歐… Ⅱ. ①石… ②朱… Ⅲ. ①漢學—研究
Ⅳ. ①K207.8

中國版本圖書館CIP數據核字(2015)第276312號

歐人之漢學研究
叢刊主編　鄭培凱
著　　者　[日]石田幹之助
譯　　者　朱滋萃
責任編輯　張　潔

出 版 者　山西出版傳媒集團·山西人民出版社
地　　址　太原市建設南路21號
郵　　編　030012
發行營銷　0351-4922220　4955996　4956039
　　　　　0351-4922127(傳真)
天猫官網　http://sxrmcbs.tmall.com　0351-4922159(電話)
E-mail　sxskcb@163.com　發行部
　　　　　sxskcb@126.com　總編室
網　　址　www.sxskcb.com

經 銷 者　山西出版傳媒集團·山西人民出版社
承 印 廠　山西出版傳媒集團·山西人民印刷有限責任公司

開　　本　700mm×970mm　1/16
印　　張　22.75
字　　數　168千字
印　　數　1—2000册
版　　次　2015年12月　第一版
印　　次　2015年12月　第一次印刷
書　　號　ISBN 978-7-203-09367-1
定　　價　68.00圓

《近代海外漢學名著叢刊》編委會名單

出版説明

《近代海外漢學名著叢刊》選取一九四九年以後未再刊行之近代海外漢學作品，編例如次：

一、本叢書遴選之作品在相關學術領域具有一定的代表性，在學術研究方嚮、方法上獨具特色。

二、爲避免重新排印時出錯，本叢書原本原貌影印出版。影印之底本皆經專家組審定，原書字體大小、排版格式均未做大的改變。

三、爲使叢書體例一致，本叢書前言、後記均采用繁體字排版。

四、個别頁碼較少的版本，爲方便裝幀和閲讀，進行了合訂。

五、少數作品有個别破損之處，編者以不改變版本内容爲前提，部分進行修補，難以修復之處保留缺損原狀。

六、原版書中個别錯訛之處，皆照原樣影印，未做修改。

由於叢書規模較大，不足之處，在所難免，殷切期待方家指正。

— 總序 —

温故而知新

晚清以來，西力東漸，西方文化思想的著作也大量譯成中文，最著名的如嚴復與林紓的譯著，影響了整個二十世紀中國的知識界與文學界，使得中國文化的思維脈絡爲之丕變。除了西方思想經典、文學與實證科學著作的翻譯，以實證方法系統化探討中國文史的域外漢學，也對中國學術思想界產生了莫大衝擊，改變了中國學術的著述方法與取嚮。

中國傳統的知識結構，是按經史子集四庫分類的，以儒家意識形態的經學爲文化知識的砥柱，以史學爲貫串歷史經驗的殷鑒，至於子部與集部，則是作爲保存文獻、擴大知識面的附帶知識，可以耽情冥想，可以悠遊玩賞，却都是邊緣化的知識，無關聖教的弘揚，無關文化精髓的宏旨。西方文藝復興之後的現代學術體系，在知識分類上，與中國傳統大相徑庭，講究系統分科，不同知識領域各有其客觀存在的價值，有其相對獨立的目的與標準。日本知識界在明治維新以來，鑒於東方文明落後於西方的船堅炮利，率先效法西方，在追求“文明開化”、“脫亞入歐”的過程中，爲日本學術發展循着現代西方的體例，建立了哲學、文學、歷史學、經濟學、法學、商學、物理學、化學、地質學、醫學、農學、工程學、植物學、動物學等等新型學科，企圖與西方學術齊頭並進，從而影響了中國近代學術體系的發展。

本叢刊選印二十世紀上半葉出版的漢學譯著近百冊，分爲三大類："歷史文化與社會經濟"、"古典文獻與語言文字"、"中外交通與邊疆史"，反映民國時期學術界重視西方及日本漢學研究的成果，藉助他山之石，重新審視中國傳統歷史文化的意義，特別是開拓了傳統學術忽略的領域。五四新文化運動以來，中國學者如蔡元培、胡適都提倡"整理國故"，以理性實證的方法，對中國文化傳統做出系統化的研究，是與這些漢學譯著相輔相成的。這些譯著除了介紹域外漢學的成果，還引進了嶄新的學術研究方法與視角，有助於梳理中國文化傳統的脈絡，重新整合知識結構與學術體系。雖然這些學術著作不是中國學者的成就，無法納入二十世紀中國文史學術的主脈，但是從中文譯本的影響而言，起碼也應當視爲中國近代學術發展的支脈或潛流，不容忽視。可惜的是，到了二十世紀下半葉，因爲兩岸政治形勢的變化，這些漢學譯著，除了部分因王雲五重新入主臺灣商務印書館，而得以在臺灣做了少量的重印，在大陸的出版界，則完全受到遺忘，甚至在許多新成立的大學圖書館中也不見踪影。我們搜集了近百冊塵封的漢學譯著，呈現給二十一世紀的中國學術界，一方面是爲了銘記前人爲推展學術而做出的努力，另一方面也是爲了提醒新常態時期的學人，學術發展有其歷史累積的脈絡，可以從中汲取歷史經驗，温故而知新。

説到"温故知新"與這批早期漢學譯著的關係，可以從兩個方面來思考，以見翻譯域外漢學如何反映了時代精神，爲融匯東西方學術思維，重新闡釋中國文化傳承，做出不可磨滅的貢獻。一是域外漢學的研究對象，以中國歷史文化典籍爲主，屬於中西文化碰撞期間興起的"國學"範疇，與五四新文化人物提倡的"整理國故"運動若合符節。研究中國歷史文化，並賦予新的學術意義，是清末民初知識精英念兹在兹的心結。歷史發展走到一個環節，時代的狂風揚起了批判傳統的大旗，風中的英雄幫着推波助瀾，却又無時或忘自己民族文化主體的未來，糾纏於“傳統”能否“現代”的困境。域外漢學的出現，以西方實證方法研究中國歷史文化傳統，綜合東西方各種語言文字材料，擴大了研究國學的眼界，即使無法打開中國文化傳統是否走到盡頭的心結，至少是提供了一個解惑的方嚮，在大霧彌漫的夜晚，看到了依稀渺茫的星光。

二是翻譯域外漢學，有一種以子之矛攻子之盾的吊詭作用，逐漸化解了中國文化思維中的自大心理與封閉心態，讓唯我獨尊的國粹基本教義派解除武裝到牙齒的盔甲，轉而吸收並接受西方實證研究的學風。民國期間新式教育制度的推行、學術體系的變化、大學學術專業的創建，具體到北京大學國學門的成立，中央研究院規劃歷史、語言、考古的研究領域，都與翻譯域外漢學背後的旨意是息息相關的。因此，重新閱覽這批民國期間的漢學譯著，對二十一世紀的現代學人來說，温故而知新，不但可以窺知民國學人追求新知的心理狀態，也會刺激吾人反思，認真思考學術研究方法與中國學術發展的前景，更進一步，探索文化傳統的重新闡釋與新知介入的關係。知識體系的變化當然與傳統的重新闡釋有關，是外爍的影響大呢，還是内因變化的成分居多?

《論語·爲政》記載孔子說：“温故而知新，可以爲師矣。”歷代解經，對這個“爲師”的道理，有兩種相近似但又取嚮不同的解釋。朱熹《四書集注》說：“故者，舊所聞。新者，今所得。言學能時習舊聞而每有新得，則所學在我而其應不窮，故可以爲人師。若夫記問之學，則無得於心而所知有限，故《學記》譏其不足以爲人師，正與此意互相發也。”雖然朱熹把知識分爲“舊所聞”與“新所得”，强調的却是“學而時習之”，從中生發新的心得，也就是從詮釋舊典中得到新知。這個説法與朱熹在鵝湖之會以後，作詩唱和，寫給陸九淵的詩句，“舊學商量加邃密，新知涵養轉深沉”，异曲同工，是一個意思，萬變不離其宗，舊學與新知是同一個脈絡的知識學理。

然而，有些朱熹之前的經學家，解釋“温故知新”，却有不同的取嚮。皇侃

《論語義疏》就説："故，謂所學已得之事也。所學已得者則温尋之不使忘失，此是月無忘其所能也。新，謂即時所學新得者也。知新，謂日知其所亡也。若學能日知所亡，月無忘所能，此乃可爲人師也。"皇侃明確説到，"故"指的是過去所學的知識，而"新"則指的是新近學到的知識，新舊結合，相互發明，就可以"爲人師"了。邢昺《論語注疏》循着皇侃的思路，也説："言舊所學得者，温尋使不忘，是温故也。素所未知，學使知之，是知新也。既温尋故者，又知新者，則可以爲人師也。"這裏講的"素所未知"，就不衹是研讀舊學，有了新的體會，從過去的傳統中發展出的"新知"，而是從來没聽過、没想過的新學問了。這種"素所未知"的新學問，結合"舊所聞"，對習以爲常的知識框架，就會産生巨大的衝擊，而出現飛躍性的結構變化。知識内容或許大體沿襲傳統，知識結構却得以重新整合，出現嶄新的認知系統，重新審視自己文化傳統的意義，打開文化傳承的新局面。二十世紀上半葉的漢學譯作，就發揮了這樣的作用，促使中國學者放棄自我中心的文化態度，從各種不同側面，探知中國歷史文化的光譜，以域外（或是全球）的角度觀測中國傳統，摇動了文化的萬花筒，看到七彩繽紛的中國。

嚴復在甲午戰争之後，改良變法思想風起雲涌之時，開始大量翻譯西方思想經典著作，是有感於國人（特别是傳統文化孕育的知識精英）思維系統封閉，企圖介紹實證新知，引進邏輯思維的方法，以破除儒學之道"一以貫之"與"放之四海而皆準"的虚妄。他翻譯《天演論》，在序文中提到，有人歸納東西方學術思想，認爲中國文化重精神，是形而上之學，立意高超，而西方文化重物質，是形而下之學，衹追求功利的回報。他認爲，這種自以爲是的蒙昧態度，陷入傳統舊學的框囿而不自知，没有自我反思的能力，無法吸收"素所未知"的新知識，也就無法開展並弘揚自己的文化傳統。嚴復非常清楚他翻譯西方經典的目的，是爲了介紹新知，打破中國傳統思維的封閉性，但是，作爲披荆斬棘的拓荒人，他深知思想封閉者的頑固心理，必須因勢利導，以免遭到盲目衛道之士的攻訐。嚴復有其防身的策略，不會像許褚戰馬超那樣赤膊上陣，而是以桐城文章譯述赫胥黎、斯賓塞、穆勒、亞當·斯密、孟德斯鳩，博得晚清知識精英的贊許，文章深閎而傳入了新知義理。從文化變遷的角度而言，通過翻譯，以迂迴戰術來介紹西方思想，得到巨大的成功，産生了改變傳統思維體系的實效，是中國近代思想史上影響深遠的大事。以此類推，民國時期大量翻譯域外漢學的影響，也是不容忽視的思想史課題。

關於清末民初西方學術思維衝擊中國知識精英，顛覆傳統文化的知識結構，錢穆在《現代中國學術論衡》的序言中，從中國文化本位的立場，發出深刻的感慨，做了籠統的批評：“文化异，斯學術亦异。中國重和合，西方重分別。民國以來，中國學術界分門別類，務爲專家，與中國傳統通人通儒之學大相違异。循至返讀古籍，格不相入。此其影響將來學術之發展實大，不可不加以討論。”錢穆所指出的問題，是傳統知識體系强調“通”，文史哲不分家，最崇尚通儒，而現代學術講究專業分科，各司其職，以至於讀不通古籍呈現的整體性知識思維。姚名達在撰寫《中國目録學史》的時候，對西力東漸，西潮帶來的翻譯著作及新知新學，也有類似的感慨：“四部分類法，不合時代也，不僅現代爲然。自道光、咸豐允許西人入國通商傳教以來，繼以派生留學外國，於是東西洋洋籍逐年增多。學問翻新，迴出舊學之外。目録學界之思想不免爲之震蕩。”這種對學術體系發生重大變化的觀察，反映了中國學人從晚清一直到民國，夾在東西方兩種不同思維體系的衝突中，身歷其境的切身感受，因此感觸良多。

二十世紀上半葉最能代表中國學術的通儒是王國維與陳寅恪，他們浸潤了經史子集的四部知識傳統，承繼乾嘉篤實的考據學風，却都經過西洋邏輯思維與實證科學的洗禮，參與中國知識結構的轉型。對西方現代知識結構如何在中國生根發芽，不但再三致意，并且以自己的學術實踐來努力促成。王國維早在一九〇二年就寫信給張之洞，反對把經學列爲大學分科之首，而主張效法西方與日本的大學，設立哲學科，明確指出知識結構的分類不可因循傳統，而必須另起爐竈。陳寅恪在一九二五年就清華大學建制的問題，寫了《吾國學術之現狀及清華之職責》，指出大學的職責在於學術之獨立，而中國學術界的情況令人十分不滿，必須認真效法西方學術的體制及實踐。他說：“蓋今世治學以世界爲範圍，重在知彼，絕非閉門造車者比。”這兩位國學大師，對西方與日本的漢學研究十分注意，都是以開放態度對待域外漢學研究，集思廣益，以成其大家。

再回到“温故知新”的歷代經解，說說文化傳承的闡釋學意義。劉寶楠在《論語正義》中指出，上古之時，文化知識是上層統治精英的家學，不再治理實際政事的長者可以傳遞德行的知識，可以爲人師。“温故而知新”，就顯示長者不忘舊時所學，且能吸收新知，繼承并發揚這種學術與政治合一的傳統。到了孔子之時，時代出現了變化，士大夫不見得能够謹守家法，弘揚德行，也不一定能够“爲師”了。孔子之後，世變日亟，“道術爲天下裂”，文化知識不再爲少數統治精英所壟斷，也不必然與治理政事有關，學術在民間百花齊放，百家争鳴。但是，學術知識發展的脈絡基本未變，仍然是要温故知新，進德修業。從劉寶楠不經意的闡釋中，可以看到時代變遷影響了學術文化的内容，改變了知識結構的體系，但其内在發展的理路仍舊，還是需要舊學與新知的融合，才能有所發展。

劉寶楠還引述了劉逢禄的解釋：“故，古也。《六經》皆述古昔、稱先王者也。知新，謂通其大義，以斟酌後世之製作，漢初經師皆是也。”劉寶楠贊成這個説法，並指出，漢唐人解釋“知新”，大多數都沿用此意。也就是説，舊學是傳統的知識結構體系，新知是時代變化出現的新知識，必須相互斟酌，才能發揮得宜。至於如何對舊學“通其大義”，就見仁見智，各有説法了。從這個通達的詮釋來討論近代西學東漸的情況，我們可以看到，“温故而知新”在民國學人的心底，是産生“傳統”與“現代”糾葛的心理陷阱，不易跨越。若依照朱熹的説法，“學能時習舊聞而每有新得，則所學在我而其應不窮”，雖然在哲理上可以模模糊糊説通，但在清末民初的具體歷史環節，西學的新知屬於完全不同的知識體系，在原有的舊學脈絡中，根本無從立足，如何“其應不窮”？所以，真要放之四海而皆準，提升“温故而知新”的普世意義，以理解域外漢學譯著與近代學術知識體系變遷的文化史意義，我們認爲，皇侃、邢昺，一直到劉寶楠的闡釋，是比較合適，並與現代文化闡釋學的説法相近。

伽達默爾（Hans-Georg Gadamer）在他的名著《真理與方法》中，説到認知理性與文化傳統的關係，特别指出，人們通過理性，來判斷歷史文化中事實的真相，但是人的理性與生存環境息息相關，與傳統所衍生的豐富文化底藴有關，不可能完全超越文化傳統的思維脈絡。他認爲，人生活在文化傳統之中，就不可能“遺世獨立”，以全能超越的抽象思辨來認識傳統，甚至是批判或顛覆傳統。傳統是歷史文化延續與傳承的表徵，不會一成不變，而我們的認知理性也會因時代變遷，而不斷重新詮釋傳統。伽達默爾的闡釋學以西方文化傳統爲例，説明新知如何納入傳統，而使文化傳統生機不斷，生生不息，與中國歷代經學家的説法（朱熹除外），有异曲同工之效。以此觀照民國時期的漢學譯著，我們認爲，這批學術新知傳入中國，對中國文化傳統的繁衍與發展，實有承先啓後之功。

《近代海外漢學名著叢刊》的出版，最值得感謝的是南兆旭先生二十多年來搜羅的執着與努力。雖然這套叢刊不能窮盡民國時期的漢學譯著，但是，能滙集上百册自一九四九年以來在國内不曾重印的學術著作，再度公之於世，總是功不唐捐的大功德。忝爲本叢刊的主編，我面對這批民國學術材料，先是感到紛雜無章，有些原作者的學術素養也難副當前的學術標準，甚爲猶豫。後轉念一想，這是上個世紀中國最紛亂時期的學術記録，也是民生凋敝，國勢隤危，内亂外患交加之際，仍有許多學者孜孜矻矻，戮力翻譯域外漢學，爲中國學術的傳承拓展新知的坦途，不禁肅然起敬，開始用心整理分類。掛一漏萬，在所難免，好在有學殖豐贍的諍友擔任分卷主編，並撰寫各分卷前言，實在是衷心銘感。有傅杰教授負責“歷史文化與社會經濟”、戴燕教授負責“古典文獻與語言文字”、霍巍教授負責“中外交通與邊疆史”，吾道不孤矣。在整理編輯過程中，周威先生費心最多，也是我要衷心感謝的。

道術之存亡，全在人心之嚮背。這批民國漢學譯著重新問世，對我們生長在承平之世的學人，應當有激勵的作用，爲學術研究多盡份力，讓中國學術發展更上一層樓。

鄭培凱

二〇一五年七月

—前 言—

二十世紀三十年代是中國現代學術史上的一個黄金時期。從晚清的白話文運動，到白話文在民國初年被定爲現代國語，中國的語言也就是“漢語”本身便發生了一個很大的變化。在漢語的這一現代轉化過程中，“新文學”即白話文學、又或稱國語文學的异軍突起，又起到極爲重要的推進作用。因此，現代的漢語和文學，從一開始就如雙生子一樣關係密切，不可切分。

當然，白話文與白話文學的興起，原因不止一個，但不能否認的是，在漫長的從“邊緣”變爲“正統”的道路上，它們都受到過外來的語言和文學的刺激。這裏面既包括有現代漢語對“外來語”的吸納、新文學對外國文學的模仿，也包括了引入歐美日的方法，對漢語和文學加以研究。這個研究，還不單單是針對現代的漢語和文學，也針對古代的漢語和文學。

伴隨着漢語和文學自身的演變，而在語言學界及文學研究界發生的這些轉變，其實是中國學術在各個領域實現其現代轉型的一部分，也可以説是中國現代學術之建立的一個基礎。隨着對東洋、西洋從觀念到方法、從文獻到詮釋的全面開放，在一九三〇年前後，中國的語言學和文學研究也迎來了自己的黄金時代。

這個黄金時代出現的很多學術成果，都是當時中國學者在傳統學問的基石上，吸收外國的方法、結論得到的，如王力所説，那時的語言學，“始終是以學習西洋語言學爲目的"，文學研究也莫不如此。所以，要想説明這個學術上的黄金時代究竟是什麽樣的，又如何形成，勢必要對當時的國外漢學知其一二，尤其要對翻譯成中文出版的漢學書籍有一點瞭解。

語言學方面，自《馬氏文通》引入西方語法之後，在中國影響最大的恐怕就要數高本漢。從一九二七年的《左傳真僞考及其他》，到一九七二年的《中國聲韵學大綱》，他關於中國語言學的論著幾乎都有在中國（包括香港、臺灣）翻譯出版。據説早年間，在他的音韵學論文尚未譯成中文出版前，錢玄同就已經拿着其中幾頁，作上課的教材用。他的《中國語言學研究》的譯者賀昌群也曾説，在語言音韵學方面有所成就的學者，都是借高本漢之力。

文學方面，一個突出的現象是，日本漢學家的著作被翻譯出版最多。究其原因，大概是由於日本在歷史上受中國文化影響甚深，日本漢學家普遍有很好的漢學功底，到了明治維新以後，又先於中國接受歐美的思想、文化和學術，這兩方面的結合，促使日本漢學界産生出很多新的研究成果，其中就有像兒島獻吉郎、鈴木虎雄、本田成之、青木正兒、鹽谷温、梅澤和軒等人的著作。這些涉及中國古典文學、藝術、思想等領域的論述，兼有東西之長，比較容易爲中國學界理解和認同。因此，在現代中國的文學史、文學批評史、藝術史、哲學史等學科領域，日本的研究範式一度相當流行。

説到海外漢學的影響，還不得不提及海外漢學論著的翻譯出版，在二十世紀三十年代前後是又多又快，像成書於一九三二年的石田幹之助的《歐人之漢學研究》，一九三四年就有了中文譯本，就是典型的一例。這固然是由於當時的中國學界對於及時掌握海外漢學動嚮，有一種普遍的要求，可是不能忘記的是這些漢學論著的譯者，在這中間扮演了很重要的"驛騎"角色。

在這裏，也許不需要再去重復趙元任、羅常培、李方桂這一黄金組合翻譯高本漢《中國音韵學研究》的故事，不需要説明高本漢論著的大多翻譯者，如張世禄、賀昌群等，也都是很好的專業學者。就連最早的《左傳真僞考及其他》，也是經胡適推薦，由當年聲名鵲起的新鋭陸侃如、衛聚賢合作翻譯的。而在陸侃如看來，他們的譯介，就是爲了“東海西海互相印證”（譯跋）。

值得一説的，倒是譯過不少日本書籍、不限於漢學著作的孫俍工。孫俍工一九二四年赴日留學，他本來學的是德國文學，可是很快翻譯了鈴木虎雄的《中國古代文藝論史》、鹽谷温的《中國文學概論講話》、本田成之的《中國經學史》、兒島獻吉郎的《中國文學通論》，興趣完全轉到對中國古典的研究。他在各書的譯序中，談到過對中國衹有整理國故保存國故的口號、成績却不如日本的看法（《中國古代文藝論史》），談到過他要借翻譯來使人看到在被我們自己抛荒的文學園地裏，經别人代耕，而有怎樣一番禾黍芃芃的景象（《中國文學概論講話》），也談到過如本田成之對於孔子“别開途徑”的理解，可爲中國學者取法實多（《中國經學史》）。對中日學界當時情況的判斷，大概是他譯書的動機。據説他在一九二八年回國任教後，短短幾年就編出幾百萬字的書來，其中像《中國文藝辭典》、《世界文學家列傳》、《中國語法講義》等，有人説都涉嫌抄襲日人（彭燕郊《那代人·關於孫俍工》）。這也大可説明他心目中的日本學術，不光是漢學，何等優越。當然，他翻譯鈴木虎雄、鹽谷温的著作，按趙景深的説法，還是“對於中國文學的貢獻頗大”（《文壇憶舊·文人印象·孫俍工》）。

另外一位翻譯日文書極其勤奮的是王古魯。王古魯一九二〇年赴日讀的本來是英文系，一九二六年回國後也教過英文，但是他翻譯過的日本書籍，題材廣泛而雜駁，涉及小説與經史之學、語言文學、民族和對外關係，既有論述，也不乏考據。由於他對日本學界的追踪，與他對中日關係的觀察是聯繫在一起的，因此，他在一九三一年翻譯的田中萃一郎《西人研究中國學術之沿革》、一九三四年編譯的《傅斯年等編著東北史綱在日本所生之反響》、一九三六年編寫的《最近日人研究中國學術之一斑》，都在中國學界引起過强烈的反響。在他翻譯的文學論著中，最有名的恐怕就是青木正兒的《中國近世戲曲史》。吴梅早已表揚過他在翻譯中表現出的專業態度，即對青木正兒引書“無不一一檢校”，故“可爲青木之諍友”（序）。一九五六年他寫信給青木正兒，又説此書不僅獲得“我國各方面極爲重視”，還作爲“中文本”，與王國維《宋元戲曲考》等六種，入選《蘇聯大百科全書》的“中國戲曲”條目，説明譯作本身成了經典。而這一次的翻譯，大概也爲他後來到日本搜集古本小説、戲曲，最後成爲造詣頗深的中國文學史研究專家做了很好的鋪墊。

中國現代學術史也應該銘記這些譯者的功勞。

戴　燕

二〇一五年六月八日於復旦

作者簡介

著 者

石田幹之助（一八九一年——一九七四年），日本漢學家，生於千葉市，一九一六年畢業於東京帝國大學（今東京大學）。一九二九年擔任日本大學教授，此外，還在國學院大學、慶應大學任教，並擔任東方學會、東方文化學會理事，日中文化協會、日本考古協會、日本民族學協會、史學會和國際文化振興會評議員，文物專門審議會、司法考試委員和日本圖書館協會顧問。著有《歐洲人的中國研究》、《長安之春》、《歐美的中國研究》、《關於南海的中國史料》和《唐史叢鈔》。由他主編的書籍有《中國文化論叢》、《考古學雜誌》、《蒙古學》、《中國》、《東亞》、《國學院雜誌》、《東洋思潮》及白鳥庫吉、市村瓚次郎、加藤繁、羽田亨各博士紀念論文集。

譯 者

朱滋萃，資料不詳。

歐人之漢學研究目錄

歐人之漢學研究

石田幹之助著

朱滋萃譯

著者原序

昭和五年十二月，前輩松井教授，囑爲現代史學大系中，艸歐人之漢學研究一篇。斯于我學術界，因甚感需要；但若自任編述，則余豈敢。固辭再三，終不獲許；以是，不忖淺陋，據英之尤耳（Yule），德之李詑風（Richthofen），俄之巴託持（Bartold）諸碩學所述，益以平生胸臆所蓄，信筆試作，積十餘夕，成初稿一卷。然再閱之，簡略蕪雜，殆不足道。于是略變方針，擬略求詳；而粗求完備，輒疑問百出。即一人存歿，一書刋刻，衆訟紛紜，莫知適從。是在一代大師，或可迎刃而解；而余淺學菲才，苦難遽定然否。每以一事，不惜糜費數日，僅翻數書，進行極緩。後於約者垂一年，始得脫稿，而今所得，猶復如斯；玆將付梓，實災棗梨。願更得良著，早以易此書也。

昭和七年三月

著者識

目　次

原書凡例

一·本書本擬名爲，歐美人底中國和日本研究，但實際所寫，想在僅僅二百五十頁左右裏，納入這問題所包，無論中國部分，日本部分，都嫌太簡略，簡直成了雜誌裏的記事。因此，商得出版書局的諒解，改爲，歐人之漢學研究，把日本部分，姑且省去；至，歐美人改爲『歐人』，還是篇幅關係，沒見到美國人底登場，不得已而擱筆；這都由於著者不熟練於撰述，結構和記事底配置都不能適當的結果，敬請讀者原諒。

一·編述本書時，于記事綱要，根據下列三書，文中也屢經注明：

1.尤耳：中國與到中國之路。

(Yule, Sir Henry—Cathay and the way Thither. New Edition by H. Cordier. Vol. I: Prelimary Essay on the Intercourse between China and the Western Nations Previous to the Discovery of the Cape Route London 1915.)

2. 李訖風：中國

(Richthofen, Ferdinand Freiherr von—China Ergebnisse eigener Reisen und darauf gegrundeter Studien. Bd. I. Berlin 1877. [II. Abschnitt: Entwickelung der Kenntniss von China.])

巴托特：東方歷史上及地理上的探討，特重俄羅斯之研究。

Bartold V. [Barthold, W.] ——Die geogra phische und historische Erforschung des Orients mit besonderer Berucksichtigung der russischer Arbeiten. Aus dem

Russischen ubersetzt von Dr. E. Ramberg—Figulla [Quellen und Forschungen Zur Erd—und Kulturkunde, VIII Leipzig 1913.])

還有日文的一篇：

田中萃一郎博士：支那學底沿革（東洋學報第八卷，第三號，［大正七年九月］第九卷，第一號及第二號［大正八年一月，六月］所載。）

本書第一章至第五章，參攷歐文三書爲多，第六章大部分據田中博士所述。特記四家于此，以明出處。

一·這些論著，專作本文結構的參攷，至細微部分，依需要，引據各種最有權威的文籍。上記諸書及論文，都是第一流名著，不幸其記事和見解，到處有著者所不能誠服的，又有因近來研究底進步，應該訂正的地方也不少。原打算全部加以儘量的改造；但本性質上，不能把舊時所傳，和前賢所論，一一加以批評。所以凡是和參攷諸書不同的地方，都是著者自己底見解，著者自當負責的。

一·地名人名，大致依照本音；然而難期正確，間有不統一的地方，待改版時，當爲更正。但如 Alexander，如 Darius 並沒照希臘波斯的讀法，免得太繁瑣了。

一·篇中所記書名，以記入原名爲原則，人名地名，都以字有音，原擬作一索引，各片原文，以備檢查；爲節省篇幅，壓在卷末細目裏，注了重要人名，略補闕漏而已，倘能得給讀者少許便利。實已幸甚。

一·校對是著者所極留心的，而同時也是著者所最不擅場，恐『魯』『魚』之誤，尤其是把『記』作『記』，『即』作『即』，『茲』作『茲』，『陝』作『陜』，『亙』作『亘』之類，更不遑一一改正。歐語底字音區分法（Syllabication——以連字號［Hyphen］切斷一語）。尤有明知不合規則的地方。這些都要請讀者原諒。

一·本書忙裏偸閑，斷續寫成；現在看來，繁簡不勻，順序欠當之處，也屬不少。其中第六章後半，略記英國對華經略的進展和英人底漢學研究，以及俄羅斯底西伯利亞開拓和俄人底漢學研究底大要，很有脫漏的地方；請參看狩野直喜博士續狗尾錄第三回，（見支那文學藪：昭和二年刊——原載藝文，大正三年十二月），並前記的巴託特底書，當可見其一班。

一·本書不曾收錄十九世紀中葉以後和現在歐美底漢學趨勢；但在第六章末舉了些參考書，希望用這些來補本書的闕陷。

一·本書原擬插入幾張地圖，但未能如願。倘能參看 Putzger 底 Hitsorisischer Schulatlas 一冊，中等學校西洋史，洋史各教科書底附圖一部，也可補了這個不足。

一 緒論

歐西的中國研究並不很古；然關于中國的知識，自古已有。嚴格地說，甲乙兩地間，旣有交通當然相互已有一些知識。歐西人自和中國有直接間接的觸接後，必然得有關於中國的知識。祇是古時，交通不十分便利，又首先往來的人，是些無名的商賈，或水手之類，都學識貧乏，和翰墨緣淺的人。因此所得知識，大多不很正確；他流傳于當代和後世的，多不十分明瞭；那是沒法的事。可是，更悠遠的古代連所以傳述見聞的文字都還沒有呢；縱然有些見聞，然而也無從流傳；越發是無可奈何的事了。希臘羅馬底學者，著述家，即所謂古典作家（Classical Writers）底筆下所敘到的中國知識，雖不十分多，也早以文籍流傳於世。東羅馬帝國和薩贊（Saracan）朝的波斯，多年的抗爭之後，經西突厥的從中播弄，越發鬧得厲害。以至兩都筋疲力盡，無力抵抗新興的沙拉㶇（Saracan）帝國，把亞洲西部，一任其族雄飛。於是歐洲和中國的交通，又爲阿拉伯人所中斷，而新見聞底西傳，也就斷絕了。關於中國的事物，直到十三世紀中葉，都是從阿拉伯學者手裏記錄下來的。那時正當蒙古民族勃興，侵入歐洲，到處促進歐華間的直接交涉，數百年間，隔斷的東西間的接觸，到這時才復興。羅馬敎士，法蘭西王等底使節，先後來到戈壁漠北；結果關於北方邊境的中國，先進了歐人底耳目。不久，馬哥孛羅底東方聞見錄出，中國內地底情形，傳布才稍詳確；對于從來的知識，給與一個大革新，同是見聞也大爲增富。歐洲勢力底東漸，始於十五世紀末——東印度航路底發現。一舸聲送，繞着好望角東來；他載着：貿利的商賈，覓傳敎新天地的耶穌會教徒和其他的教士。他們到了中國，筆錄，口說，把他們所見到底中國底事情，都傳到歐洲諸國。恰當印制術已很發達，西人對于這遠東古文明國的見聞，頓然增廣。再次，便入於確立十七世紀中國學術研究端緒的基礎時期。近世關于中國研究底勃興，當後章稍稍詳述，先敘古代和中世紀歐西底中國知識。

二・古代和中世紀初期關於中國的知識

中國和歐洲(至少那東部)底交通，可以追溯到意外很古的時代；最近十年間，遠東考古學底進步，由瑞典學者安特生(J. Andersson) 諸人努力底結果，竟可以推想新石器時代後期，中國北部各地，已和南俄脫利波利哀 (Tripolie) 地方和多瑙河(Donau) 下游方面多少有了文化的交涉。自然，這問題目前正在研究中，不能立刻斷定他當否；不過預想今後的發現，否定要不能比肯定的分子多。安特生和中日兩國的考古學者，在河南，甘肅，山西，南滿，遼西等遺跡發現新石器時代底彩色土器；美國潘潑利 (R. Pumpelly) 等人，在中亞阿腦（Anau）地方發掘出同類的東西；還有法國特莫爾干(De Morgan）等人在波斯故都蘇沙(Susa)和其他遺址採集得到彩色陶器；其間實有脉絡可尋。阿腦和蘇沙兩方面底東西，和前記東歐各地方所出的，也可以看出有相通的地方。所以上面的推測，不可一概認爲是無稽的妄想，完全排去。稍晚，照海洛獨托斯（Herodotos）史記說來，紀元前七世紀左右，希臘人已經知道往東方去的商路：從頗恩脫斯（Pontos）海曲，就是現在黑海東北角頓（Don)河口的地方地，東北去，過烏拉爾(Ural）嶺，經額爾齊（Irtysh）河的上游，而出於天山阿爾泰兩山脈之間。當詩人阿里斯台斯(Aristeas)們，還知道阿里馬斯鄙(Arimaspeia），這大概就是指那似乎曾經佔據今日天山南路的西藏民族伊刪特以及其北的東北蒙古住民了；然則中國事情，不可斷爲絕無西傳可知。更到後來，波斯出現了亞開曼尼特（Achaemenid）王朝，于是紀元前六世紀到五世紀初，英明的達到窩斯(Darius）大王，開始在伊蘭高原建立大帝國，東部的疆域達到栗特（Sogdiana)地方，和春秋戰國時代的中國，交通頓然繁盛；其方物，尤其是思想學術等，傳入黃河流域，漸有可攷。當然那時候對中國的知識，也傳入於伊蘭地方。這時波斯和希臘諸市，正是抗爭不已的時候。所以流入於波斯的中國知識，必然也傳入於希臘；不過事屬古代，文獻無徵，現在難於解說。到了紀元前四紀末，亞歷山大（Alexander）大王底東征，他規模之大，可說在當時的空前大業。軍隊裏，也不乏學者；正像十八世紀末，拿破崙的遠征埃及。但他們所寫的波斯征討記，沒有世人所企待的那樣鴻篇；精詳正確，不能和海洛獨脫斯和克柵諾風（Xenophon）抗衡，就是地理風俗的書，也可以說幷沒有比向來的見聞增多。因爲這樣，所以亞歷山大王所征服的地方，就是從前波斯帝國的故地，在當時一定多少傳有一些中國的事情，不幸而終於沒有經希臘方面及其他史家的手而留傳於後世。

所以中國情形，始見於文籍，於其位置，住民，物產等模糊有些記載者，至少也是西曆紀元前後纔有的事。那時歐西所知中國的名稱，有兩個系統：一是由陸路去的；其餘大部分由海路西傳。一種便是稱爲"Seres"，或"Serice"：Seres指人，Serice指地；另一種。爲"Sen"(Thin)或Sinai(Thinai)；Sin指地，Sinai指住民。Seres或Serice底一種稱呼，似乎比Sin或Sinai底一種較早。這兩種名字，都出自西方稱中國繒絹之名Serikon, Sericum；絹是中國名產，早被歐洲社會所歡迎，古來向西運輸栗特安息等商人，在中間佔了很大的利益，然而還被希臘羅馬底人們所寶貴；那是歷史上顯著的事實。絹底貿易，在很古的時代已經有了，那麼，把『絹』字稱其產地和其產出者，當然也是很古代就有了的。Sin，Sinai 系統底語辭，如後記，出於秦始皇統一中國後的國號『秦』；那麼這名稱的起源便不能追溯到紀元二二一年以上。而絹貿易底存在，可以推到遠古；所以前面的想像決不能認爲不當。

在可考的書上見到 Seres 之名，最早的，如小亞細亞地理學斯脫拉蓬（Strabon：前六三——後二五底地理書，當其中之一，這是紀元後第一世紀初期成功的書；亞歷山大王底霸業衰落以後，埃及首都亞歷山大里亞（Alexandria）爲世界學術底中心，這書，便是集當時該地學者們成績底大成的著作之一。這書的第十五卷第一章第廿五節裏，有Seres之名。然當時對於這些知識，還是這漠然的，如斯脫拉蓬所說：祇有 Seres，很是長命，常有二百多歲的人，等等全是一些荒唐不經的話。固然也有人說這些話，在希臘史家克泰夏斯（Ktesias）底書裏，已經見過，並不起始於斯脫拉蓬；這在現有的克泰夏斯底諸本裏，祇有惟一的鈔本見到這記事，那究竟是不是原來的眞像，已是很可疑的事，所以通例不能用此說，尤其克泰夏斯是紀元前五世紀到四世紀的人物，而這書底寫成，據考定約在四世紀左右，這就越發不能不可疑了。雖然斯脫拉蓬對於 Seres 底情形，根據，亞歷山大王幕僚窩乃西克利託斯 (Onesikriton—前三二八年卒)所記；那末這些所傳，他存在歐西底一部分，當然不起始於紀元前後。係上文屢次說過，絹底貿易從古代已有，回想起來，未必不能追溯到紀元前四五世紀的時候；不過疑竇太多了，還是無可奈何的。祇是 Seres,Serice 等名稱，絕不能拿斯脫拉蓬算是初見，在紀元前一世紀的羅馬詩人底作品中，已經常常使用，這可以置信。在費及流斯，馬羅 (P.Vergilius Maro) 底詩裏，有 Seres 底話；弗拉克斯(Q. Horatius Flaccus) 底開薩耳，阿富古斯上的歌和其他的詩句中，發現有 Seres，Serise，Serices 的名稱：在烏非窩斯，納熟 (P. Ovidius Naso-底詩裏， Seres 彷彿也可以看見。

其次，在羅馬一時認爲學識淵博，素來著名的刪克恩慈 C.Plinius Secundus——紀元後二三——七九，當維蘇威(Vesuvius) 火山大爆發那年，死于毒煙裏。)底博物志(Naturalis Hisioria)裏，說到中國的住民和特產物絹織物等，也有不少謬誤的地方，可是總算還有稍稍記得明白的部分，在這書裏，也記着 Seres Serise 底名稱；又紀元五十年前後著成的梅拉 (Pomponius Mela)底地理書(De Situ Orbis) 中，也用 Seres 底名稱，略記着中國底情形。(梅拉：羅馬學者，出身于伊斯派尼亞。）此後，Seres 底名稱，見于一世紀羅馬詩人依太利克斯(Sillus Italicus)底詩篇：二世紀羅馬史家佛羅魯斯(L. A.Florus)和二世紀希臘詩人狄窩尼西窩斯排利愛開台斯(Dionysios Periegetes)等所著；二世紀希臘天文地理學者拖雷美(Klaudios Ptolemaios)底地理書：二世紀希臘地理學家包撒尼亞斯 (Pausanias) 底希臘志；四世紀羅馬學者潑力西哀斯(Priscianus)和四世紀羅馬詩人阿肥納斯Rufus Festus Avienus,）四世紀末羅馬史家馬賽里奴斯(Ammianus Macellinus) 等著作裏引着的；可是到了六世紀時候，東羅馬史家梯俄方內斯(Theophanes)和曼乃粥洛斯，泊洛台克脫(Menandros protektor)底書裏出現的，却成了流風餘韵，而至在當時的語言裏，漸次不見影子，便有用別種名稱的趨勢。

由上述，許多古典作者(Classical writers)，當敘述關於西人底東方知識沿革的時候，雖常有引證的地方，可是關於這問題，誰也得先參考尤耳，巴託脫兩人底著作；但敘述過簡，對於日本底讀，稍有不便之憾。現據兩氏書，作一簡注。（在歐美的學子，對於希臘拉丁方面的學問，許已有相當的造詣，注釋大概可以從略的了。）

斯脫拉波(Strabon)：紀元前六三年，生于頗恩脫斯底亞馬刪依亞地方，是良家子。初學哲學，後研究史學和地理學。往來於小亞細亞，埃及，希臘，意大利諸地，又常到羅馬去。著史記四十七卷，第五卷以下，繼續頗利別窩斯，直到著者底時代。可惜現在亡佚了，不能見全書底眞相，僅存了一些佚文。而那巨著地理學(Geogra-phica)，全部十七卷，略略完好地流傳着，祇第七卷，散佚一二。這書，成於紀元二三年，不僅是現在古代唯一的地理書，雖在中世紀，也永遠重視爲地理學底要典。所記也有不少敘述自己所目睹的地方， 可是小部分乃是彙集前人書裏的精華；第十一卷至第十六卷，收編亞細亞底紀事。文筆明快，繁簡得宜。

二・克泰夏斯(Ktesias)：希臘史家，生於可尼特斯底名門，約和克刪諸風同時。紀元前四一六年，來波斯，爲濮乃蒙王底侍醫。隨王上戰陣，治療王底創傷。三九九年回本國，從事著作。以波斯所蒐集的材料作波斯史(persica)二十三卷。前六卷是亞細利亞(Assyria)史，其餘是波斯史。從上古起，到著者時代止；雖則看來許多是邈遠的，可是古代史家，常喜引用這書。所據波斯底材料，似乎都是不利于希臘方面的傳說，或者也許正合于他們底傳統見解吧。現僅存佚文，看不到原書了。別的，還著有印度事物志 (Indica)，這是編集在波斯時所得的見聞，全書也失傳了。

三．窩乃西克利托斯(Onesikritos) 希臘史家，談窩蓋乃斯底門人。爲亞歷山大王底幕僚，出爭于波斯，奉命和乃阿爾格斯將軍從印度到底格里斯(R.Tigris) 和幼付拉底斯 (R.Euphrates) 兩河底河口，探究航路。後在確拉基亞王利由西麥克斯底宮廷任職。編亞歷山大王傳，叙述王的行爲，實在誇張的話爲多，大都用荒誕的話，來寫遠地的異聞 ， 不爲社會所重。書不傳，今僅存殘簡。

四．頗泊利窩斯，費及流斯馬羅(P.Vergilius Maro)：是著名的羅馬詩宗費及流斯 (英作"Virgil") 底完全名字。紀元前七十年，生于麥托亞附近村落亞台斯地方。紀元前一九年，卒於博耳恩台西屋姆 (英作 "博利恩台西")。當時很著名，而現在連新的小傳都沒有。"Seres"底名稱，出現在紀元前三十年脫稿之名著農耕歌(Goergica)第二章第五節裏；這時在巨著哀乃屋斯故事集(Aeneid) 以前寫。(這位詩人底名字，普通的拼法，拉丁作"Virgilius" ；英作"Virgil"；這是錯誤的，今據原書精鈔本和金石文，改正爲 "Vegirlius" ，依英語，也當改爲"Vergil")。

五·奎斯，霍拉取合斯，弗拉克斯(Q.Horatius Flaccus)，乃著名的羅馬詩人弗拉克斯(英作弗蘭斯)底完全名字。紀元前六五年生於意大利之烏奴西亞（現在的夫拏沙），紀元前八年卒。也許不及有新的小傳。

六·勃利烏斯·烏非窩斯·納熱(P. Ovidius Naso),是烏非窩斯英作（“烏幅托”）底完全名字；也是著名的羅馬詩宗。紀元前四三年生於斯爾漠(現在的索爾漠拏)。羅馬富家子,年青時,在羅馬受高等教育。晚年，得罪了阿格斯慈斯皇帝，紀元後九年，放謫於黑海沿岸多瑙河口的托米地方，十七年死于戍地，艷情篇（Amores）和神變歌(Metamorphose)是他底代表作。

七·刪克恩慈（C. Plinius Secundus）；紀元二三年的上半年，生于意大利底新格姆斯(現在的格漠)。最後成巨著博物志三十七卷，今原書尚存 。 這書於七七年出世,呈獻皇帝梯斯的東西。乃從四百七十四家底著作,約二千部書裏，所節編而成的。有二萬條記事 。 眞僞淆雜,選擇標準的不適當,不免受人非難；而蒐集淵博，實是古代學術史上的一種偉觀。從目錄引用書目起，一直到天文，地理，人種，風俗，動，植，鑛物，藥物等，差不多可說沒有遺漏的東西。七九年，奉梯斯帝命：在米刪拏姆地方，領着艦隊，恰遇到著名的維蘇威(Vesur vius) 火山爆發,那不倦的研究精神,勇敢地引身危地,終於害死了他自己。

八·梅拉(Pomponius Mela):羅馬地理學者,生於伊斯派尼亞底清蓋台拉地方。紀元一世紀人 。 五〇年前後,(或說四〇年,或四四年。)作當時的世界地志(DeChoragraphia [De Situ Orbis])。以地中海爲中心,叙述那四周的地方,可是他親歷所得的很少,主要的據希臘底古書的部分爲多,並以文辭富嚴得名。

九·依太利克斯(Silius Italicus)羅馬詩人。伊斯派尼亞人。紀元二五年 , 生于現在的刪夫利的伊太利加地方。曾任幾次要職,後閑居意大利南部,最嗜作詩和研究,私淑于費及流斯。中國的詩句,見于那名著第二次濮哀尼戰歌役(Punica)第五、十五、十七諸章裏。一〇二年,自己絕食而死。

一〇·佛羅魯斯(L.A. Elorus):羅馬史家。二世紀人。以著羅馬史綱(Epitome de Gestis Romanorum)得高名。這書從古代起 , 到奧古斯都 (Augustus) 帝時爲止,書裏載有奧古斯都時代諸國底使節和 Seres 使節同到羅馬來的紀事,是否可靠,當然不能明瞭。祇是那使節不是由中國朝廷派出的,該是正確的吧。

一一·狄窩尼西窩斯，排利愛開台斯(Dionysios Periegetes)：所謂排利愛開台斯，俗稱『地誌編者』的意思。希臘詩人。生於哪里,什麼時代人？都不明瞭,祇知道是羅馬帝政時代以前的人。所著世界地誌，大部分根據哀拉托斯台乃斯（紀元前三世紀希臘學者，著有地理學，年代學等。）底書，用韵文寫的。這書流傳很廣，四世紀時，阿烏哀拏斯譯爲拉丁文。『Descriptio Orbis Terrarum，』是『地球說』底意思。

一二·拖雷美 (Klaudios Ptolemaios)：二世紀希臘學者，數學、天文、地理學大家，生于埃及。從東洋學底立場看來，那名著地理學八卷，眞可說『地圖製作法指南』(Geographice Hyphegesis)。Seres和Serice底名稱，散見于第一卷第六卷等。

一三·包撒尼亞斯(Pausanias)：四世紀羅馬學者。麥烏蘭他尼亞(非洲北岸西部，現在摩洛哥邊境。)底開沙蘭亞人。拉丁文法大家，于地理也很有興味。祖述狄窩尼西窩斯底地誌，而著一書，便是所謂地理指導(Perige-sis)

一四·阿肥納斯(Rufus Festus Avienus)：四世紀羅馬詩人。生于哀托爾利亞洲烏爾西尼亞地方。翻譯狄窩尼西窩斯底地誌，又自著類似地球說 (Descriptio Orbis Terrae)的書。

一五．馬賽里奴斯(Ammianus Marcellinus)：四世紀羅馬史家。三三〇年頃，生於叙利亞底亞梯窩扣亞地方，乃希臘的名門後裔。年青時服務于軍界，有時也隨着皇帝尤利阿拏斯與阿蘭孟尼及波斯人作戰。晚年隱居羅馬，三九〇年頃，着手用拉丁文著羅馬皇帝史 (Rerum Gestarum Libri)。從乃爾帝起，叙至畫蘭恩斯帝死之間的事情。所記差不多是作者親見的情形。他底意思，許是繼續達扣斯底書吧；那正確公平之點，也能有達扣斯底遺風。祇是拉丁語不是他底本國語，文章生硬，不免有晦澀難解之譏。關于中國人和絹的記事，見于第二十三卷第六章。

一六，梯俄方內斯(Theophanes)：從古代到中世紀，和這樣名字相同的史家有好幾個人，這裏所說的稱爲"Theophanes Von Byzanz"，六世紀末人。和別剎恩時底 Th.Chronographer，Th.Confessor等，不可相混。

一七，曼乃箚洛斯(Menandros protektor)：六世紀著名的希臘史家，生于法律的名家，在別剎恩時底宮廷任職，爲皇帝底親衞。因此有Protoktor之稱。著有紀元五五九年至五八二年的東羅馬帝國史，不幸現在祇有斷片的遺著。

當這註語終了時，還得附說關于Seres.serice底語原。希臘人的 Ser(Serikon)，羅馬人的 Sericum,乃由于將中國底名產『絹』所孳生的言辭；世人常常倒推上去，以爲 Seres. Serice 乃表示『絹』的意思，便產生了Ser.Serikon. Sericum那些名稱，這是不對的，那麼,Ser. Serikon. Sericum 等字，從什麼語轉訛的呢？這要正確斷定，還是困難，總之彷彿許多學者都以爲從中國產生的話，那是錯誤的；恐是在中國底西邊，泰西底商人從事絹底貿易的稱阿爾泰語系的絹底名辭而產生的。絹，蒙古語爲 Sirghek 滿洲語爲Sirge,這是生絲,帶微黃色，因那色澤的緣故，許是從微黃意義的蒙古語 Siragha ，Sharagha等孳生的名稱吧。古波斯語，稱絹爲 Sargh ，這定是從阿爾泰語轉入的言辭。土耳其語底 Sarigh (黃色)，在古時許也有微黃色的意思,這樣孳生而稱爲絹，也未可知 。 現在俄羅斯語稱絹爲Shilku，這當是那些阿爾泰語的一種所直接傳入的言辭，不是從希臘語轉來的。

如上述，關於中國很瑣細的知識，隨着了該地底名產絹的西傳，自古廣佈於歐人之間；從西曆紀元前後，Seres，Serice 的名稱，漸有一些載錄於文籍；但那時歐人之間，知道又別有用 Sin(Thin)和 Sinai (Thinai)底名字，稱中國和中國人的，也已經敘到了。Seres, Serice 的一類，以陸路貿易爲主而西傳；Sin Sinai, 等語，由水路交通，而爲歐人所知，前面也已提到；現在想把後者略敘一下：Sin，Sinai 等語底來源，始於紀元前三世紀末葉，（前二二一）中國創設統一王朝，導源於威震四鄰之『秦』底名稱，這一系語言，以前當不會西傳；而關於Sin，Sinai等名稱(現在通行於歐美的，相當『支那』的種種稱呼，便是China,Chine,Cina 等話，)底起源，從來東西學者間，有各種異說，如李託風(Rihthofen)底『日南說』(由漢底日南郡(在安南順化附近）得名。)拉克伯里(M.Terrien de Laconperie)底『滇國說』(雲南底滇地方，臨紅海與交址(現在的東京，即河內)來往，經這貿易港，『滇』底名稱，從此西傳。)等，有一時流行的；日本學者，也有幾個唱這種論調，可是這些從現在看來，是一無足取的謬說。仍據清初耶穌會傳教師鮑梯（M. Pauthier)底話，近賈兒斯(Giles)所說，又最近伯希和(Pelliot) 底充分的論證：他們以爲這是從秦底國名變來的，乃是很正確的見解。稀有的英主始皇帝底偉業，承七國戰爭之後，在中國創立古來第一個强盛的統一帝國，那帝國底名聲，當時震動四方；不幸那帝國運命很短，在始皇死去前後，忽然崩潰，漢帝國雖繼之而興，而別的民族，仍還是稱中國爲『秦』，中國人爲『秦人』；這有許多證據，一點疑問也沒有的；如匈奴民族，西域諸國，都用這名稱；當代的史籍和磨崖碑文等，常說到這個。這名稱，不久傳入印度，變成梵語形式，稱秦（China）爲『Chin』，又稱爲『大秦』（Mahachina）由於秦底盛名喧傳於四方的緣故，乃顯然的事實。不過那國號，於秦國存在時候，——紀元前三世紀末十數年間，（二二一——二六）這樣廣的鄰近諸國間，言語能否傳遍，很是疑問。尤其在始皇即帝位以前，雖爲諸侯的秦王時代，勢力很强，壓倒羣雄，假令紀元前二五五年頃以來，約四十年，其間西北諸民族，便已傳說秦底名稱，也未可知；不過這也很少理由，現在不能表示贊同。想來秦底名稱，許是從始皇時，約經百年，（紀元前二世紀後半，）漢底勢力大興，因武帝雄才大略的結果，國力伸張各地，隨國勢的開展，才遠傳於四力；至於始皇時代，當時怎樣的呢？秦底名稱，秦時不傳；至後，以舊名字稱漢國，决不足異，如後來所傳，拓跋氏（Tabghach）亡了許久，唐還是稱這個名稱；契丹（Kitai）滅了，俄人稱中國，還是用契丹底舊名，可爲例證。秦底名稱，到了那時：很早的北方，爲臣服於漢的匈奴所用；西方，由於張騫底遠征，從中央亞細亞，傳入印度西北 ； 西南，因四川，雲南底經略，便是所謂西南夷底招撫，也許傳入於印度東北；以廣東附近作中心的南方海上交通底進展，從印度支那半島，到馬來諸島，也許可達印度南部。然則 Sin，Sinai 系統的語言，舊說由海路爲主傳入西方的話 ， 可以不提；實在不僅由海上交通而西去的，一方面與 Seres，Serice底等語傳入，走同一的路徑，又通過其他的陸路，也許曾推展到印度方面；而最後傳入於歐洲的確祇是埃及，美索不達米亞等與印度之間通商航海的商人，水手之流。所以指這一系的『中國』，『中國人』的語言，從海上西傳，由種種路線，曾傳入印度方面。在印度更由航海者帶往西方的話，可無須說。那 Sin，Thin，Sinae，Thinae 等底語頭音，因當時在埃及和印度間的航海，貿易的人，大都是阿剌伯人，可看出他們底語言，沒有Ch這個音，所以訛讀 Chin 爲Sin，Thin，而且可更據 Sinae，Thinae語爲證。(這像近來弗拉恩所說，倘古代阿剌伯語，定然不能適用的話，當有解釋的必需；那麼，雖祇以爲訛讀這字，也許沒有妨碍吧。在日本自古便稱秦爲『支那』，Ch，Ch' 底音，轉爲S. Sh,當不足爲異的。Thin, Thinae 底話，想是更把S 音轉訛了，又也許傳入的原因，乃是別種類似的音吧。要之， 這系統底語言， 可見到的，在紀元一世紀末(八〇——八九)的愛利脫利亞海周航紀(Periplus Maris Erythraei和二世紀拖雷美底地理書裏（據梯爾斯)(Tyrus)人麥利拏斯(Marinos)發見的部分。)直到五世紀希臘地理學者麥爾扣拏斯 (Mar-kianos) 底那些著述裏，只圖拖雷美底簡約和通俗化 ， 而記載那航行印度洋，波斯灣的，或祖述這些的 不知不覺間 暗示西傳的路徑。愛利脫利亞海周航紀， 盛行於二世紀前半， 稱希臘史家阿利阿拏斯(Arrianos) 所著，實際乃成於無名作者之手，那時代也還古，正確年代可不能斷定 ，大約當係紀元一世紀末時所作 。愛利脫利亞海，是『紅海』的意思，從現在的紅海，遠包括很廣的地方：那是指由波斯灣，連着印度洋，直到錫蘭島附近的名稱。在周航紀裏，得見Thin底名稱，許是從通過陸路而入印度的秦底國號所轉入的，倘由所記看來，髣髴是專指現在的中國北部地方。拖雷美在前記的地理書裏，記着 Seres, Serice 底情形；可是又根據專從海路傳去的知識，用 Sina，Thinai 底名稱，敘述中國人底事。拖氏書中的這部分，說是從敘利亞底梯爾斯市底地理學者麥利拏斯底書裏鈔出來的，而麥利拏斯又是據麥開台尼亞底商人梯梯阿拏斯 (maës Titianos) 所傳而作。梯梯阿拏斯領導下的商人，屢次旅行印度方面，所以那見聞，有相當的可信，不過那傳入的地方，許是由於中國南海岸方面底知識。倘據拖雷美所見，Sinai，Thinai底國，當指現在的中國南部；從那記載裏所說，Sina入和北方的Serice爲鄰的話，可以知道。麥爾扣拏斯是希臘的地理學家，住於皮梯尼亞底海爾克蘭亞地方，紀元四〇〇年頃，編東西兩洋志二卷；這是從當時尚存的紀元前數百年的地理書，直到拖雷美，參考了不少的古書，才寫成的；然毫沒有關於中國方面的，不過把拖雷美底書改編一下，據說那相同的Serice和Sinai，乃各自的地方，前者在北，後者在南，用南北各樣的名辭，稱現在的中國，似乎和拖雷美所說，一點改變也沒有。

由上述：Sin. Sinai 底系統底名稱，雖舊時見解，追溯到始皇統一中國以前；但那是不可能的事，似可以明瞭；不過對于這問題，有反對的意見，更得一述舊說的起源，姑作介紹一斑，這些當不足置信。第一說，見于舊約全書底以賽亞(Isaih) 書第四十九章，以西尼姆(Sinim) 國指中國。這說，有蓋刪尼屋斯霍恩，考爾狄等諸學者底贊成，像尤耳也沒有反對的口吻；可是這單從巴勒斯坦方面所見，遠指東方或南方的某地，這果是中國與否，一點也沒有根據。拉克伯里竭力排斥這一說，我們覺得很對；倘萬一這地方是指中國，那麼這語底起源，必得求之于秦底名稱以外，以我們底見解，如果這樣推斷，到底近乎一種妄想。第二說：中國底名稱，早已爲印度所知；摩訶巴刺塔 (Mahabharata) 底故事書裏，載有China ，是表示中國底意思；在瑪奴 (Manu) 底法典裏，記着的 Chinas，便是指中國人。這據古時拉刪恩等所說，又近時耶格比底提倡，以爲康陀羅笈多王(King Cankragupta) 底宰相所著的考鐵利亞(Kantiliya)書裏，有 Cina底名稱是指中國的；這說也有拉維夫底熱心贊同，拉氏以爲是指現在的廣東省及其以南的海岸，很古時，許已有這個稱呼；（恐出于馬來人)。這些假設,全都缺少確實的證據,仍不外一種想像。縱然摩訶巴刺塔和瑪奴底法典，是紀元前數百年的古東西，考鐵利亞底著作年代 ， 考定在紀元之前三〇〇年的時候；這些名稱 ， 如果眞的指中國，那對于“秦”，也要有別種解釋,但這究竟是否,很屬疑問；所以我們對于這些主張，不敢隨便加以贊同，寧可尊重反駁這主張的伯希和底意見。

然則那Seres，Sinai 等底住地，便是Serice或 sin，而古代人描寫的地方，是怎樣的呢？這爲篇幅所限，我們不能詳述；要之，這是極渺茫的，于正確之知識，還是差得很遠。簡括說，上舉的那些學者和著述家所述,便是這樣的：Seres, Sinai 底國 ， 當時認爲位于世界底東方，臨大洋，地廣人衆，西至西馬窩斯山附近和巴克礁利亞地方，(serice)又連着廓耳喀左岸的印度地方，(sin)(當時認爲現在的西藏高原，遠亙東西的一支山脈　，　呼做西馬窩斯山。)住民文明，而溫和，正直儉樸；愼于和鄰人爭鬥，似乎羞怯迴避深的交際；而售賣物產，却不辭應酬；生絲和絹織物，是最好的出品，毛皮和優良的鐵，也都是特產之一。那最有名的，還是要算絹。紀元前二世紀的羅馬詩人，更缺少具體的知識，所說不僅空洞而已，例如威爾基利維斯以爲絹是由于 seres 地森林底樹葉製成的。希臘的地理學者，如排利愛開台斯，也以爲絹從竹葉做成的。至二世紀後半的排烏沙尼亞斯，才明瞭生絲乃像蜘蛛那樣的昆蟲所生，那出產乃由于那種昆蟲底飼育。一方面關于不完全的養蠶術，稍稍流傳于世界；另一方面，當時對於極遠地方的知識，還是充滿着不少的矛盾，並有許多奇異的謬說，直接一一看那記載，可以知道。雖如羅馬學者删乃加 (seneca) 彷彿全然不知道 seres 底住地在哪里。他底甥詩人羅加拏斯(Lucanus——一世紀人。)，認爲那地方在依梯俄皮亞 (Ethiopia)(非洲)底後方的那樣特徵的話，不能不提一下的。(羅加拏斯有這樣的記事：當時依梯俄皮亞底陸地繞印度洋底南邊，想來連着遠東的sinai，也未可知)。

而那起源久遠的 Sin,Sinai 底一類的名稱，曾經有一時和似乎被忘了的Seres,Serice 底系統底稱呼,同時自然地絕跡于希臘，羅馬學者之間；這有種種的原因，要之，從紀元五世紀前後，歐洲地理學完全停頓，簡直有衰退的模樣；大原因是(一)與于三世紀初的薩賫朝的波斯底國運，很是隆盛，同是和波斯不斷地爭奪亞細亞西部主權的東羅馬帝國，失去了權威：為了不能伸張勢力于東方，自然難有新的豐富的知識。（二）四世紀基督教成為羅馬帝國底國教，因此學術界興味，都集中于神學，幾乎全不顧其他學問。（三）北狄蓋爾馬尼東夷夫恩等底邊境侵擾，使帝國應付沒有安靜的日子；連不直接受着侵掠的地方，到底也像沒有餘暇，使從容研究學問，尤其如(二)(三)，很可看出所受的影響。如波斯雖與羅馬為敵，常以干戈相見，可是優待被蠻族侵略而逃來的別剎恩時(Byzanz)底學者，有時開放王宮底文庫，而且許把世傳的文書和紀事，供他們研究材料；這樣，而不利用良好的機會和條件，連保存于波斯的東方關係的地理知識，不採取以擴充見聞,眞是遺憾的事。幸而那時還算有一二例外：東羅馬帝國底黃金時代，在尤斯梯尼阿拏斯帝連着那後繼代皇帝底治世，相繼出現了當時認為別剎恩時史學三大家的阿加梯阿斯（Agatias）曼乃架洛斯（menandros protoktor）

梯俄非拉克托斯（Theophylaktos Simokatta）諸人，乃至以『印底航行者，世界誌家(Cosmas Indicopleustes）的名稱作爲本名的亞歷山大里亞底僧侶康斯太梯拏斯（Constantino s)等；由此，各種古代的東方知識，產生了純一的，全新的見聞著錄者。那阿加梯阿斯從在波斯任通譯官的朋友刪爾基窩斯那里，得到藏于波斯秘府的料底供給，很傳達了一些波斯底風俗習慣；那說到的，却和中國沒有關係。至于曼乃糾洛斯以下的人爲中國方面新的名稱，和見聞底介紹者；關于他們少量的著述和其他，這裏不能不敍述一下：在古典時代，便是所謂Antike時代，關于中國的事物，有由陸路貿易爲主，傳于歐西，以Seres, Serice 底名稱爲代表的一系；同時有由海路交通，傳入西方，以 Sin Sinai 底名稱爲代表的一系；在那時代，由兩路傳入兩種新見聞，是一種奇事。代表那前者的，乃是曼乃糾洛斯和梯俄非拉克托斯；代表後者的，是科斯麻土（Cosmas——一名康斯太梯拏斯）。祇有這時期，前代的知識，差不多淪亡了：這時傳入中國的情形，似乎完全是新得的見聞，和前代的 Seres, Serice 乃至 Sin, Sinai 等，沒有承續的關係；解釋這些相連貫的系統等新知識的，一個人也沒有。然則那時從海陸兩方面傳入新的中國方面底情形，是怎樣的呢？這，陸路由于中亞西突厥底勃與，土耳其民族和東羅馬帝國之間，有了直接交通；水路，薩贊朝波斯底英主獎勵東方航海，振興了和中國，印度底海上貿易。倘沒有這兩種情形，恐這裏舉着的幾個例外的新知識介紹者，終于不能產生，也未可知。

關于西突厥底勃興，必得先略述突厥底歷史。突厥，普通雖說是Türk底音譯，可是從伯希和底話，住在鄰近的蒙古系統底民族，例如柔然，(蠕蠕，茹茹)是稱呼Türk民族底複數形式，該認爲Türküt 底音譯吧。(他們自己稱Türk的事，當然有的；可是在 Türk 底音譯看來，寧可用『鐵勒』，『狄歷』等，認這爲 Tolos 底對音，是有困難的。但據中國史籍所說，鐵勒等和突厥所指當然不同；倘祇說關於音譯底原語，得如上面所說）。後世所傳，突厥乃土耳其民族一種；所謂土耳其民族，實在也是泛稱那突厥族；彷彿强盛了，才起來的名稱。當中國南北朝相爭的五世紀頃，突厥臣服于威脅北朝後方面掌握蒙古主權的柔然；(西史所謂亞富爾)而是天山，阿爾泰之間的一種遊牧民族。五四六年，住在蒙古底漠北鄂爾渾，碓拉兩河底上流域。同屬土耳其種的遊牧民族鐵勒部，和柔然開戰時，突厥協助柔然奮戰：雖則圓滿打退了鐵勒，可是柔然可汗(王)對于突厥,沒有給與賞賜,因此，五五二年，那酋長土門 (Tusman——一名佈明)，便舉叛旗，和舊主對抗；自己即位，稱伊利可汗，(Ili Qaran) 到了他底兒子木杆可汗時，部族底勢力，愈見强盛；五五五年，終于把柔然滅了。由此，東破據遼河上流的契丹，北吞住貝加爾湖西之基爾吉斯，西討威振當時中亞的嚈噠而開拓廣大的版圖，想建軍營于現在的抗愛山和鬱督軍山裏；正像古時匈奴的勢燄，壓迫中國南部。在天山南北和烏孫底故地，封他底底甥達頭(Tardou)爲西面可汗，使鎮守西方，以羈縻夫爾盖拏，索格德那方面。這時突厥發生內亂，木杆底兒子大邏便，因懷恨不得汗位，逃到達頭可汗那里，得援助，由宗室底支配，以圖獨立；(五八五年)這是西突厥底起源。此後，突厥分東西兩部，成鼈對立。從前達頭底父親時代，統有西方的突厥底勢力很强，築軍營于夫爾加拏底北部太拉斯河畔的千泉，雄視四鄰；所以那時也有稱爲西突厥的，中國史籍上或有以達頭底父親瑟帝米(Istami——或作室點蜜爲西突厥底始祖的。所以他們常常和西南的雄族哀夫塔爾(Ephtalites)繼續爭戰 ；哀夫塔爾因爲又是百年來波斯舊敵的緣故，成了突厥和波斯的公同敵人，而促成這兩國的親密關係，復終於結了同盟。波斯王可斯拉竊一世 (Khusrau(Khosroes) I)娶瑟帝米底女兒(達頭妹)爲妃。因此，兩者底聯合軍併力攻打哀夫塔爾；五六三至五六七年之間，把它滅掉了。以竊克索斯河爲突厥，波斯底境界，索格德那底沃地，全部作爲突厥底領土；可是波斯底國力，在突厥看來，已有衰落模樣，突厥開始蠶食波斯所領的哀夫塔爾舊地，這時，雖屬同盟國，忽以敵國相見了。

當時，新成爲突厥領轄的索格德那底商賈們，從來以販賣中國底絹于波斯爲生的。在這個新領主，與波斯相爭的地方，求爲絹的銷塲是不可能的。于是他們在東羅馬帝國境內，打算尋覓新的銷售地方；得突厥底新允許，遣使往別刹恩時，請願于那時的皇帝求斯梯拿斯二世（Justinianus II 。五六八年，帝允許他們東派使節，希臘人裁馬爾考斯 Zemarchos 奉命爲領袖；這些人，到突厥領地內哀克太格山中，進謁可汗，連着幾天，受非常優遇；又隨了可汗，參加波斯戰役；便同了突厥底答禮使，伴着四周諸小國底使節，歸別刹恩時。那裁馬爾攷斯底奉使紀行，載于曼乃匊洛斯史記裏。有了這書，東羅馬使節直接見聞的突厥底風俗習慣等，便詳傳于西人之間了裁馬爾攷斯所謁見的突厥可汗，據曼乃匊洛斯說，乃是笛煞勃洛斯（Dizabulos）可是從中國方面底記載推測，一定是瑟帝米。但是這兩人底名稱，音韵上不相類似，當是同一人底別名，而流傳於兩方面的。

由此，東羅馬帝國和西突厥，便更加親密，聯合以拒波斯；此後幾次交換使節，聯盟的行動，也還暫時繼續着的。可是遣使東方底見聞，不幸沒有流傳于後世；當時也沒有記載下來；因此不能充實別種新的方面底知識。祇是那時和突厥底交涉很多，別剎恩時人來往該地，通過很廣漠的突厥，一方面關于中國底見聞，輾轉傳入歐西：記載這事的書，乃是狄窩弗拉克脫斯，西摩加太底麥屋利基窩斯皇帝時代史，狄窩弗拉克斯，五八〇年頃，生于羅克利斯，是埃及出身的史家。初承家學，習法律；後有志于史學。六一〇年到別剎恩時，任皇帝海拉克利窩斯一世底秘書。六三〇年卒。麥屋利基窩斯在位時間，從五八二年至六〇二年，恰和他同時，因此狄窩弗拉克脫斯所記，多係自己底見聞，否則也根據正確的官文書；所以後世論別剎恩時文學的，都以這書爲那時代的最良典册。他在這書裏，指中國北部爲 Taugas,那都市名Khub(m)dan；又說，這國家，據大河劃分爲二；兩者曾相抗爭,可是現在歸于一統。那正是中國以長江爲界，分南北朝，久相對抗的傳說；現在歸于一統必是指隋或唐底統一。因此所謂Taugas者，當是暫爲北朝統率者而負盛名的北魏底本姓拓跋(Tabhach)底名稱。(這說日本,桑原博士有異議；而我們從白鳥，伯希和兩博士說，相信上面的叙述。）那Taugas，依前代的知識觀察，正適當于Seres。底住地Serice

可是出現已久的古典的知識，有被忘却的；在東羅馬甚麼人把兩者給合起來，是沒有考定的：又由于次述那樣的海路傳來的新的中國底名稱，便是關于 Thinistan 底稱呼；雖據說這和所謂Taugas國家同處，可是不能考定。

然則Thinistan底名稱，甚麼時候，怎樣的傳入西方的呢？那一定出于前舉的科斯麻士。（Cosmas Indicople）科氏本名叫做亞梯屋超亞底康斯大梯拏斯。（Antiochia底 Konstantinos）六世紀生于亞歷山大里亞的希臘人。起初許是商人，那時航行於紅海，波斯灣，依梯俄皮亞(Ethiopia）海岸，印度洋等也許到過錫蘭島。那里所得的見聞，編成自己的地理學說的著述基督教世界地理(Christianike Topographia periektikepantos tou Kosmou 根據基督教教義的世界地理之意)。這是他做了基督教僧侶，于五三〇至五五〇年時，在亞歷山大里亞所撰，那書裏用Tzinista(或（Tzintza）底名稱，以表示中國。當時在印度，確稱中國爲 Thinastana 在波斯稱中國爲Thinistan；在叙利亞語，則訛稱中國爲Zhinastan。科氏遊歷東方諸國的時候，記載那些傳聞，是甚麼時代人所述，那可不能知道。至于所記的內容，依然是空洞的，與前代傳于西方的Sin,Sinai, 沒有多少差別；可是這雖接受印度人，波斯人底稱呼而所根據的，乃是從遠東海上活躍的商賈，水手們那裏得來的；這與由同樣的路徑傳入的Sin,Sinai底概念，相類似的地方，也可推得。科斯麻士以爲得錫蘭島（希臘名爲達泊洛巴乃）底那方的Tzintza，有所謂『絹的國』；錫蘭島和這個國之間，有出產丁香奇楠等香料的地方，便是不外証明中國的。科斯麻士底書，爲治東洋史者的重要材料，不僅像那帶來的見聞，而且有當時薩賚朝的波斯底可驚的海上發展底記事。波斯人和異國人通商，古來專走陸路，海上交通，他們很是冷淡，那是國民性底一種特徵。自然，有幾個英邁的君主，在印度洋或裏海內，航着波斯底艦隊和商船隊的，不止一次；可是他們[illegible]，常常忽然中絕。到了薩賚朝第一個傑主可斯拉窩一世（五三一——五七八）即位，和突厥合力戰敗哀夫塔爾；在南方，大擴張海上的勢力，佔領波剌伯南部，遠越印度洋，又佔了錫蘭島。這是波斯史上空前絕後的偉績；那結果可以從科斯麻士底書裏看出。

像這樣，在東羅馬帝國，關于中國底見聞，南有六世紀的科斯麻士北有同在六世紀的曼乃菊洛斯，最後要算七世紀初西摩加太等底著述，其後不見顯著的進步，接着東羅馬和突厥長期的戰爭，使波斯非常困乏，東羅馬也因而衰弱；這時和回教同時興起來的阿剌伯底勢力，隔絕了東西兩洋，遠東情形，暫時失却傳入歐西底機會。因此，這時代的遠東知識，全爲阿剌伯人所占有在和他們對抗而交通斷絕的歐西地方，對于遠東知識，缺少了轉傳的便利。而阿剌伯人底東方知識，在後世大爲歐西所注意；有成了歐人遠東知識底寶庫模樣。雖似稍離正題，可是在次章，當把這個略述一下。

第二章的參考書：

舉參考書，祇徒聞名，而開示那難于據考的僅見的書，可供專家用的龐大的文獻等，于入門書，尤宜避免這些。因此，本書祇舉很易得而參考不困難的一流書；這不僅就本章而論，乃指全體說的。

一．以本章全部而論，參考『凡例』所示的 Barthold, Yul ecordier, Richthofen 等書，是够了。如古典的著作者底傳記等龐大的 pauly Wissowa 底Realenzyclopàdied. Altertumswissens Chaften Biographie Universelle 倘不到幾個大圖書館裏去是不易見到的；所以增訂O. Seyffert, Lexicon der Klassischen Alterthumsbunde, Leip Zig 1882 底英譯的 A Dictionary of Classical Antiquities, Mythology, Religion, Leterature and Art, 3rd ed., London 1894或Lippincott 底人名辭典，很是合用。

一．見于希臘，羅馬書上的中國關係底記事 Yule-Cordier 蒐集得很不錯；如果希望完全的東西，不如看

G. Coedes, Textes-dauteurs grecs et latins reltaifs à l'xtrême Orient. paris 1610。這書裏所載，是原文和法譯對照的。

一・研究愛利脫利亞海周航紀，根據，W.H. Schoff, The perplus of the Erythraean Sea.New York 1912 最爲適宜，書裏附有希臘的英譯詳註。

一・載着裁馬爾考斯突厥奉使記的曼乃夠洛斯底書底殘篇，不見于刪台斯底書裏，而收在 Yule-Cordier 底 Cathay I 裏有英譯和註的 K. Dieterich, Byzantinische, Qulllen Zur Länder-und Völkerkunde, (5.——→15. Bd.) (Quellen und Forschungen Zur Frd-und Kulturkunde, Bd. V). Leipzig 1912 ；也見于狄窩弗拉克脫斯和科斯麻士底中國關係項下，並有附載註譯的德譯本。那 K. Dieterich 底書底緒論，是關于別刹恩時的諸著作家的良指導。曼乃夠洛斯底原文，在 Müller, Fragmantz Historieorum Graecorum第四冊中；狄窩弗拉克脫斯底原文收在 Corpus By-zantinae Historiae 裏，而足爲 Yule-cordier, Dieterich 諸人底書的參考。

一・裁馬爾斯所說的笛勃洛斯（笛煞勃爾）可汗，見于中國記載，當爲哪一個突厥可汗？又笛煞勃爾底名稱,原名是怎樣的寫法？爲什麼不簡論一下？關于這些，參考 Chavannes, Dcuments sur les Tou-Kiue (Turces) Occidentaux, St. peterbourg 1903 J. Marquart, Eransahr,1901. 松田壽男西突厥王庭考之一（史學雜誌四〇，一。——一九二九，一。)等。

裁馬爾考斯，拼綴可汗底名字，有Dizabrulos, Delziblo Silzi-bulos 的三種拼法；而西夫安拏認爲最後那個字，近乎原形；覺到這學是 Sin Jabghu 底對音。可是馬爾克划爾脫考爲 Syr Jabghu 底轉訛。

一。科斯麻士底書，有幾種原文和拉丁譯本出版，于我們最便利的，是J.W.Mc Clindle, the Christian Topography of Cos-mas, an Eayptian Monk. (Hakluyt Society Publication, 98). London 1897；那必要的部分，在 Cordier Cathay. I 裏，也是最精彩的東西。這書是從希臘原文譯出，而遠東關係部分的法譯本，和原文同載于前記的刪台斯底書裏；德譯本載于 Dieterich 底書裏，已經說過了。

補 註：

一。石器時代，中國和西方之間,已有交通的情形，乃發端于安特生彩繪土器的發見，只至漸引起討論，這詳細記事，見于下面的諸書和論文：

1. J. G. Andersson, An Early Chinese Culture。(Bulletin of the Geological Survey of China, V, I, 1923)

2. J. G. Andersson, The cave Deposit at Sha Kuo tun in Fenglien (palaeontologia Shinica, Ser. D, I, I 1923).

3. J. G. Andersson, Preliminary Report on Archaeological Research in Kansu. (Mem. Geol. Surv. ch., Ser A, V, 1925).

4. T. G. Arne, painted Stone Age pottery from the province of Honon China (palaeontelogia Sinica, Ser D, 1, 2, 1925),

5. 濵田耕作博士東亞考古學研究(一九三〇年)所收壺。

一• 亞開曼尼特朝波斯底文物，影響于同時代的中國的，有見于H.maspero, La Chine antique. paris 1927 尤其那 p.607 以下，和同作者底先秦時代中國的西方文化底影響(史學雜誌，四〇，八，——一九二九，八。)

一• 關于『支那』名稱起原的諸說，在 Yule-cordier Cathay, 1,pp,2—7 裏介紹着。詳細，請看引用這個的論文。

三. 中世紀後期阿剌伯人底中國的知識

從七世紀初到八世紀的阿剌伯人底活躍，乃是可驚的事實；回教勃興，同時，阿剌伯人底勢力，忽然伸張于東西方，出現了跨於亞西，非北，歐南各部的大沙拉刪(Saracen)帝國；但當時的阿剌伯人，實在僅離未開化的人不遠，比較那被征服的希臘人，波斯人和別的刪米梯克底民族，那文明程度，幾乎不可同日而語。沙拉刪帝國武力强盛，文化也很燦爛；可是這不過新的權力和新的信仰下，改頭換面而出現的薩賚朝底文化和別剎恩時底文化的繼續和融合；那新文化底造成，以波斯人和希臘人爲主，阿剌伯人决不是重要的分子。這一點，向來的史家，彷彿有很多的誤解，可是近時俄羅斯底伊拏斯確蘭慈夫（F. Inostratseff）等發表精審的研究以來，這種成見，似乎漸次消滅了。阿剌伯人祇是政權的支配者；那常來的宗教，有作爲國教的關係；祇有語言，阿剌伯語爲一致信仰的語言，又爲共同文化的語言，得志時，風靡一世，那不得不承認的。

阿剌伯人初勃興的時候，還是遠于文明的境地，有如上述。所以自從國家建立告一段落的時候，他們很多用叙利亞人爲媒介，以翻譯叙利亞語；開始譯希臘底圖書；

又得波斯人底協助，注意于印度著述底轉譯。這是由八世紀中葉馬休爾（Khalifa Mansur——七五四——七七五。）治世的時代，阿剌伯人底學術各部分，開始吸收先進諸國底思想和技術；而其中阿剌伯底地理學，不少希受臘學問底影響。雖如謂人類底生息地域，由南而北，劃分七地帶，那便是希臘人所謂 Eucmene；又如說，這世界，由連亙東西的一大山脈，分南北為二部，那和拖雷美底體系，好像毫沒有不同地方；甚而連歐洲已經廢棄的理論，直到後來，阿剌伯人還是保持着；這些，實可說是缺點。然而一方面，阿剌伯地理學，决不是單純模仿希臘；應誇為特色的，那知識豐富，正確的一點，完全不是希臘人所能及。阿剌伯學者所編的沙拉删帝國底地誌，都會誌之類，所記載的地文，人文，翔實精審，希臘人底著作中，很有難於够得上並列的。又，至于國外情形底記載，由海陸兩路，隨通商事業底旺盛，更增詳密，到底和歐西以前茫漠的知識，不能相比。當時波斯，阿剌伯方面，由于印度，印度支那，東印度諸島等所引起與遠東中國方面的海上交通，有非常的盛況；向來東西方底交易，大概以錫蘭島附近為媒介；而直接關係，由于許多波斯，阿剌伯底商人，從中國南海岸諸港，來往于長江沿岸底商埠；又中國商船，出現于波斯灣那里；從忽里模子，（Hormuz），西拉夫，溯到幼付拉底斯（R. Euphrater）河口西脫（Ḳut）哀爾（Irak），阿拉別（Arabi），而漸次到巴索拉（Basra）附近往來；從這方面，東方知識當然也流入很多；在陸上，如爭奪索格德那沃地的突厥，回鶻，不用說是北方民族，而和唐朝治下的中國底關係也不算淺；波斯，阿剌伯底商人，很多貿易于陸路長安，洛陽，涼州，遼東方面，政治上間或和中國交戰，達拉河畔的一戰，（七五一）打敗高仙芝底軍隊，有擒了許多中國兵的事情；又安祿山，史思明之亂的時候，用兵于中國，也有參與鎮壓叛亂那樣的事件；由此，從陸路方面，關于中國和塞外地方的見聞，不用說絡續輸入的了；而且進一步，知道到西藏的交通路，獲得了從夫爾格拏底北方，額爾齊斯底上流，乃至葉尼塞上源地方的知識。由海路方面，稱朝鮮爲新羅，日本爲倭國，彷彿仍舊是傳聞的樣子。這些都足証明阿剌伯人底地理知識很廣泛，又到了某種正確程度；而古代和中世紀初期的希臘，羅馬底著述等，可不必需要的了。

著名的阿剌伯地理學者中，在最早留下關于中國的記事而論，也許要推伊賓，庫達特拔（Ibn Khordadbeh），他底完全的名字，叫做 Abíl-Kasim Wbaid-Allah Ibn

Abudallah Ibn Khordadbeh，約八二〇至八三〇年頃生，在哈利發，麥塔密得（Khalif Mutammid）任職，乃是笈巴（Jibal——即古時的米底國〔Media〕）底郵政局長，從職務上獲得的知識，著成有名的道里記和郡國志，書裏有關于中國的部分。這書差不多全是驛站底表，那不過記載各站底距離，可是往往有詳密的注記，使後世得益不少。庫達特拔于南方從中國南海岸和揚子江岸底貿易港，順舉龍編，廣府，泉府，江都等，有一二處，專記風景，物產等狀況；這些地方，各爲現在的河內，廣東，泉州，揚州，而和當時中國記載所說，很一致的。（尤其關于這些地名，國內外學術界，解釋各異，"龍編"以下，"泉府"，"江都"等是現在的哪里？這音，該寫怎樣的原音？有好多爭論；可是據日本桑原博士底精密研究，這問題得告一段落。上面的决定，不外專從桑原博士所說。）又倘據庫氏說，在江都底對面，有高山聳立，這是新羅所有的東西，關于新羅（Sila），許是交互訛傳，這當是引起異說的原因，總之，Sila底名稱，是表示新羅（朝鮮音Sil-la）暗示朝鮮半島底存在，儘可無疑。他說關于中國的部分，大概都在這書裏；他底書，現在流傳的，不是完本，祇是從別種書裏所輯出來的佚文；所以完本留存于世的話，或者關于以上的中國記事，能够看出，也未可知。道里志和郡國記，最初原本，既已散失；十世紀中笛伊哈尼的增訂本，也亡佚了，眞是不勝遺憾的。幸有爲他書所引而保留的部分；尤其在波斯文獻裏，如十世紀無名氏著的世界底位置，十一世紀格兒德齊底書，纔保存了較多的文字，不致完全亡佚。還有不是中國內地的記事，在道里記裏，載着奉哈利夫·划西克（八四二——八四七）命的那個通譯官删爾拉姆（Sellam），到萬里長城遊歷的事，這可說珍貴的異聞吧。祇是關于划西克遣使底動機，是一個晚上夢裏，亞歷山大王看見那郭克·馬郭克築的城壁崩壞了，想證實眞僞，才決定派删爾拉姆去的；這可異之點，雖有似後漢明帝感夢遣使求法的話，可是删爾拉姆底旅行，許沒有什麼可疑吧。

其次，應舉出的，當是依賓·羅斯德（Ibn Rosteh）著的一種百科全書（也可叫做 Al-Alak al-Nafisa），可是關于中國的記事太簡了，簡直不足提起的。由此，必得舉麻素提（Macoudi）·麻氏相傳是巴格達人，略前于九〇〇年生，卒于九五七年。他是阿剌伯史家中底錚錚者，也精于地理學，雖幾乎一生過旅行生活得名的。他底完全名字，爲 Abu-l-Hasan Ali-el-Masídi 。九一二年，他還是一個青年，到過印度河下流域方面，等到長了，照說又歷遊桑給巴爾（Zanzibar）——在非洲），占城，中國，爪哇，土耳其斯坦；實際上果來中國沒有，是難于立刻置信的○敘述見聞的地方，有黃金的牧場（Muruj al-Dhahab）的巨著，現在完全存在，原文梭刊本，也通行着；那法譯本，已有兩種出世，書裏也有相當關于中國底記事，祇是那內容，獨自一個遊歷到哪里，很覺沒有根原；也許有不少從下面說到的阿布•賽德（Abu Zaid）底印度和中國狀況裏鈔來的吧？那很是可疑的○

然則阿布•賽德底印度和中國狀況，是怎樣的書呢？這書尤其那中國關係部分，早已著名；中國學者間，當略述阿剌伯史料時，也有很多的話提到的○這書現在託名爲印度和中國狀況，可是實際由于各自獨立的兩部分所成，而不是賽德一人底著述○第一部分，完全是撰者不明的印度•中國狀況記；第二部，不過是賽德底關于印度和中國的傳聞集○第一部是某無名氏自述印度見聞的事物，和編集斯蘭伊孟及其他某某等到中國的見聞，而成于八五一年；第二部賽德以自己傳聞得來的中國情形爲中心，並附錄了關于印度的雜事，和巴斯拉人伊賽，瓦伯（Ibn Wahab）底中國旅行記；而編述于九一六年頃○那麼，最初把這書譯爲法文而介紹于學術界的爾拏特，稱這書爲第九世紀兩回徒旅行印度和中國的奮鬥錄，（Anciennes Relations de l' Inde et de la Chine de deux Voyageurs Mahometans qui y allèrent dans le IXième Siècle〔(Paris 1818)〕，乃由于誤解的；那決不是兩人底旅行記，又兩人不是全往印度，中國去的，而且兩人不是都于九世紀旅行于東方；察細內容，可以斷言。這書，如上述，始由爾拏特翻譯，公之于世；可是不見原書的寫本，因此，當時便在英，法批評家間，引起了是否僞書的話。疑惑爾氏的，往往不久要懷疑那價值；而一七六四年，那久已佚去的原文寫本，在王家文庫（現在的國民圖書館）裏，爲吉尼（de Guignes）所發見；等到有了蘭伊拏底新譯本，才打破了很久的疑團。那新譯本，題爲第九世紀阿剌伯人及印度人旅行印度•中國記（Relation des voyages faits par les Arabes et persans dans l'Inde et la Chine dans le IXe Siècle del lère Chretienne.）附阿剌伯語原文，一八四五年，在巴黎出版。那新譯本的名稱，也改換了，表現內容，可說近眞一點；但譯者方面，還有誤解的，尤其關于第一部的性質，彷彿有缺少正當認識之憾。那第一部：始述廣東的市街，回教徒，貿易等；關于饑饉時的社倉；對于貧民的施藥；政府經營的學校；認爲官制較整齊，並且行政較純正；官吏階級職掌的複雜；一切事務，都用文書處理；公文底文辭和形式，有嚴格的程式；不通行金銀貨幣，專用銅錢；人死後，埋葬，得延期幾年；對于旅行者，加于有組織的保護；陶器底製造；飲茶並用米穀釀酒；中國底宗教（佛敎），從印度來的，兩地雖都奉輪廻的敎，各有多少的差異等等。其中有遠于事實的空話，而也有不少傳實際眞相的。第二部：著者賽德先述第一部時代和他自已執筆時代之間，中國政治上，社會上起了一大變革的話；載唐末至五代時，中國大亂底實況。尤可寶貴的，詳細記着勃嚴于僖宗乾符年間的黃巢之亂，有不見于中國記錄的佚聞。把這變亂所記，和中國史籍所傳，對比考証，很早已有這種工作，在西洋，始于克拉泊洛脫（H. J. klaproth），在日本有坪井博士，桑原博士底細密研究。這書裏，還有珍貴的，那附載于第二部的前記的伊賓·瓦伯底僖宗皇帝謁見記裏，叙述親見首都長安的情形，和正確的中國記錄所載，很相切合；謁見皇帝的事情，當時中國方面，不見所傳，可是這決非難得可寧，據這種記事，覺得彷彿也有那樣的事，許較爲妥當一點吧。賽德也有說到素格德那方面和中國之間底陸路交通，兩地間橫着少水的沙漠，阻碍交通很大，阿剌伯軍力，不能進攻中國，這也是一種原因。但記載經過那方面的商賈等，有相當的往來；據說他底一個朋友，從撒馬兒罕（Samarkhand）陸路，徒步到廣東，遇見了賣麝香的商人等。這寧可認爲賽德底記述，多半是一個系統；徵之當時實際，在橫斷中亞的交通路上，東西方商人底往，也非常的多，看中國史籍可知。

十世紀，還有一位阿剌伯人，據說旅行于中國，遺著有路程記；這人名， Abu Mulay Misar Ibn Muhalhil ，通常所知，是依賓•麥哈黑爾（Ibn Muhalhil）底名字；生于紅海沿岸楊博地方。當時由于哈利夫主權的獨立，而以薩贊王朝的復興者自任；仕于薩曼（Samanidae）朝底都城布哈拉（Bokhara），是任職于宮廷的詩人。他隨了來朝見那斯里（Nasri Bin Ahmed Bin Ismail）王的中國使者，于九四一年，一同到中國來。那參觀首都的流傳，眞僞不能確定。或說，那所謂使者，乃是印度所派；歸來的路程，曾橫斷西藏，這裏的情形，很不明瞭。倘他果和使者一行人同從布哈拉向中國來，爲什麼像那記載，定要從黑海沿岸，經過土耳其族和蒙古族的國家，到黑龍江邊那樣的大繞圈子？又那時的中國王夏克巴爾（Shakbar〔或作

Shakhir〕）底兒子喀拉丁，（Kalatin-bin-ul-Shakbar）是指誰呢？又，那首府新達比爾（Sindabil）是在哪里？算來不能了解的地方，不止幾處。歐西學者勉强試爲推定王和都會的名稱的，也不是沒有；以我們看來，還不是終于徒勞的？他底書，名諸國奇談，相傳從那旅行，經過克什米爾，阿夫札尼斯頓，西伊斯頓等地方，回到布哈拉後撰述的；可是現在全文不傳，僅存後面說到的耶克脫（Jacut——一二二〇）和加時屋尼（一二六八——九）底書裏所引的一部分；那佚文，德國西羅時爾（Kurt von Schloezer）輯譯爲拉丁文，法國弗拉恩又譯爲法文；德國馬爾克爾脫（J. Marquart）特撰一文，以考証那所謂中國紀行。

後來，約隔一世紀，有格兒德齊（Ibn Duhak Gardezi〔Gurdezi〕）底中國紀行，乃是到中國首都底紀事。他底完全名字，叫 Abn Said Abd al-Haiy Ibn Duhak Gardezi。那紀行見于一〇五〇年寫的 Zain al-Akhbar 裏，十九世紀末，早已由俄羅斯東洋學者巴托特鑑定那價值；馬爾克爾脫並繼續把這書作爲研究對象；這書較麥哈黑爾所傳，正確得多。那通過的路線，從現在的吐魯番，經過庫麥爾（Kumul）排格許拉（Bagh Shura），沙洲，（敦煌）安西，肅州，甘州，姑臧（Kucha），而渡大河（黃河）直到中國首都克姆丹（Khamdan）（一作加姆加）見于前述別剎恩時底史家狄窩弗拉克脫斯底書裏，和 Khubdan 是同一字底轉訛；乃是古來波斯方面，指安長的稱呼。（這是什麽意義，到現在有好多異說，還不能決定；較有力的一說，彷彿不是漢語"皇城"的音譯。這名稱，印度人間，也通行的，成了梵語化的 Khubdana；這字雖在梵語裏有"青蓮之都"的意義，那是偶然的事，不是本有這樣的意義的。）那些地名底拚法，和各地間距離底記述等，紀行所傳，也很正確；尤其由于那地名，可知道當時的發音，是一種極好的參考材料。

阿剌伯地理學以十世紀左右，爲黃金時代，乃許多學者所承認的，到了十一世紀以後，除一二例外，有如九世紀，十世紀底著作那樣出衆；其他甚至不過重編，抄襲，很少新見聞的增益。因此，關于中國底知識，這時代一點新的都沒有增加，祇不過彙編重說前代的知識，反而把事實混淆誤解，像閱讀這些記述的東西，差不多不容易明瞭。便是如十二世紀的伊特利西（Idrisi），十三世紀的耶克脫（Yaqut-al-Rumi）十四世紀的阿伯爾·肥達（Abul Feda），那些地理學者底著述等，也却稱爲沙拉刪文化底精華，阿剌伯科學史上有光輝的名著；可是實質上，仍不免屬于上面所批評的○不過這里有一種很可採用，那敘述的地方，如關于著者生存時代，實在多數是從十世紀，九世紀的遺書轉引的，這却把完本傳到現在，使略見那時代佚書底眞相 ○ 據所引以探索當時的知識 ，很是便利；因此，學者們相當的尊重那些十一，十二世紀後晚出的書○至于不明白這種情形，以爲那敘述的，都是成書當時的事實，以解釋伊特利西等諸學者底著作的時候，往往可以引起非常的誤解○歐西學者間，多發生爭議的原因，大部分也由于此○

伊特利西，十二世紀地理學者 ○ 一〇九九年 ，生于摩洛哥底休達（Ceuta）地方 ○ 遊學于哥爾獨华，後住于西梯利亞島底拍蘭爾摩○于羅笛王二世的扶植下，從一一五三年至次年之間，脫稿著名的地理書 Muzhat al-Mushtaq ； 可是關于中國所記，散在各處，瑣細不易蒐集，綜合那些材料來考察，內容大概很貧弱，雜糅新舊知識；南北土地，共在一處；實屬支離破碎○甚至把從來認爲中國都會而著名的 Khamdan ， 當作河底名稱○盛極一時的阿剌伯地理學的最後的書，把弱點曝露了○這書曾由笛排爾 （Janbert） 譯爲法文 ，還不很盡善○耶克脫（一一七九——一二二九）生於東羅馬領地內，兩親爲希臘人的阿剌伯地理學者。幼時，賣爲奴隸，爲巴格達某商人服役。以商務常往來于波斯灣沿岸等地方；主人死後，開書舖爲活。旅行于塔布里士，摩蘇爾，叙利亞，埃及；又訪呼拉蓀，到曼爾孚，在那邊許多文庫裏，讀書二年，後到吼孚，和巴爾克；偶然遇到成吉思汗緊征，逃往摩蘇爾。一度往叙利亞，再回摩蘇爾。在曼爾孚從事地理大辭典底撰述，一二二四年脫稿，一二二七年，又到埃及去；次年，回阿蘭坡，仍努力訂正這辭典。由此，于一二二九年八月，死于該地。這册大辭典，名 Mujam ab-buldan，原文由烏斯頓夫爾脫（F. Wüstenefeld）校刋，由曼伊擊爾 B. de Meynard）譯爲法文，使學者得益不少。阿伯爾•肥達（一二七三——一三三一）生于叙利亞底達馬士革。（Damasus）住在埃及，是開創阿伊尤物王朝的阿伊尤勃家底王族，而且也以武人出名；可是以專門的史家，地理學家而論，不僅著名于當代的。如諸國地誌，爲阿剌伯地理學的代表名作，永爲地理學底寶典。他實是蒙古勃興時代的人，本來也許該在下一章叙述。他是前述的阿剌伯地理學者系統的最後的代表；又，所說關于中國的地方，雖發生于蒙古時代，有不少的便利，可是要利用這點，以採取當時的知新識，簡直是不可能的。這書大概祇從前代地理書裏，轉錄選載，所以把序文附在書裏；而所傳關于中國的情形，與伊特利西那些相似，不過把新舊見聞，隨意彙錄，是駁雜得很的。這書已由蘭伊挐（Reinaud）和吉耶爾（Stanislas Guyard）譯為法文行世。

中世紀後半，記載中國方面的知識的，不僅祇是上述的地理學者。可以入史家類的學者和著作，不少敘錄關于中國的事項；可是現在不及一一詳述。這里打算祇舉九，十世紀的太排利（At-tabari）和十一世紀的阿爾比魯尼（Al-Bíruní）兩人為代表。太排利（八三八——九二三）裏海南邊達排利斯頓人。那巨著世界史（Akbar alrasul wal-muluk ——"諸預言和諸王史"的意思。）是最古的阿剌伯史，也是最初的阿剌伯語的史書，是早已著名的。在沙拉删勃興，薩賚朝波斯的滅亡前後的敘述裏，有關于中國的情形；這書現在流傳的也不少，由荷蘭底阿剌伯學者台•夫尤，把本文加以校刋，由淑頓排爾據波斯譯本，譯為法文，最後的部分，挐爾台開（Nöldeke）譯為德文，附詳注出版。

阿爾比魯尼，九七三年九月，生于吼孚郊外；一〇四八年十二月，死于格時尼。他是波斯系底學者，深通史學，數學，天文，醫學。那印度史（Tarikh al-Hind）和古代諸民族年代學（Al-Athár albaqiya —— "考古資料現存紀念物"的意思。）最有名，而足爲遠東研究的記事也不少。兩書都由德國利哈烏（E. C. Sachau）譯爲英文出版，早爲學者所熟知。

中世紀後半，遠東的知識，如上述，專由阿剌伯學者旅行家等所記錄，歐西直接得來的，差不多可以說沒有；可是到了中世紀末期，蒙古民族統一于成吉思汗，而在亞細亞內地，創立一大帝國，同時，威力遠及歐洲東部，因此，又發生東西方的直接交通，遠東的情形，再傳入于歐西人底見聞裏；西方底中國知識，也因之有一新面目的機會。那時期的情形，當于次章述之。

第三章的參考書

一. 關于這一章的記述，雖則一般的仍以參考前記的 Yule Cordier, Bauthold, Richthofen 底書爲宜，不過要對于阿剌伯學者底傳記，著作等，知道詳細一點，這些書，到底難望得滿足的知識，所以至少似乎須參看

1. Cl. Huart, A History of Arabic Literature. New York 1903 (Edmond Gosse 監修的 Short History of the Literatures of the

World）底一冊○）

2. R. A. Nichclson A Literary History of the Arabs Second ed. London 1914（The Library of Literary Histoiy 底一冊○）

3. C. Brockelmann Geschichte der arabischen Litteratur. 2 Bde in 4 Teilen Weimar 1898-Berlin 1899－1902.

M, T. Houtsma 等監修底大辭典 Encyclopaedia of Islam，Leyden 1903 ff. 不用說，是最好的參考書○這書太專門些，而且現在還沒有出完，所以僅舉書名在這里○（這書，也有德版 Enzyklopadie des Islam.）

一. 沙拉删文化底本質，乃是薩贇朝波斯底繼續和發展，那文化的成立，波斯人底貢獻是怎樣的，詳于 F. Ino stratseff Iranian Influence on Moslem Literature. Rt. I. Translated by G K. Mariman. Bombay 1918 而 Browne A Literary History of Persia Vol. I. London 1913（和前記 Niclolson 底阿刺伯文學史在同一叢書裏，）也有簡明的叙述○

一. 見于阿刺伯人底書裏的遠東記事，最精彩而附有法文譯本的，有 G. Ferrand, Relations deVoyages et Textes geographiques arabes, Persans et turks. relatifs à L' Extrême-Orient du VII au XVIIIe Siècles. 2 Vols. Paris 1913—14.
關于上述諸書底記事，都載在這書裏。

一。不是一定關于遠東底記事，阿剌伯地理學在一般的地理學史上，占怎樣的位置，那麼 C. R. Beazley, The Dawn of Modern Geography, 3 Vols. London 1897—1906. 底第二卷，是很好的參考書。前章底某部分，也曾參考這書，得益很多。）

一。沙拉刪極盛期的波斯，阿剌伯底商人底東方海上貿易，關于中國商船來往于波斯灣等，當參看桑原博士底宋末的提擧市舶和西域人蒲壽庚底事蹟，（上海，一九二三年，）關于波斯灣底東洋貿易港（史林一，三。——一九一六，七。）而 Sir A. T. Wilson The Persian Gulf. An Historical Sketch From The Earliest Times To The Beginning of The Twentieth Century Oxford 1928 底前面的部分，也不失爲適當的參考書。又，當時由陸地爲主，波斯，索格德那，阿剌伯方面的人，怎樣的到中國來？桑原博士底隋唐

時代來往中國的西域人是極精審的研究，乃有志東洋學者必讀的文字。（這篇載于內藤博士還曆祝賀支那學論叢〔一九二六〕裏）

一、伊賓·庫達特拔底道里記和郡國志，有 C. Barbier de Meynard, Livre Des Routes Et Des Provinces Par Ibnkhordabeh Paris 1865.的法譯本，又連着 De Gaeje 底校刋的 Bibliotheca Geographorum Arabicorum 底第六卷和克達馬底地理學，同時把原文一併附入法譯本裏。又 Sprenger, Die Post-und Reiserouten des Orients.（Abhdlgn D. Deutsch. Morgenländ Gesel., Bd. III.）Berlin 1864 底書裏，有關于東方部分的德文譯本。

一、在關于伊賓·庫達特拔底中國海港記事底考證而論，那桑原博士底見于伊賓·庫達特拔的中國貿易港，尤其關于泉府和廣府·（史學雜誌三〇，一〇·三一，一〇·——一九一九，一〇，及一九二〇，一〇·）是最出色的研究。西洋學者底諸說，日本，石橋，籐田兩博士之說，都能闡明這問題的。

一、關于新羅島，請看內田銀藏博士底關于新羅島和格蘭斯（藝文六卷：三、四、八、十；七卷：一、

四、九；八卷：一、四、八；九卷：一、——一九五，一、至一九二三，一〇）（未完，）

“划克划克”普通認爲倭國底對音，可是弗拉恩推定這音爲馬達格斯加爾附近的人〇

一、麻素提底黃金的牧場，原文收在台·夫尤校刋的 Bibliotheca Geographorum 底第八卷裏〇（一八九四）在這書以前， A Barbier De Meynard 和 Pavet de Courteille 出了 Maçoudi， Les Prairies d'or，9 Vols. Paris 1861——72 一書，乃是原文和法譯的對照本〇這書作爲 Collection d'Ouvrages Orientaux 底一種，由 Société Asiatique 出版；附有譯文的一點，是極可寶貴的〇（第六卷以下，成于曼伊挲爾之手〇）

一、阿布·賽德托稱的中國和印度狀況的書，記于本文裏的蘭伊挲底新譯本之外，也有弗拉恩底最近譯本，可是沒有注釋〇爾挲特底舊譯本，也有英譯，又有日本覆刋本（題爲： Ancient Account of India and China）在學術界，常據，蘭伊挲譯本的〇

一、見于這書的黃巢之亂，尤其關于廣州寇掠底事情等，有坪井博士（史學研究法）桑原博士（廣府問

題，尤其關于那陷落年代——〔史林四，一•——一九一九，一•〕）伯希和博士（Bulletin de l'Ecole Française d'Extrême-Orient, 1904; T'oung Pao 1922）等底研究。

一、這書裏，還載有在中國吃人肉的事；關于這問題，請參看桑原博士底中國人食人肉底風習（東洋學報一四，一•——一九二四，七•）

一、伊賓，麥哈黑爾底旅行記，有 Kurt Von Schloezer 底拉丁譯本；Abn Dulif Misaries Ben md' Alhil de Itinere Asiatico Commentarius; Berolini 1845. 已說過了；那關于中國的部分，在 yule-Cordier I 底附錄裏，有英譯；弗拉恩底 Relations de Voyage（前面說到的）底第一卷，也有法譯；以據這些書爲便，考証方面，在 I. Marquart, Osteunopäische und Ostasiatis che. Streifzüge Leipzig 1903 裏，有題爲 Das Itinrar de Misas B. Al Muhalhil Nach Chinesischer Hauptotadt的。

一、格爾德齊底旅行記，請看 Yule-cordier, I P. 140—1 和 Barthold, S, 205 並舉有參考書，這是俄文底東西，所以附記在這裏。

一、伊特利西底地理學的 Jaubert 譯本，名Geographie d'Edrisi, traduite de l'arabe en français, Paris 1836—49。這是現在少見的書。

一、耶克脫底地理辭典底原文，由 F.wüstenfeld 題爲 Jacuts Geographisches Wörterbuch. 9 Bde Leipzig 1866—70 出版；B. de Meynard 底法譯本，僅將波斯及其附近諸國底部分，名 Dictionnaire Géographique hisorique et littéraire de la Perse……… Paris 1861出版。

一、阿伯爾·肥達底地理書，有 Reinaud, Géographie d'Aboulféda Traduite de l'arabe en français Vol I Paris 1848（東方地理總論），vol. II. Pt. 1. 2. Ibid. 1848－83（但本卷第二册，—— Stanislas Guyerd 是蘭伊拏死後，繼續譯出的。）的譯本。（別的，這書裏應增加的阿刺伯語原文，也由蘭伊拏和Guckin de Slane，一八四〇年在巴黎刋行一册。）中國關係底部分，在 Yule-Cordier, I 底附錄裏，收有 Badger 底英譯，是容易見到的。

一、太排利底史紀原文，由台·夫尤題爲 Annales quos scripsit at-Tabari. Leyden 1879－92，分九卷

校刋○薩賫朝底部分，由 Nöldeke 譯爲德文，題名 Geschichte der Perser und Arabezur zeit der Sassaniden. 1879.

一、阿爾比魯尼底印度史，英譯本爲：E. C. Sachau, Alberuni's India, London 1884（Trübner's Oriental Series 之一，近來也有覆刋本○）古代諸民族年代學，也由 Sachan 譯成英文，名爲 The Chronology of Ancient Nations (Vestiges of the past), London 1879 出版（阿剌伯原文，也通行 Sachan 底校刋本○）

一、十世紀地理學者，關于巴爾克人 Al-Balkhí 所著的伊斯拉姆諸國志，和 Istaqai 底這書的增訂本，Ibn Haukal 又增廣這書等，有很多該叙述的○又關于 Mukaddasí 底著述，當然也有應說的地方；可是直接關于中國的很少，所以這里從略了○詳情，請看前記的 Huart Nicholson Brockelmann 等底書○

一、一位不是阿剌伯人，略前于伊特利西（一一五九——七三），在東方旅行記裏，遺下了中國的傳聞；這是伊斯排尼亞底猶太人，住于秋台拉 Tudela）地方底排近明（Benjamin）氏，想在這里把他叙述一下：排氏生于伊斯排尼亞底吼萊乃山中，擎夫拉底一邑秋台拉地方 o 旅行于別剎恩時，埃及，亞細利亞(Assyria)，波斯等，死于一一七三年o關于中國的部分，祇述從波斯方面，到中國的航海，非常艱苦，常遇到猛烈的風的事情o這些話，也許不過波斯灣附近的傳聞o在歐人沒有述到中國情形的短時期裏，當爲可貴的例子，不能廢棄，因特附載于此o那旅行記 Mazahoth （“出遊記”的意思），于一五四三年，在別剎恩時出版o而 Asher 所輯底 the ltinerary of Rabbi Benjamin of Tudela. 2 vols 1840 和 Grünhut undAdler, Reisebeschreibungen des Benjamin Von Tudela, 1903——4，乃我們易讀的好書o

一、最後想附說一下的，本章介紹的阿剌伯底著述，記中國用 Sin 的名稱；又和中世紀初期，別剎恩時史家所傳的 Taughas 同語原的 Tamghaj Toug-eaj 等，也爲稱中國的名詞o本文裏沒有說的機會，在這里補記一下o Tudela 地方底 Benjamin，稱中國爲 Chin o

四、蒙古人物與時代關于中國的知識

十二、三世紀之交，阿剌伯人祇是反覆重說那九世紀，十世紀的遠東知識，沒有增加什麽顯著的新見聞。那時正當蒙古人底勃興，以非常的勢力，在亞洲北部，創立大帝國。那餘勢，遠伸展于歐洲，而于歐，亞間，再開始直接交通。因此，中國和那附近底情形，又傳入歐洲人之間，這在前面緒論裏，已略略說及。

一二二四年，成吉思汗派遣的蒙古大軍，蹂躪俄羅斯；一二三七年，窩闊台可汗所遣的蒙古軍，于拔都領導下，再打敗了俄羅斯；一二四一年，划爾西太脫底一戰，震動全歐；又和原住在亞洲西部的回教徒開戰；以恢復巴勒斯坦聖地爲目標而引起幾次十字軍戰爭的歐西諸君主，又新添了一處蒙古敵人，那應付眞是費心的事。窩闊台可汗死後，西征的大軍東去。一二四五年，羅馬教皇英諾森四世（Innocent IV）在里昂召集列國會議；討論政教問題，同時認爲重要的，乃是對于蒙古人侵略的防禦策。那會議以前，教皇單獨東派使節，來蒙古勸告毋觸神怒；慫恿蒙古人，也應極早皈依基督教，並使探視蒙古底內情，偵察有否打算再侵歐洲底意思；當時召開爾的聖，方濟各(Francisco)派的僧侶，意大利人勃拉奴•克劈尼，授以親筆文書，命他爲東派特使的領袖，來蒙古。

克劈尼（Plane Carpini），正式稱勃拉奴，克劈尼斯

(Plans carpinis)，或作 Plans de carpine，(拉丁式) 土名爲 Pian di carpina，他生地名給畢夫尼 (Gionanni)，而現在的通稱，是以生地爲名的。波斯人。生于一一八二年。從早入聖•方濟各敎團，少壯得高位。派遣于薩克孫•伊斯排尼亞等，後留于開爾市，應敎皇召，爲使蒙領袖。一二四五年四月十六日，(復活祭日)以六十五歲的老人，出發里昂，作萬里遠行。一行中博希米亞 (Bohemia) 底僧侶斯德芬 (Stephen) 在路上害病，起程後，不多時，便即辭職；由波蘭僧侶班尼狄克脫 (Benedict) 接替，担任通譯。這一行人，一二四六年二月，在倭爾加 (R. Turgai) 河邊薩萊地方，謁有汗位的欽察國主拔都。略逗留，更東去，過波斯。經三個月半，于七月二十二日，漸漸到了北蒙鄂爾渾河邊，蒙古大汗底都城喀喇和林附近。恰當貴由汗正預備舉行即位大典。得見大汗選舉“大會” (Kuriltai) (註) 底壯觀。後進謁貴由汗，上敎皇親筆文書，說了些關於使命的話。可是貴由可汗到底不容納敎皇要求，克劈尼奉到十一月十三日退去的指令，帶了言辭很傲慢的貴由汗底覆書三封而西歸；在薩萊再謁拔都。一二四七年五月二十七日，過基輔 (Kieff) 這年秋到里昂謁見敎皇，報告奉使始末。

（註） Kuriltai，蒙古語大聚會之意；此字不見于漢籍，蒙文元朝秘史，作"也客忽哩勒塔"——譯者○

克勞尼帶回的三封覆信：一是蒙古語底信；二是這信的拉丁譯文；三是蒙古人稱為刺拉刪語，而實際是波斯文底信。第二信，乃是克勞尼使通譯由蒙古文裏出的東西；第一，第三兩信，據克勞尼所述，是蒙古方面寫的；第三信，祇是複稿吧了，或者本信以外，有一二封複本，也未可知○那第一，第二兩信，今世不傳；而第三信，近來偶然發見，在學術界盛傳為稀有的史料○詳記文書的情形，於本文目的，雖稍覺不符，可是足以想見蒙古帝國當年的盛勢，因此，當把這事，略敘一下○

那覆信的原本，現在存於羅馬市學梯加拏古文圖書館加斯台洛文庫（Archivio di castello）○一九二〇年，為在古文圖書館裏從事某種究研的敘利爾，加拉蘭星斯基教士所發見，他把這信給該圖書館館長台刪拉脫看，由台氏攝影和馬刪的臨時譯文，轉到巴黎伯希和那里，銳眼的伯氏，一見便看出確是貴由汗覆教皇底原書，是克勞尼親自帶回的；立刻着手研究，得教皇公署底允許，打算攝影，並刊行調查的結果。由這個研究，知道發表的第一，第二兩信，還祇是未完的東西；關於那文書本身的部分，到現在爲止，僅是發表的，很可以明瞭那外形和內容○文書長一米突一二生的，闊二○生的；是連着三張紙的文字○前幾行是土耳其語，别的都是波斯語，當時蒙古俗緜爲沙拉删語的○文書裏兩個地方，蓋有朱色陽文雙鈎的蒙古語和畏吾兒（註）文字的方印；使所有民族，所有國家，務必服從蒙古大汗底命令；當時不可一世的蒙古帝國，誰也不能與敵；那尊傲的態度，活躍紙上○文書底末尾，用這樣的文句作結束："得昊天佑護，自日出處，以至日沒處，莫非朕土○此皆天命所致○卿今竭誠言，'我曹乃君之臣，獻我曹力於君前。'復謁諸王，靡遺一人；率之前立，親致忠勤與服從於朕，以是朕視卿爲歸附○卿若不明天命，有逆朕命，朕當以卿爲仇敵，是皆卿所應知○卿若背斯，將來之事，不可逆睹，朕亦難知；當僅爲天稱知也○〔出奔紀元〕六四四年，六月（Jumaaa 2）（註）最後的終期某日○"（附：某日，當爲一二四六年十一月三日至十一日；事實上是寫於十一日的○）那印章是這樣的：

Müngke	tängri—in	Kücündür	Yäkä
永遠的	天的	力由於	大
mongrol	ulus—un	dalai—in	Xanu

蒙古	國的	海如	皇帝的
jarlīx	il	lolra	irgändūr
勅	人民的	使朕從	這個雖然
hūrbäsū	būsiratūgāi	ayaturai	
至則	愼	懍	

（註）畏吾兒（Wighur），國名。突厥之別種。唐時稱回紇，一作回鶻，宋元時號畏吾兒，當卽回鶻之音轉。——譯者。

（註）-Jumaaa 2. 是回教歷的六月。——譯者。

克劈尼面謁的使命，表面上終於失敗，可是視出貴由汗正努力準備有再侵歐洲底意思；基督教國底諸君主，那時有陳說應付方策的，這果爲教皇的一種期望，甚是他東行的結果吧。他在東西往來的路上，把見聞的事物，詳載于報告書 Libellus Historicus（實事報告）裏：載馬爾格斯以來，差不多約幾百年，東方情形，久不爲歐西人所知；克氏親歷亞細亞內地，得傳入知識的一點，是很有深意的。至以所述而論，號稱記事豐富的中國史籍裏，也往往很多連一點影子沒有的；不獨增益了當時歐西人底見聞，便是現在我們研究東洋史的，也得益不少。由這書而得初傳入的史實，不止一二。其中最可稱貴的，貴由可汗選立的"大會"和即位盛儀，依實敘出：喀喇和林底郊外，在水草濃綠的窩爾曼克脫亞底原野，以可容二千群衆的大帳幕爲中心，計有斯斯達爾（俄羅斯）公耶洛斯拉斯以次，許多的中國，朝鮮底王侯，二位格爾西亞王子，巴格達的哈利夫底大使；從其他阿剌伯人底小君長，直到蒙古全領土各部落底酋長，約四千餘人；各方使者群集，舉行大汗選出和即位儀式，連着盛大的燕飲情形等，彷彿列着一幅畫卷，色彩很好模樣。這書所述，當然以蒙古漠北的事爲主，也有說到對於中國情形的地方。

克勞尼遺著，關於中國事物，是怎樣的敘述呢？那時知道中國名 Cathay.（一作Catai）這不用說是契丹（Khitai）名稱底轉訛。那民族從十世紀初到十二世紀開始，二百年間，在中國北部邊境地方，發揚威力：蒙古民族因爲契丹故地的緣故，契丹亡後，也襲用舊稱，以指中國北部；而且連那地方的土人，即中國民族，也漸漸稱爲契丹人，（Khitai 複稱 Khitat）關於那 Cathay 和 Cathay 人，他傳下如次的記事：

Cathay 人底國家裏，治海的一部分，現在還不是塔兒塔兒（蒙古人）所爭服的地方，現在我們說到的那些 Cathay 人，雖是異教徒，並且自有書籍。彷彿聽說他們還有一種舊約，新約兩部書，又在史册上記錄祖先的史乘，他們有僧侶，也有模彷我們教堂式的某種建築物○他們又有許多聖人，而且崇拜一神○他們敬主耶穌基督，相信永生，雖則不行洗禮○他們也尊敬我們底聖典，優待基督教徒，佈施的事很多○極有禮讓，是和平的民族○他們沒有鬚，那顏貌有幾分像蒙古人，不過面部狹而不廣•他們自有言語○凡人類從事的職業中，在工藝上看來，全世界沒有比得上他們的○這國家富於穀物，酒類，金銀，絹和人類生活必要的一切產物云•

書裏所謂塔兒塔兒者，蒙古軍侵入歐洲以來，在歐洲，為指蒙古人的名稱○那由來的緣故，在軍中有為塔塔兒（Tatar,）韃靼族底名稱的；而偶然附會到歐人聽熟了的希臘神話中的塔兒塔兒斯（Tartarus——“地獄”之意）○認為像從那冥府來的，兇猛不逞的蠻人，所以稱塔塔兒為塔兒塔兒○後來因是那民族住地底緣故，歐人常指蒙古，滿洲為塔兒塔兒（Tartary），這是那名稱的起原○對于後章的記事，也請預先記住這個一下•其次，據說有一種新舊約聖書，和那報告的異本相比較，記載各有不同：有以為所記是眞的聖經（Bible）；也有以為所記是某種聖書；不知從哪一說好○倘眞有新舊兩 Testament 的事，和前後記事，很有矛盾了所以我們覺得這書是 Cathay 人獨有的聖典，例如所謂關于儒教底經籍等，雖則渺茫地記載那傳聞的東西，當可以意會的。

克劈尼以 Cathay 和 Cathay 人的名稱，指中國和中國人，新傳入西方，已略如上述。這些記載，倘較那詳敘蒙古情形和途中底見聞，很有不是之憾；可是他沒有到過 Cathay 地方，也是沒法的事。那所傳，蒐集於很少的幾行裏，是儘夠貧弱的了。自中世紀初期，由別刹恩時史家傳入以來，過了幾百年，以再到亞細亞內地，歐人親自帶回。最初的中國知識而論，這種見聞，該永遠記憶的吧。那時，克劈尼像已經說到的，不僅年齡很大，並且胡傳身體肥滿，體量格重；加之艱苦的長途旅行，更覺不便。他是亞西徐聖者聖，方濟各派的晚年高足弟子，很有耐苦的修養；雖在那報告裏，可是未嘗有訴述旅行艱苦的地方。後來因功得敘大僧正位，不多時，死了。

克劈尼以後，到蒙古去，把那里底情形和中國的傳聞帶往歐洲的是盧白魯克（Rubruck）。當克劈尼底東行，同時，教皇英諾森四世，也派遣了別的多米尼克派底僧侶阿刪利孥（Ascelinso）來蒙古；可是他到了波斯，為該地駐留的蒙古軍官所捕，不能東進，不得已，空手而歸。因此，克勞尼以後，在帶歸東方的見聞看來，不得不推盧白魯克○他通常因生地得名，單叫做盧白魯克，名威萊（Willem），佛蘭賓斯（Flanders）底盧白魯克（一名Ruysbrock）地方人○正式名 Willem de Rubruck（Ruysbrock），或依法蘭西音，稱爲維倫•特，魯白魯克○生于一二一五年，卒于一二七〇年○一二五三年，第六次十字軍起，盧白魯克從法蘭西王路易九世（稱爲聖王），在標榜恢復聖地回教徒親征的陣裏；恰當和王同在塞浦洛斯（Cyprusi）島時，有從波斯到法蘭西王那裏來的使者，報告蒙古人之間，都知道教皇底名字；蒙古可汗底母親是基督教徒；蒙古可汗對于基督教徒有好感等話；又拔都底兒子，正統治頓河○地方的撒里答（Sartack）是基督教徒，不關于這個的，也聽到了○得了這些報告的路易九世，也許有認蒙古人爲同伴，打算挾擊回教徒的意思；以爲蒙古可汗贊成基督教徒底舉動，當援助那奪回聖地的軍隊○命盧白魯克來蒙古可汗那里，預先探察這方的政治消息•那時路易王授意盧白魯克，使裝作不帶甚麼政治使命似的，像來東方佈教的模樣○交給他致蒙古可汗的路易王親筆書和聖書，並帶了少些金子，而東行；此外，由王妃馬爾隔蘭脫賜以花字（註）本"詩篇"，盧氏帶了這個，從塞浦洛斯動身；同行的克蘭摩拏人排爾確洛曼窩，先向北去，入黑海（一二五三年五月七日，）會于沙拉德夫（Saratav），謁拔都，東行過基爾告斯草原（Kirghhi Steppes）經伊犂底溪谷而入蒙古，于喀喇和林底近郊，謁見大汗，這是次年一月三日的事。那時蒙古可汗是貴由底從弟蒙哥，三年前（一二五一）繼貴由即汗位，還沒多少時候。盧白魯克對於可汗所說的基督教教義，當然終于沒有效果；反而可汗寫了封親筆書，命法蘭西王派遣使節，以表示恭順蒙古之意；託盧白魯克帶信西歸。這一次，經巴爾喀什湖（L. Balkash），橫斷基爾吉斯草原，過倭爾加下流，出薩萊，沿裏海西岸南下，通過亞美尼亞，而渡塞浦洛斯島，更到剌底奇亞（Ladikieh），在巴勒斯坦想謁王覆命，可是王已離聖地。盧白魯克回法國後，到安都港（Antioch），在同派的一僧院裏，着手起草報告書。他到剌底奇亞，乃是一二五五年六月末的事；歸安都港，當在那年初秋時候；來回都是非常艱苦的旅行，和克劈尼底經過是同樣的。

（註）"花字"相當于英語裏的 Miniature，乃書中每節第一字母作圖案形者。—譯者。

那報告書，名爲聖方濟齊教派修道士盧白魯克一二五三年東方各國旅行記事（Itinerarium Fratris Wilhelmi de Rubruk de Ordine Fratrum Minorum, anno gratiae M. Co. L. III. ad partes Orientales.）對路易王用第二人稱，完全採取呈報文書的形式；實際上用記事作標題，不外像一種旅行記。這書所述，除順序稍覺紛雜和旅行路線，略欠明瞭外，比之克劈尼底見聞記，更爲正確明快。詳敘蒙古人底風俗習慣；記載蒙古領域內通行的幾種文字，例如畏吾兒，西夏，西藏，漢等文字，可見著者觀察力怎樣的敏銳；又報告當時不大聽到的教育程度，是良好的例証。他說到蒙古首都喀喇和林底情形，蒙哥可汗帳幕底模樣；那裏的基督教（Nestorian 派〔景教〕），佛教，回教底狀況等，把重要史料，供獻于後世史家；尤其蒙古領內首都地方，關于歐人底記述，使我們很感興味：關于巴黎底金工基姆•博西哀；德國底鑛山技師；梅次（Mety）底女子拍開脫（Paquett）；她底丈夫是俄羅斯底衛者；某蘇丹（註）（Sultan）底使節達馬士喀（Damascus）的一基督教徒；安都底僧侶蘭伊摩特（本名台窩特爾斯）；達馬士喀底僧正窩脫等底記事；遠溯到漢代匈奴底王廷；六朝，隋，唐的突厥，回紇等底軍營；彷彿增補了不少的東歐，西亞的工匠，僧侶等底活動史料。盧白魯克既詳述在

蒙古親見的地方，又據那裏的傳聞，也有說到關于中國的。稱中國，與克勞尼名為 Cathay 相似；他是這樣說的：

倘更進則有大 Cathaya 國，以我底觀察，那是古時所謂"Seres 人底國家"。凡最良的絹織物，現在還是從他們那裏得來的。住民自稱那織物為 Seric……這國家分為許多省，好多處現在還設有為蒙古人所征服的。這國家和印度之間，橫隔着海。那些 Cathaya 人，身材短小而帶鼻音。彷彿都和東方諸民族相同，他們底眼睛也是細長的。他們底各種工藝，有最精技術的匠人。又他們底醫師，對于草〔根，木皮，〕底性質功用，有透澈的知識，而且很老練地由脈膊診斷；但他們不知檢驗病人底尿，實在根本不明白有這樣的事。這是由我底觀察所知。那民族很多住于喀喇和林；兒子無論怎樣，都必得繼承父業，常為他們底習俗。……Cathaya 底通常貨幣，由于長闊各約手掌大（三——四吋）的綿紙所成，紙面上印有似蒙哥可汗御璽式的幾行文字。他們寫文字，像畫家用毛筆描畫，一字更由幾個字相拼合，這樣才形成一完全語〔字〕——〔一字，許是指偏旁等吧〕云。

（註 蘇丹，回教國對其君主之稱。——譯者。

盧白魯克底旅行記，翔實正確，有如上述。乃中世紀旅行文學底上品，早爲各國學者所推許；雖克勞尼底東方行記，也比這書差一點；便是馬哥索羅底東方見聞錄，最初詳述中國內地情形，又有介紹關于日本的東西，可是精審之點，或者還要在盧白魯克之下的。近代地理學大家派西爾評這書爲"中世紀最偉大的地理學傑作"。（"Der grösste geographisch Meisterstuck des Mittelalters."）這决不是過當的話，

盧白魯克東遣的表面使命，如前述，差不多終于失敗；蒙哥可汗給法蘭西王底覆書，現在不知在哪裏，看不見原書了，那大意，詳載盧白魯克書裏。這樣，法蘭西王底初志，雖終于不能貫徹，而那副產物，决不是沒有的；據盧氏這次旅行：（一）基督教信徒以爲蒙古歷代君主，有意把基督教作爲國教，那祇不過是傳說；（二）他們對于基督教，祇和佛教，回教等給與同等待遇；（三）蒙古人正打算再侵入歐洲底流言，也不過是無根的風聞，實際現在他們沒有侵掠歐洲底企圖。（四）那計劃的原因，實不外對于亞洲西部的回教諸國準備出兵的誤傳等，那是可以明白的了。他帶回的蒙哥可汗底親書，雖言辭上有不少

驕慢的語氣，可是那威勢，覺得不足畏懼的。歐洲諸國，現在不怕蒙古底侵來，反而想利用蒙古以控制別的民族。所以覺得勉强使蒙古君民，改信基督教是徒勞的，同時知道和別的宗教並行，以傳佈基督教是可能的；一方面利用武力，爲牽制歐洲舊敵的回教諸國的手段，這些，可說全是盧白魯克東方視察的結果。牽制回教諸國底企圖，不等到歐洲方面底計畫，不多時，由蒙古自發的活動，彷彿達到了他們底目的。由此，蒙古經略亞洲西部，更爲發展，蒙哥可汗底弟旭烈兀，討伐波斯；一二五八年，在回教國底本土，攻陷了阿拔斯朝哈利夫五百年的都會巴格達，而建設伊兒汗國。歐洲和蒙古底提携，因此益見進展；此後，伊兒汗國底主權者，幾世繼續和羅馬教皇，法蘭西王英吉利王等通使，更助成這種傾向。由此，東西方交涉漸繁；兩方底文物，相互流通；尤其伊兒汗國底都會塔布里士，好像是遠東（中國方面），和歐洲底文化媒介地；由於東方文化底暗示，彷彿給與歐洲文化於某種新源泉，這是務須十分注意的。

塔布里士底市街，有中國人街和歐洲人街。威尼斯，熱那亞等，在那里駐有使臣，處理諸國際事務。當時在地中海爭商業霸權的那些意大利都市底活動，是很可驚的○起初比薩（Pisa）威尼斯（Venice）熱那亞（Genoa）勢成並列，互相爭逐；而一二八四年，曼從利亞底海戰，比薩爲威尼斯所敗，由此，成了威尼斯和熱那亞對時抗戰；到了十四世紀，那爭鬥還是繼續着○在那里，威尼斯底富有和威權，常常壓迫諸市，在東方底商人的活動，也比其他諸市爲强○威尼斯東方貿易底商人裏，把東方知識西傳，歷史上最著名的人物是孛羅一家，尤其著者叙到馬哥孛羅底出現，覺得很有因緣似的○隨了蒙古底勃興，而東西底交通大盛，從東方到西方，由西方來東方的，漸漸多了○其間有人著旅行記見聞錄回想記等，足爲後世徵信了不少當時的異聞奇事○馬哥孛羅，眞可說是這些旅行家中的出色人物；倘從那身分，學識等而論，在他之上的，也還不是所有；又關於那記行底正確性等，決不能說可以常保第一流的價値○可是旅行家中，古來最有名譽，以人所熟知的一點而言，應推馬哥爲第一○用這個稱揚馬哥孛羅，許是什麼人也沒有異議吧○尤其在日本，他是最初的歐人，把日本底存在，傳入於歐西，在這點上，更感得親切○又關於日本介紹，一方面也可說偶然刺戟了哥倫布，爲發見美洲的大業底基礎○馬哥孛羅和他底旅行記，是不得不十分重視的○

馬哥孛羅（Marco polo），意大利威尼斯人。一二五四年，生於該地。那時，威尼斯和熱那亞在地中海同握貿易霸權。尤其獨占了所謂蘭風脫通商（小亞細亞和叙利亞方面底貿易）底利益，是以財富壓倒諸國的時代。所以來往於東歐，西亞的商賈很多。孛羅一家，早已從事東方貿易。馬哥底父親尼哥羅・孛羅（Nicolo polo）和他底弟（馬哥底叔父）馬飛・孛羅（Maffeo polo），於一二六〇年，爲了商務在別沙恩時；這年，渡黑海，到克里米亞，事務完畢，打算要回南的時候，偶因戰事，感覺歸路危險，决意遠向亞細亞內地來。由北方倭爾加流域，轉路，橫過基爾吉斯曠野底西端，出中亞索格德那底布哈拉（Bokhara），在那里住了三年。後來，恰巧伊兒汗國王旭烈兀底使者，打算到忽必烈可汗那里去，經過此地，遇見了他們，相邀參加東行，到元帝國底都城大都（現在的北平。），謁見可汗，陳說種種歐洲情形。忽必烈改任孛羅兄弟爲使節，致書羅馬敎皇，想請他派遣有敎育的幾位傳敎師來中國。于是兄弟倆，動身西歸。一二六九年四月到叙利亞，偶然聽到敎皇克萊孟四世（Clemente 1 Y）死了；想等新皇即位，暫回威尼斯，以待謁見。馬哥那時十五歲，爲了繫念的緣故，父子始得再見。（倘據另一說，尼哥羅•孛羅一二五四年生馬哥時，尼哥羅已先到別刹恩時去了，倘果是這樣，那麼，索羅父子，這時當是第一次相見。）那時敎皇選舉，延遲很久，何時可得謁見，不能預計，因此，尼哥羅等先回中國，決意向忽必烈復命，報告無從完成使命的情形；一二七一年，尼哥羅和馬飛同了那時十七歲的孛羅，再來東方。在利敘亞安都地方，從駐了該處的敎皇公署代表，得到一封信，証明不能實行孛羅底使命的消息，更東行，又向中國來。可是走了不多時，又召回安都，敎皇公署代表傳告已選定格列高里十世爲敎皇；因此他們便到新敎皇那里，努力進行的結果，敎皇決定東派多密尼克派（Dominican）的敎士二人，使和孛羅他們同往中國。這年十一月三日，孛羅和傳敎師兩人，離開安都，由海路北上，入小亞細亞，後到亞美尼亞，這時傳說埃及要進攻此地，兩位傳敎師，恐怕開戰，不願東去，便分別西歸了。于是僅有三位孛羅繼續旅行，一度出波斯灣忽里模子港，可是遇有障碍，不能搭船•向北走陸路，到波斯底北邊，東轉，出巴爾克（Balkh），溯窩克索斯柯，上葱嶺，下喀什噶爾，出和闐，東行于崑崙山脈底北麓，而來中國。由甘肅，到陝西，山西底北部，出入于長城，再東去。一二七五年六月左右，到了當時在上都（開平）的蒙古可汗底避暑宮。在那里，謁見忽必烈可汗，很受優待。馬哥學中國話，習蒙古，畏吾兒，西夏，西藏等文字，特別得可汗的寵信；任各種官職，參與內外政務，在中國有十七年之久。其間，馬哥屢次請求回國，可是未得准許；到了一二九二年，伊兒汗國王阿魯渾和蒙古底一公主訂婚，孛羅一家，以到波斯爲條件，促成婚事，因此，得許回國。三位孛羅，于一二九二年初，用十四只艦隊，從泉州出發，由海路西航，在蘇門塔臘和南印度海上的路中，遭遇了暴風，海上飄流，約近二年，漸到忽里模子港裏。這期間，據說失去了六百人，航海底艱難，可想而知的了。由此到伊兒汗國底都城塔布里士，可惜的阿魯渾因病死後，公主嫁于阿魯渾底兒子合贊。那新汗也優待他們，發給人馬，以減除他們路上的困難。使得一路平安歸國；孛羅底一行人，過亞美尼亞，由特拉比遵德，（Trebizend）浮行于黑海，一二九五年某月，整二十三年，才得回到故鄉水都威尼斯。後來威尼斯和熱那亞開戰，馬哥率領了亞恩特蘭亞，頓特羅所指揮的一只艦隊，出去打仗，可是一二九六年九月七日，考爾慈拉洋面底海戰，打敗了，馬哥被補，關入熱那亞獄裏。馬哥千方設計贖免，可是沒有效果；在獄裏住了三年，一二九九年，才得放歸威尼斯。不久，娶妻。此後行動，不很明瞭；一三二四年初，因病逝世。略知葬于威尼斯市聖•羅崙寺，可是不詳那墓所了。著名的東方聞見錄，實係他在熱那亞獄中時所寫；把東方的見聞，告訴同室底囚犯比薩人羅斯梯謝奴（Rusticiano），使他記錄下來，那便是見聞錄最初的書；這書用極拙劣粗野的法蘭西語所記。用法語寫的緣故，定是筆記者抄寫的時候，用這種言語，而不是為了寫文章的；馬哥用這種話口說，羅氏照樣把這些話記下，這從許多事實可証。此書現在秘藏由巴黎國民圖書館。一八二四年，由巴黎地學協會（Société de Géographie'）付印，所謂"地學協會本"（Geographic text）的，最近于原本；而當為各種現存諸寫本，諸版本底祖本，差不多逼近羅斯梯謝奴記錄的眞本，是最貴重的古寫本。

然而一方面，馬哥底東方聞見錄，不僅祗是這一個祖本，却孳生了好幾個異本：（一）從那祖本，有認為直接系統的諸本；同時，從那祖本第一次又作為祖本而分出來的兩三個異本；引各自系統的別派諸本，又有幾種。倘認（一）為上面祖本的直系本，那麼（二）相傳馬羅贈給法國騎士笛博爾（Thibault de Cepoy）的，可為祖本的修訂本。（三）根據撇撇拏（Pipino）譯的拉丁本。（四）以拉漠雪屋（Ramusio）本爲基礎，是從拉丁譯本分出來的諸本中的一種。—— 各種繁雜的寫本，刋本，都從這書底四種系統分出來的。倘尋那最初的根原，結果，前述的"地學協會本"（巴黎國民圖書館本，）是祖本中的祖本。這是仍據馬哥口授的最初筆記本，由尤耳詳細考証，差不多可以無疑。關於（一），現在可不用說。（二）系統底原本，威羅亞王西爾爾，得教皇克蘭孟五世底後援，爲了想得米羅馬帝位，打算借助於威尼斯；以與威尼斯締結同盟條約爲目的，特派笛博爾駐於該地，相傳一三〇七年八月，由馬哥贈這書於笛氏。這個寫本，今藏於巴黎國民圖書館，認爲轉鈔本的，又藏於波爾多圖書館。這書比（一）底文體，更爲淳雅；全部加以修訂，贈與笛博爾的事，雖屬可疑，恐是由馬哥底指示而修改，當可認爲確實的。（三）系統底原本，從（一）的成立後，不多時，不知誰譯爲意大利語；十四世紀初，由多米尼克派僧博羅尼人撇撇拏譯爲拉丁文，很有删節的地方。（四）系統底祖本，乃是威尼斯文藝界，負幾代盛名的拉漠雪屋家底一人，丁排台斯太，拉漠雪屋（一四八五——一五五七。）所編的名著海陸旅行記彙纂 Navigationie Viaggi & C,）裏，收入的意大利文的馬哥索羅聞見錄；在所選的那個底本看來，是古寫本之一，包含記事，也有在别種系統底諸本裏，所不能看見的。這書，同是從（一）出來的；據尤耳說，馬哥自己在這書裏，有加以追記模樣，那不是由後人在本文中逐漸羼入，因此便成了這樣的書吧。不幸現在看不見原本的流傳，由拉漠雪屋本，也許彷彿可以看出那面目底一些大概。

馬哥索羅底書，起初認爲荒唐無稽的空談，不爲社會所重，而漸次覺得可信，現在爲中世紀東方事物研究一天不可少的好書；學術界重視爲寶貴的史料。自然，那所記的，有記憶的錯誤，有多少的誇張，也有見聞的不正確；可是無論怎樣，有了這書，才得知道了許多史實，這也是不可及的。由寫本時代，這書已有以上四種的本子，也都轉譯爲許多種國語而流傳的；到了活字版印刷盛行，更有各國文字底版本，在各地付印，近世認爲遊記而大行于世；同時，一方面作爲學術資料的評鑑的校勘本和詳密的附注本，陸續刋行。在近代諸版本中，英國底馬斯頓（W. Marsden）本，法國底頗徐哀（G. Pauthier）本等，全都著名；而其中嶄然露頭角的，爲英國尤耳（H. yule）大佐底英語校勘和譯註本；一九〇三年，這書又有法國考爾狄

(H. Cordier) 敎授加以補訂增註的新改本 ；後一九二〇年，考氏一人所著的續註一卷，和馬哥索羅旅行記標準本，(Standand edition) 乃東洋學者書室裏必備的書，在英國漢學的自誇看來，認爲得有盛名的。刋行的旅行記底版本，以考爾狄底估計，雖僅是到了一九二〇年，有八十八種之多，這書的各國譯本，並加入幾種漢譯本，共有九十多種；而近八九年裏，新版出世的，有十幾種，那麽，現在許可以舉出百種以上吧。這許多書裏，一九二八年，意大利刋行的排乃台托 (L. F. Benedetto) 敎授底校勘本，對於增廣前人未發見的佚文的一點，在參考書裏，最值得注意的。北平現在刋行中的千利尼痕 (A. J. H Chapignon) 底新註本，雖根據頗徐哀本，可是註中不少引用漢籍；又印入漢字的一點，乃前例所沒有的；這些都各有特色，使學者得益不少。

自孛羅一家，回到威尼斯前後，羅馬敎會底中國方面的傳敎，忽然提高熱度。孟德•高維奴以次的許多傳敎師，海陸並進，向元帝國來。他們所記，又傳了新的見聞於西人；關於這些，打算改在別一章裏叙述。祗當本章終了時，定要附記的，乃是十三世紀關於亞美尼亞人底蒙古和中國的知識，以及十三世紀中華到十四世紀初，在波斯方面偏纂的，波斯和阿剌伯史家所著的蒙古史之類。這些書，不是說到歐人底知識和事業，而是當時或後代傳入於歐人的見聞，成了歐西人東方知識的源泉。恰和中世紀中葉，到十二世紀時候的阿剌伯地理學者們，有同樣的情形。在蒙古史裏，也可以看出和中國情形相應的。

盧白魯克在蒙古幕營裏，謁見蒙哥可汗後，還沒有多少時候，小亞美尼亞王海敦（Haython——或作海圖姆〔Hethum〕）一世，也到蒙哥可汗那裏來。由這以前，王早已看到蒙古勢力日盛，覺得和蒙古來往，訂交的有利；貴由可汗即位時，派他底弟亞美尼亞監督删姆潑特（Sempad——或作西尼排爾特〔Sinibald〕）到蒙古，傳達交好的意思；那時接觸于删姆潑特耳目的，蒙古底風景，西夏，中國底情形；一二四八年，他從撒馬爾罕寫給塞浦洛斯王和女王及其廷臣的信裏，說到這些；可是內容太簡單，關于中國所傳，很有誤解的地方，當不足重視。以中國（Chatha）全土人民，認爲都是基督教徒等，許是最顯著的錯誤吧。反之，海敦王底見聞記，當然不是像删姆潑特底書信的。王底目睹和傳聞的地方，由隨王北行的亞美尼亞史家根笛克人吉洛廓斯（Kirakos Gaudsaketsi）記錄；用亞美尼亞語寫成。內容敘一二五四年初，王從那都城西力西亞（Cilicia）底錫斯（Sis——一名西西亞）出發，先在喀斯（Kars——（高加索底南部，克拉河上源）○訪蒙古將軍巴珠•諾延（Bachu Noyan）；過大亞美尼亞，而經打耳班（Derbend）底隘關，北上裏海西岸，出倭爾加下流，會見欽察汗拔都和他底兒子撒里答，很受優待，更送往蒙哥可汗那里；一二五四年五月十三日，一行人離開拔都底王廷，較克劈尼和盧白魯克遠一點，由北，向蒙古綫進；九月十三日，到喀喇和林；十四日，謁蒙哥可汗，獻呈帶來的東西，致臣禮，而受優遇；十一月一日，動身歸國；經別矢八里（一名阿爾馬里，又名伊利八里，）而西走錫爾達利亞（Sir Daria），出楚河（R. Chu）流域，更到西爾河（R. Syr）邊；從阿穆達里亞（Amudaria），出撒馬爾罕，過布喀喇，而入呼羅珊；經過馬蒸台冷，塔布里士，一二五五年七月底，漸漸回到故國○那旅行所見，路上目睹的奇風異俗和傳聞的中國事物，尤其關於宗教事項，記載中國人（Ghotai, 或作 Cathai）崇拜釋迦牟尼亞（Shakemonia 即 sakyamuni〔釋迦牟尼〕之訛，）底偶像，並有彌琍利（Madri即Maitreya〔彌勒佛〕之訛）像的話；彷彿是信仰佛教的○這紀行和王底從者所記，乃是約半世紀後，王底甥所謂"史家海敦（Haython〔Heythum〕)”的東方史菁華所根據，供給了許多的材料。

“史家”海敦，封爲果利格斯王，于亞洲西部底軍事，政治，關係很深。一三〇五年，終於逐出小亞美尼亞，放謫於塞浦洛斯島，進了拉派斯（Lapais）的一僧院，爲潑蘭蒙脫教團（Praemonstrant Order）底僧侶，（這教團是一一二〇年，發·拏爾排爾在法國潑蘭蒙脫創立的。）次年終，渡法蘭西；那時他在阿夫尼雄，受教皇克萊孟五世命，于一三〇七年八月，在泡亦梯（Piotiers）市，用法蘭西語，口授于慈爾人尼哥拉·佛爾袁（Nicholas Faulcon）使筆錄東方諸國的歷史，編述了上面的東方史菁華。一三〇八年五月六日，回到塞浦洛斯，不多時，歸本國，任監軍，他活到一三一四年時的情形是明瞭的，可是以後不詳；祇後來不多時，死于亞美尼亞是可考的；而一三〇八年死于泡亦梯的話，想是錯誤的吧。那東方史菁華，共五卷六十章。敘述亞細亞地理，蒙古諸汗底功業，巴勒斯坦聖地情形，東方基督教徒底消息等。那第一卷，亞細亞大陸地理概說的一篇，以當時已發表的著作爲止，有比任何事更得要領的批評。（亞美尼亞對于中國的情形，多少也已有流傳的，不能認爲始于這時。五世紀中葉，霍蘭乃地方底摩副斯任他所著伊崙志〔Eransahr〕裏，記有中國的情形。這事，于章末舉參考書時，當略加注記。）

其次當略述十三世紀中葉到十四世紀初，在波斯方面編纂的，波斯，阿剌伯史家底史籍的一部，或全部分，關于蒙古史底著作。倘順着時代，那必得先舉阿剌伯史家伊賓·阿爾·阿梯爾（Ibn-al-Athir）底全史（Kamil-ut-Tavarikh）。阿梯爾，一一六〇年，生于底格利斯河邊笛徐蘭地方。長大時，住在摩蘇爾。很有博學，謙讓之名。一二三三年，死于該地。那全史（阿剌伯語）從世界創造寫起，到一二三一年爲止；書裏載着成吉思汗麾下的蒙古軍勢，在索格德那，波斯，美索不達米亞，格勒特，高加索山北等底活躍的記事。這些，大都是當時著者在世時親身見聞的事實，當屬可信。

波斯史家所著的史書，在最有關蒙古，中國等記事而論，不得不首推伊兒汗國志費尼（Juwaini）底名著世界征服者〔成吉思汗〕底歷史（Tánikh-i-Jahan-gusha）。志氏生于名門，一族裡，也有常做宰相的。他自己也于一二五九年，任旭烈兀汗前年占領的巴格達底知府，在職約二十四年；可是他底名譽，寧可說和上面的史書共不朽的吧。這書于一二六〇年脫稿；叙至一二五七年旭烈兀汗討滅漠拉叽達（"暗殺國"）爲止；有兩三種寫本。並附錄一二五八年旭烈兀汗攻陷巴格達底事情，這當爲後人所追記，不是他自著的吧。全篇分三部分：第一部分，記成吉思汗和他底祖先及其子孫底事蹟；第二部分特記與成吉思汗交戰，勇敢奮鬥而終於被滅的花剌子模底王謨哈馬特和他底兒子笛拉爾•屋定底小傳；第三部分，記有謨拉吼達重要的諸王底事蹟；並爲成吉思汗和窩闊台汗西征最有力的史料。也有說到經略中國方面的，於西方敘述中國知識底源流時，所不能忘却的書。次於志費尼底書，許得舉拉施特•愛丁（Rashid-ud-Din）底巨著史記彙纂（Jami-ut-Taworikh）吧。拉施特•愛丁歷在阿八哈，合贊，哈兒班答，（註）阿不•賽德（Abu Said）四汗時代做官，是懂得醫道的宰相；又是著名一時的史家。一二四七年，生於哈馬丹城（Hamodan）。相傳爲猶太人底系統，那是反對黨底宣傳，是否還屬疑問。初爲阿八哈傳醫，已在宮廷裏有相當勢力；合贊汗時代，任宰相，很有治績；哈爾班答汗時，也同樣獨蒙寵任；可是一三一五年，關於財政問題，和宰臣阿梨•沙（Ali Shah Jabalan）有了裂痕；哈爾班答死後，至阿不•賽德汗時，終於被陷得罪；一三一八年，賜死，以七十多歲的人，而得到悲慘的終局。那一時的名著，——在波斯學術史上，史部書中第一流的名著史記彙纂，乃奉合贊汗勅命，而從事撰述的。從蒙古勃興，記到伊兒汗國諸汗的功業；合贊汗死時，還沒編成，更受哈爾班答汗命，完成這書。由新新勅令，以回教諸國爲中心，增修世界史，共成前後兩卷的巨著。第一卷，如上記，成于合贊汗死後；（見一三〇四年五月十七日以後完成的。）受哈爾班答命，以紀念合贊汗的。第二卷，於一三一〇至一一年之間脫稿；還有以後兩年，著者述哈爾班答底治世，作爲附錄。（這書有兩序，倘依第二序所說，認爲這兩卷以外，有第三冊的世界地誌一卷，可是這卷彷彿早已散佚，或者竟沒有編述，總之，現在不能看見了。）本書第一卷共兩部分：第一編，土耳其・蒙古諸部族底歷史；（四章及序文）第二編，成吉思汗和他底祖先及其子孫底歷史；（至合贊汗止。）第二卷：序；（關於阿達姆和派確利阿爾格斯及海勃拉伊底預言者。）第一編，回教興盛以前，波斯諸王底歷史；（四章）第二編，包括穆罕默德出世以後，至法蘭克人攻陷巴格達的歷史；哈利夫朝滅亡後波斯諸王朝底歷史；（隔時挈朝・刪爾笛克朝，霍拉時姆諸王等。）畏吾兒和那後裔底歷史；中國人底歷史；猶太人底歷史；法蘭克人和那諸王及羅馬教皇底歷史；印度人底歷史（附載釋迦全傳及佛教史。）等。

附錄哈爾班答汗本紀，當是第一卷底終結吧。拉施特因撰述這書，合贊，哈爾班答西汗，使自由利用御府秘籍，又命熟悉蒙古史的文武重臣，叙述他們底所知，更在朝廷裏，聚集了中國，印度，克什米爾（Kashmir），西藏，畏吾兒，扣泊梯克，阿剌伯，法蘭克等底學者，使供給資料。希望充分完成一部偉大的史記。果然這史纂，當時得利用綜合所有的材料，以包括範圍和正確程度而論，實爲空前的傑作，得占波斯史學底王座的。所記蒙古人底歷史，關於經略中國底發展等，以根據蒙文歷朝實錄金册（Altan Debter）的地方爲多，爲這時代治遠東史者，務須根據的東西；可惜全文許還不曾據刋，祗不過刋出了一部分的原文或譯文，爲學術界一大憾事。

（註）哈爾班答（Oliaitü），張星烺氏中西交通史料彙編，譯爲"鄂爾介都"：本書譯名，據自新元史宗室世表。阿不，賽德，卽元史中之不賽因。——譯者。

費志尼和拉施特底書以外，該略略附記的，許是伐沙夫底記史（Tiárkh-i-wassaf）吧。伐沙夫（Wassaf）是"讚頌者"底意思，他底眞實名，呌阿博達拉·伊賓·夫特爾阿拉，是塞爾柱人。他是伊兒汗國底稅官，可是得宰相拉施特底推薦，謁見合贊；一三〇三年，于哀屋弗拉脫河畔，亞孥底陣中，獻史記的前三卷。這書，正式稱爲邦土分割和歲月底推移（Tajziyat-ul-Amsar wa Tayjiyat'-ul-Aisar）全書共五卷；一三一二年，哈爾班答即位的那年，完成第四卷，在新都斯爾太尼耶進呈這書于汗；到了一三八二年，記阿布，賽德治世的第五卷出來了。原來志費尼底書，是絡續起稿的，從一二五七年動筆，至一三二八年止。當然以伊兒汗治下的波斯底事爲主，而蒙古可汗底經營中國，和中亞成吉思汗子孫底活動，也有相當的記載，所以覺得必須和前記諸書，一併附載于此。祇是稍感困難的，辭藻太多，很難瞭解；史實次序，也倒錯不易領會。

當本章終了時，還得附記一下：由于幾次十字軍底聖地遠征，東方貿易底發展，蒙古人底歐洲侵略，僧俗諸王底東派特使，亞細亞諸君主底使者西遣等，從十三世紀到十四世紀初，歐洲對于東方（亞洲西部，蒙古等）的興味，廣大的亞細亞各國的興味，顯然確是很濃；上下全都東方熱，有古代和中世紀初期還不曾見到的那樣沸騰。單是東方底情形；由旅行者，商人等絡續傳入，那知識不僅激增豐富吧了，務須注意那學術地研究東方情形，顯當有精確把握東方事物的傾向。因此，一三一一年到一二年的法國南部復阿恩奴的宗教會議，至于議決在羅馬，巴黎，博羅尼，牛津和沙拉孟加底大學裏，設立關于阿剌伯，中國，希伯來語言底講座，可是這個計劃，縱使不幸由于專門家底不足，到了十六世紀，還不見能够實現；而事實上歐洲的東方研究，有顯著的進步，如可蘭經和其他多種的阿剌伯科學書，十二世紀中，已有拉丁譯本出現了。其中言語底研究，爲了與商業，傳教有密切關係，那實用方面的學習，尤有盛旺。十三·四世紀裏，也可視爲這種傾向的紀念物的，有可孟語古鈔（Codex Comanicus）。這可孟，便是溥羅夫慈；）匈牙利人稱可孟爲欽察部族；俄羅斯人名爲溥羅夫慈。）乃是蒐集民族底語彙現存于威尼斯的，是唯一的寫本；這書，除語彙以外，有斷片的基督教底福音書和其他兩三種宗教書底譯文，早爲世人所知；不僅爲這民族語言研究底好書吧了，也可利用于擴大阿爾太民族底言辭研究：這書也常爲調查中國塞外諸族底歷史和文化者所引及。

第四章的參考書：

一、關于在本章敘述的，以一般的參考書而論，仍推 Yule Cordier, I; Richthofen, I, 這部分，大體上詳細而且有意校正錯誤，增加新事實。最後述到的伊兒汗國史家所著的蒙古歷史等，現記的三家底書裏，都彷彿沒有，或者過于簡略，所以務須參看 E. G. Browne, History of Persian Literature under Tartar Dominion (A. D. 1235—1502). Cambridge 1820. 底前面的部分。這書相當于舉在前章參考書裏的同著者底 A Literary History of Persia. 底第三卷，爲有志于東洋學者値得必讀的名著。現在舉的 A Literary History 底第二卷裏，也可以見到拉施特其他底事情；可是終不及第三卷的翔實。

一、克劈尼和盧白魯克底旅行記，有各種譯本，也有許多版本，舉學者間認爲已有定評的標準的善本，于下：

1. W. W. Rockhill, The Journey of William of Rubruck to the Eastern parts of the World, 1253—55, as narrated by himself, with two Accounts of the earlier Journey of John of pian de Carpine (Hakluyt soc. publ.) London 1900.

2. C. R. Beazley, Texts and Versions of John de plano Carpini and William de Rubruquis

(Hakluyt soc. publ.) London 1903. 第二書並載有拉丁原文，而加以校勘。第一書記克劈尼底紀行爲 Two accounts,——原來他底報告書，有兩種：一、他沒有囘里昂以前，係一二四七年三月到十二月之間在路上起草簡稿；二、他囘里昂後所寫很詳細的書；上面的 Twoaccounts, 不外併指這兩者的。

可是這些書，在學生們購置，略有困難，（旣難得 而又價高。）那麽，M. Komroff, ed. contemporaries of Marco polo (The Black and Gold Library 裏的一冊•）許是最便利的書吧。兩種紀行底本文，在英語裏有普遍閱讀的很適宜的書，收在次章敍述的鄂多立克底東方紀行，和前章註記裏所舉的 Tudela 地方底 Benjamin 底東方行記底英譯本裏（不過都是節略的•）但附載的參考書目，駁雜而不正確，是不能滿意的；漏掉緊要的書不少，而無用的書很多，不知是甚麽一囘事？

一、在本文裏，記克劈尼到那里昂後，進呈敎皇的報告書，稱爲 Libellus Historicus, 是借用這個名字的；那報告（相當於前記的第二種書底詳細部分•）

原文底一種 Hakluyt 版本，在倫敦一五八九年出版的，不過借作標題。（這是從他編的旅行記航海志纂底第一卷，Vincent de Beauvais〔Vincentius Bellovaciensis〕編的史鑑〔Speculum Historials. Nürnbery 1474,〕第三十二卷裏所節出的克劈尼底東方旅行記，附有英譯出版。那 Vincent 底書，收在著名的旅行記彙纂裏，乃是克劈尼底第二報告的最初版，此後刋行的報告，大概都據拉丁本。題爲，Historia Mongalorum quas nos Tartaros appellamus, 是"我們所謂塔兒塔兒的蒙古人底故事"之意。）第一的報告，便是簡略部分的本文，收在 Golubovich, Biblioteca Bio-Bibliografica, I, Firenze 1906 裏出版，那題目尤其不像書名，——Inapit liber. de factis Tartharorum a quodam fratre Minore compositus, qui longo tempore fuit inter eos, 便是"由長時間的米挐利脫（聖方濟各派）教團敎友底編集，關于塔兒塔兒事物底叙述。"的意思。

一、倘要克劈尼 盧白魯克底詳細書目，適宜的應參考 Cordier, Bibliotheca Sinica, nouv. éd. vol, III, paris 1903 及那 Supplément (Ibid. 1922--24) 和

近刋的底 R. Streit, Bibbiotheca Missionum, vol. IV, Aachen 1928 前面的部分。那 R. Streit 底書，（這部分，不是傳聞的；）也有失檢的，也有彷彿誤編的，可是以成于個人之手的書而論，確曾費了非常的苦心和勞力，爲近來少見的好書；以羅馬天主敎傳敎關係的文獻目錄看來，現在許沒有趕得上這書的吧。第四，五，六卷，是亞細亞部分，第六卷沒有刋出。那體裁和內容怎樣，請看幸田成友博士在史學（九，四，——一九三○，十二。）裏，題爲關於日本最近的兩部目錄一文，這和柏林底日本協會（Japanistitut）編纂的日本書志，並有詳細的介紹。倘比之 Cordier 底書，所述條理井然，愈覺親切；雖在 Cordier 書裏，大概還不能勝過；克劈尼 盧白魯克底略傳，也寫得切中肯要；記有敎皇英諾森四世，命克諾尼另贈蒙古可汗和人提的基督敎書底本文；並述及所收的書和內容概要。

一 盧白魯克底東方往還底通路，在原文裏像見聞記底明快的叙述地方，反而看起來不易瞭解，因此，須參考：F. Max Schmidt, Wber Rubruks Reise von 1253-55. (Zeitschr. d. Gesel. f. Erdkunde zu Berlin, XX, 1885)

一、記述蒙古都城喀喇和林，最早的歐洲人是克劈尼；可是他還不曾到過這地方。初到這里的，是後記的恩特蘭阿斯底第二次東行時的事情，所以在記述目睹的地方而論，必得以盧白魯克爲最早的一人。克劈尼記這地爲 Caracorim ，盧白魯克寫爲 Caracarum。倘據盧白魯克的記述，這個都城，大概分兩條街；一是沙拉删人所住，一是 Cathay 人所住；前者有市場，商人多住在那裏；後者住民多工匠。這地方，又有寺院十二，其中兩個是回教的，一個是基督教的。都城圍以土壘，開四門，東門售黍和其他穀物；西門賣羊；南門銷販牡牛，車輛；北門交易馬匹。城壘外，是蒙哥可汗底宮殿。當時這都城裏，集有世界各地底人，由所記，很可明瞭；本文中已介紹一些，這里不再說了。

那喀喇和林是現在的哪裏？常爲學術界底一個問題，而現在確定爲鄂爾渾河上流右岸的額爾德尼招地方。一時有力的一說，認這地方爲由此更下三〇哩左岸的廢城加拉排爾孫；可是這乃唐回紇底故都，分明不是蒙古地方。現在略叙這學說底變遷：蒙古史研究者俄國派拉笛屋斯僧正，雖則搜集了多少中國方面的記錄，可是不曾實地調查，又是地圖不良，這樣的結果，尋覺那故址是不可能的；聽說沒有把稿子發表。法國底蘭米剎，以為這是回紇舊都，(加拉排爾蓀)；英國尤耳，起初認為不明瞭這地方，後由夫丁哥夫人處，得到了派台林底紀行譯文，據這書，由於蘭米剎說，而犯了同樣的錯誤；俄國底博蘭脫西拏伊達，從豐富的中國西北疆域底史的知識，推知派台林說的不正確，斷為誤解這個地方；他據蒙古流傳的史書 Erdenin Erixe 所載，主張以現在的額爾德尼招，為喀喇和林舊址。那博蘭脫西拏伊達底一說，其後（一八九一•二年之交）由芬蘭，俄羅斯兩國底考察隊實地調查，精確証明，現在沒有什麼疑問了。詳情請看 Yule Cordier, Marco polo I. pp. 226—230，以及考察隊底報告書。

因為 Caracorim（正式作哈喇和林〔Kharakhorum〕）底名稱，倘據波斯史家所說，出於南方底山名；據元史（卷八）則以為出於西方底河名；這難於斷定。中國史料裏，喀喇和林略為和林，太宗窩闊台可汗在那裏建萬安宮，以這地為蒙古底都會，乃即位後第七年（一二三五）的事；元史地理志裏，有太祖〔成吉思汗〕十五年建都和林的話，是錯誤的。太祖十五年，正在西征中，並無建都和林的事情，在清沈世西遊記金山以東釋裏，已有考証，差不多沒有疑義。

一、與克劈尼時間相近，來東方的阿刪利拏，也有旅行記，祇敘路上回來的情形，所以不記在這裏。和克劈尼同時旅行的，班尼狄克脫底旅行記，由達夫剎克校勘，收在克劈尼紀行（Relation des Mongols ou Tartares paris 1838）底附錄裡出版。（這是在上記的書底 pp. 378. ff. De Itinere Fratrum Minorum ad Tartaroo quae Frater Benedictus polonus viva voce retulit裏）

一、英諾森四世，除克劈尼·阿刪利拏以外，派了葡萄牙底多米尼克派僧侶拉屋崙笛屋斯，法蘭西同派的僧侶恩特蘭阿斯，任旅行團領袖而東來，可是都沒有到遠東，所以不記在這里。詳細請看 Streit, Bibl. Missicn., IV, S. 4, Nr. 7, S. 9, Nr. 13 等。

一、上面的幾個人裏，祇有恩特蘭阿斯後來受路易九世命，來喀喇和林（一二五〇年），以第一個歐人到蒙古都會而得名，較盧白魯克來喀喇和林·早了四年○一二四八年十二月十九日，在塞浦洛斯的排梯，拏印底嗣子伊爾梯哈太伊，受命向路易九世陳述蒙古人承認尊重基督教的意思，因此任恩特蘭阿斯爲應問的使節，並加遣多米尼克派底僧侶兩人，居士兩人，官吏兩人東來○一行人，于一二四九年一月十五日，由塞浦洛斯都城尼哥西亞動身，來波斯，打算會見伊爾梯哈太伊；那時恰值蒙古貴由汗死了，伊爾梯哈太伊底來東方參加葬儀，所以一行人追縱他而到了蒙古，于喀喇和林謁見貴由的母親窩格爾•隔伊米西（註），滯留兩年，于一二五一年，帶了覆信，回路易王那里○

（註）按元史，貴由汗生母爲六皇后尼瑪察，不知是否爲同一個人○——譯者○

一、泊拉拏，克劈尼，恩特蘭阿斯，盧白魯克等往來蒙古以後，蒙古王侯（尤其是伊兒汗國成立後的可汗）和歐洲的僧俗諸王之間，使節底交換，書信底來往，頓然盛起來了；像這些書信，除文籍裏留着內容外，現在還相當地存有實物，可傳當時東西方交涉底實況○更詳述，自然不是本書底目的；可是從來在日本有關東洋史的書，幾乎有許多不介紹這個的，所以在下面，舉出文書來往的概略，當多少可供參考。現存文書裏，保存在巴黎(Archives Nationales)的，約百年前，有蘭米剎研究以來，已爲學術界所周知。存于划樣加擎文庫的（Abél-Remusat, Mémoires sur les Relations politiques des princes Chretiens, et particulièrement les Rois de France, avec les Empereurs Mongols, Mémoires de l'Académie Royale des Inscriptions et Belles-Letters, VI-VII: 1821-1322）約十年前，由于偶然的發見，據伯西和等底續漸研究，祇發表了一些；現在成了一部分學術界研究的對象。Pelliot, Les Mongols et la papauté. Revue de l'Orient Chrétien, Sér III, vol 3, Nos. 1-2; vol 4, 1922. Nos. 3-4).

（下面有×符號的，表示實物現在沒有保存。）

年紀	發言者	受信者	國語	印記	現在場所
一二六七	伊兒汗旭烈兀	法蘭西王路易九世 教皇亞歷山大四世	—	—	×
一二六七	教皇克萊孟四世	伊兒汗阿八哈	拉丁	—	×
一二六八	伊兒汗阿八哈	教皇克萊孟四世	拉丁	—	划梯加擎

一二七一	仝　上	英王愛德華一世	——	——	——
一二七四	伊兒汗阿八哈底使節	里昂宗教會議	拉丁	——	划梯加拏
一二七五	英王愛德華一世	伊兒汗阿八哈	拉丁	——	×
一二七五	教皇格列高里十世	仝　上	拉丁	——	×
一二七六	伊兒汗阿八哈底使節划沙爾兄弟	教皇約翰二一世 英王愛德華一世等	拉丁	——	×
一二七七	英王愛德華一世	伊兒汗阿八哈	——	——	×
一二七七	伊兒汗阿八哈	英王愛德華一世	——	——	×
一二七八	教皇尼哥拉三世	伊兒汗阿八哈	拉丁	——	×
一二七八	仝　上	蒙古可汗忽必烈	拉丁	——	×
一二七七—八	伊兒汗阿魯渾	教　皇	——	——	×
一二八五	伊兒渾阿魯渾	教皇呼拏利窩斯四世	——	——	×
一二八八	教皇尼哥拉四世	伊兒汗阿魯渾	拉丁（兩封）	——	×
一二八八	仝　上	伊兒汗阿魯渾底妃	拉丁	——	×

一二八八(？)	蒙古可汗忽必烈	教皇尼哥拉四世	——	——	×
一二八九	教皇尼哥拉四世	蒙古可汗忽必烈	拉丁	——	×
一二八九	伊兒可汗阿魯渾	法蘭西王腓烈泊·爾·排眉	蒙古語畏吾兒字	漢字朱·陽文	巴黎
一二八九	仝　上	英王愛德華一世	仝上(？)	——	×
一二八九	教皇尼哥拉四世	蒙古王族海都	拉丁	——	×
一二八九	仝　上	伊兒汗阿魯渾	拉丁	——	×
一二九〇	伊兒汗阿魯渾	教皇尼哥拉四世	蒙古語畏吾兒字	漢字朱·陽文	划梯加擎
一二九一	仝　上	英王愛德華一世	仝上(？)	——	×
一二九一	仝　上	〔旅行許可狀〕	仝　上	——	划梯加擎
一二九一	教皇尼哥拉四世	伊兒汗阿魯渾底妃	拉丁	——	×
一二九一	仝　上	達太擎梯·加頓	拉丁	——	×
一二九一	仝　上	伊兒汗阿魯渾底兒子哈爾班答	拉丁	——	×
一二九一	仝　上	蒙古貴族太隔爾剎爾	拉丁	——	×

一二九一	仝　上	伊兒汗阿魯渾	拉丁	——	×

這信發於九月，在阿魯渾死（三月七日）後收到o

一二九一	教皇尼哥拉四世	伊兒汗貴族沙羅尼	拉丁	——	×
一二九一	仝　上	伊兒汗阿魯渾底兒子合贊	拉丁	——	×
一三〇二	伊兒汗合贊	——	蒙古語畏哥兒字	——	划梯加縣
一三〇二	仝　上	英王愛德華一世	——	——	——
一三〇二	上記的使節耶哈勃阿拉哈第三	教　皇	阿剌伯語	畏吾兒語	划梯加縣
一三〇四	仝　上	教　皇	仝　上	仝　上	仝　上
一三〇五	伊兒汗哈爾班答	法蘭西王腓烈泊，爾，排泥	蒙古語畏吾兒字	漢字朱，陽文	巴黎
一三〇七	仝　上	英王愛德華一世	——	——	——
一三〇七	教皇克萊孟五世	蒙古可汗鐵木耳（成宗）	拉丁	——	——

這信到時，成宗已死，值武宗時o

一三〇七	英王愛德華一世	伊兒汗哈爾班答	拉丁	——	——

一三〇七 仝 上 仝 上 拉丁 —— ——

（上面表裏，記有'——"的，都不能明瞭；恐是由于蒙古王侯的東西，大概用蒙古文•畏吾兒字所記。這表據前記的蘭米刹•伯希和和 Streit, Bibl. Misionum, I V 及 Yule-Corbier, Marco Polo, I. 36 Note 等而作。）

一、見于上面表裏的合贊汗特使耶哈勃阿拉哈第三，（Rabban Mar yahb-alaha III）畏吾兒人，生于北平附近，一二八一年，任聶思脫里派（景教 基督教總教主，住在巴格達。和他底朋友畏吾兒人沙屋馬（Rabban Mar Çauma）（也是同派基督教徒）同奉阿魯渾•合贊兩汗命，歷謁東羅馬皇帝，羅馬教皇•法蘭西王•英吉利王等，訂立蒙古和歐洲諸王底盟約；據遺下來的筆記，使我們知道兩人遍訪歐洲底情形和其他；這筆記用敘利亞語所記，原由法人西博譯出，（J. B. Chabot, Histoire de Mar Jabalaha III. .... et du Moine Rabban Çauma. paris 1895）近時美人蒙脫顧曼利（J. A. Montgomery, History of Yaballaha III Nestorian Patriarch, and his Uicar Bar Sauma. New York 1927）（未完）英人勃其

(E. A. W. Budge, the Monks of Kublai Khan. Lonbon 1928)（譯完）兩氏底譯註本，也前後出版，對于蒙古時代歷史研究者，供給了良好的材料。

一、要瞭解上述的伊兒汗國諸汗和歐洲底交通情形，可參考下面的諸汗系統圖：

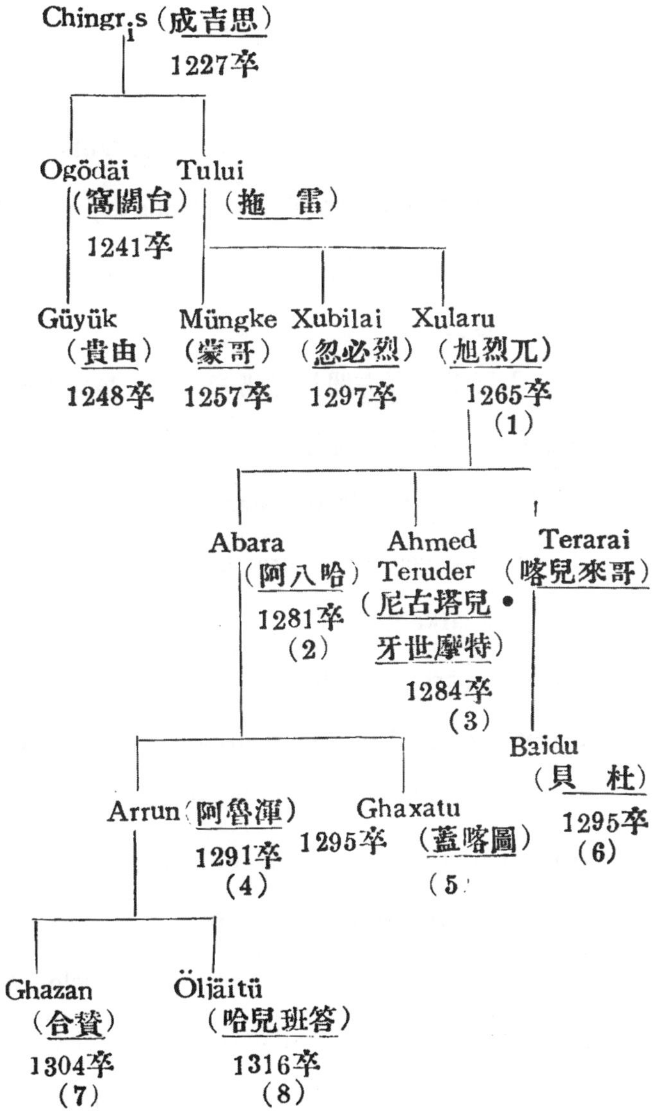

（譯者按：這系統圖底漢譯名，旭烈兀以下，均據

自柯劭忞新元史卷二七宗室世表○)

一、關于伊兒汗歐洲底交通，那，D'ohesson, Histoire des Mongols, Amsterdam 1852. Vols. III-Iv; H. H. Howorth History of the Mongols, Part III, London 1888 和前記的 Rémusat, Mémoires, 是常舉的良好參考書○

一、馬哥孛羅東方聞見錄諸刋本中，最重要而舉在本文裏的，稍稍詳述如下：

1. W. Marden, Travels of Marco Polo, a venetian in the Thirteenth Century: being a Description ····of remarkable places and things, in the Eastern parts of the World London 1818.
2. Gpauthier, Le Livre de Marco Polo citoyen de Venice····; Publié pour la Première fois d'après trois manuscrits inédits de la Bibliothèque impériale de paris. paris 1865.
3. H. yule, the Book of Ser Marco Polo, the ventian,········ Newly translated and edited, with Notes. London 1871. 2 vols, 3rd. ed, revised throughout in the light of recent Discoveries

by Henri Cordier. London 1903. 2 vols (H, cordier, Ser Marco Polo Notes and Addenda to Sir Henry Yules edition, containing the results of Recent Research and Discovery. London 1920, 這書和前書是姊妹篇。)

4. A. J. H. Charignon, Le Livre de Marco Polo,…… annoté d'après les sources chinoises. Tomes I—II. Pékin 1924—26.

5. L. F. Benedetto Marco Polo il Milione. Prima edizione integrale……Firenze 1928.

一、關于古鈔本底種類和收藏地方，詳載于 Yule-Cordier, Marco Polo, II; 關于諸刋本，詳于上述的書底第二卷和 Cordier, Bibliotheca Sinica, 2me'ed. Vol. III 或 Cordier底 Bibliotheca Japonica 裏。有遺漏的，那麼，當參看 Cordier, Ser Marco Polo, 1920 和 Bibl Sin., Supplément 。關于最近的，看拙稿從書庫底一隅。（民族：第一卷，第四號。）

一、在這里簡單介紹馬哥孛羅書裏記述的中國情形，到底是不可能的，所以現在割受了。祇是書中所記，有著者目睹的和傳聞的部分，讀時務須辨明。

坊間所見的東洋史敎科書的附圖等，有常記載他旅行於喀喇和林的事，這是混合傳聞的和目睹的敘述底好例。

一、但馬哥孛羅：（1）稱中國北方爲 Cathay; 於中國南方，（南宋底地方）稱爲 Manzi, 這是"蠻子"底音譯，乃當時北方通行的稱呼。（2）除以現在的北平爲大都外，又稱爲 Khanbalik，這是"汗底城"底意思，在蒙古人之間通用的；是由西域到歐洲方面傳稱底名字。（3）現在的杭州，當南宋存在時代，便是事實上的首都臨安；他稱這地爲 Kinsay, 這字從來有很多的解釋，據日本桑原博士和藤田博士底研究，明白是"行在"底音譯。（4）泉州底港，依唐宋時舊名，仍用波斯•阿剌伯人底稱呼，名爲刺桐（Zaytun）。這些，沒有法子，祇得在這裏附記一下。

一、馬哥孛羅書裏，地名部族等，用波斯語名稱的，觸目都是，這還是當時事實的反映，表示宋元時代，以波斯語爲一種國際語，大行於東首的好例；伯希和有認爲史的義意底高論，詳細請看 Influences des peuples iraniennes dans l'Asie Centrale et en

Extrême-Orient (Revue d'Aistoire et Litterature religieuse- 1818) 這參看博士底日譯本，伊蘭語族底民衆，及于中央亞細亞和遠東地方的影響(藝文:三，八•——一九一二，一•) 一文，最爲便利○

一、敘述馬哥孛羅在中國任職的事，這名稱許不出於中國的記錄，誰也得懷疑的吧○貝津底元史世祖本紀，見於至元十四年二月丁亥條，以任爲'樞密副使兼宣徽使領侍儀司事"的孛羅，爲馬哥孛羅；又元史奸臣列傳裏，以至元十九年三月，王着，張易等殺阿合馬（Ahmad）時，世祖命樞密副使孛羅等誅王着的那個孛羅，爲同是馬哥孛羅；那是註的馬哥旅行記，題爲"忽必烈樞密副使孛羅本書"；——這全是錯誤的，那孛羅，決不是馬哥孛羅○而這個誤解，眞是奇怪，其後盛行於東西學術界，對於這博羅，毫沒有懷疑的人•日本田中萃一郎博士始校正這錯誤，爲學術界開一新路；現在不知這新說的人，是很遺憾的○這說載于史學雜誌（二七，三〇•——一九一五，一•）底關於元底官吏登庸法底論文裏；請讀者一閱○（貝津底書裏，記"孛羅"爲"博羅"，當不外據乾隆改訂本的元史吧○）

一、以上面的孛羅，推定爲馬哥孛羅，那樣一類的錯誤，大家如巴托特，也犯同樣的誤斷；例如把見於元史的愛薩，推定爲意大利比薩（Pisa）人伊索羅（伊索），這簡直不足置信。（巴氏之說，見于俄國王家考古學會東洋部紀要底第六卷，大要載于上面常引用的東洋學史底三一頁。）

一、關于 Sempad 底書簡，詳于 Streit, Bibl. Missionum, IV, S, 11, Nr. 14. 在 Yule-cordier, Cathay, I. Suppl. Note, XI V bis. 裏，從 Bouqet, Recueit des Historiens des Gaules et de la France X X, paris 1840 裏 Guillaume de Nangis 著的路易九世傳，載有法譯全文。又本文底 p. 162, Note, I 裏，從 Mosheim, Hitoria Tartarorum Ecclesiastica, Helsnstadü 1741. 底附錄，引用英譯底一部分。（Moshiem 底拉丁拼法，是 Moshemins 。這書實在不是 Moshiem 著的，在他的指導下，乃是 A. C. Paulsen 所編。——參看 Yule-Cordier, Cathay, IV, p. 263）

一、海敦王底旅行記，本文初由吉洛鄺斯用亞美尼亞語記錄；這有亞美尼亞王族 Argulinskü 公底俄譯，(Argulinskü, in Sibirshü Viestonik, 1822.) 由俄譯本重譯的，有 Klaproth 底法譯 (J. Klaproth Voyages du Pieux Roi des Arméniens, Hethoum, aupres de Batou et de Mangou khan. Journ. Asiat, Ser II. Tome XII, 1833) 又別的，也有泊羅删底法譯 (Deux Historiens Arméniens. Kiracos De Gantzac, XIII e S., Histoire d'Armenie···· traduit Par M. Brosset. 2 liv. St-Pet, 1870—71) 也有一八七四年的 Pathanou 底新的俄譯本，(K. R. Pathanov, Istoriya Mongolov Po Armyanskim Istochnikam Vypusk II. 1874) 英譯本，有無名氏的 Journey of the Armenian King Hethum to Mangoo Khan, Performed in the year 1254 and 1255 Translated from Armenian with Notes (Asiatic Journal, X. 1833) 又有勃蘭脫西拏伊太參考上記諸譯本而翻譯的 the Journey of Huithon, King of Little Armenia (Journ. North-China Br Roy. As. Soc, X. 1876 PP. 287 ff.) 這書也是載于後來勃氏著 Mediaeval Researches, Vol. 1, London 1883, PP. 164 ff. 裏。

一、史家海敦底書底原文（法文），也有幾種，後在 Recueil des historiens des Croisades Documents Arméniens II（Docum. Latins et français relatif à l'Armenie）Paris 1906 裏，拉丁譯（增訂本）也載于上面的書裏。中國關係部分，在，Yule-Cordier Cathay. I. Note XIV. PP.（260－262），有引用這書的，所以根據這個，當沒有妨碍。這書由拉丁本重譯，也有尤耳底英譯本，很覺便利。（PP. 258-9）詳細請看 Streit; Bibl, Mission., IV, SS 42—44.

一、阿斯伯波斯史家底書裏，關于伊兒汗國的，在 D'Ohsson, hist. des Mongols, I（田中萃一郎煞費苦心的日譯本，名D'ohsson蒙古史，僅第一卷，在東京出版。——一九〇九年）底緒論裏，是有解題的，很希望去看一下。又詳載于 Browne, The Persian Siter. under Tartar Dominion 底第一，二章裏。這書也是名著，所以務請一讀。本文底記事，大要以這兩書爲主，有疑問的地方，是據 Browne 底書的。

一、Ibn-al-Athir 底傳，別的更請參考 Huant, A Hist of Arab, Siter, PP-26—7.

一、志費尼：一二三〇年生，一二八三年卒。關于 Browne. 别的史書，詳載于 Journal of Royal Asiatic Society, jan. 1904 PP. 1—17. ○這書最古的寫本（一二九〇），存于巴黎國民圖書館；又第一·第二兩卷底原文，已由 Mirza Muhammad ibn Abdúl-Wahhab-Qazwini 出版○（Aland-din Ata Malik-i Juwayni, The Tarikh i-jahan-Gusha. Part I, containing the History of Chingiz Khán and his successors, edited with an introduction and notes and indices from several old Mss. Part II, Ckhna-resm....“E. J. W. Gilb Memorial” Series, XVI. 2 Leyden & London 1912，1616,）

一、拉施特史記彙纂底原文，一部分沒有刋出，旭烈兀可汗底傳記部分，在 Quatremire. Histoire des Mongoles de la perse écrite en persan par Raschideldin. Tome I（Collection Orientale, I）Paris 1813. 裏，與法譯本，並收在一起○從窩闊台汗即位，到元成宗（鐵木耳）底死的部分，經 Blochet 校勘，用 Djámi-el-Tévarikh, histoire génénale du Monde par Fadl Allah Rashld Eddin, Tome II. contenant l'histoire des empereurs. mongols successeurs de Tchinkkiz Khagan (E. J. W. Gibb Mémorial" Series XVIII, 2). Leyden & London 1911 的名稱出版。這書底編訂者 Blochet 氏另著緒論 Introduction à l'histoire des Mongols de Fadl Allah Rashid ed-Dìn ("E. J. W. Gibb Memorial" Series, XII). Leyden & London 1910. 詳論拉施特底史書，有很多誤解和謬論的地方，不能完全置信，要有專家底估定；不過力說拉氏剽竊阿博特·阿拉·哀爾·加西尼底著作的一點，在學術界裏，那眞實與否，許不成什麼問題吧。(E. H. Parker 曾介紹這書于 Asiatic Quatery Review, 可是一點兒不得要領，所以不及討論。)

拉史底翻譯，也還是沒有一種完全的書。L N Berezin Sbornik lietopisei. —— Istoriya Mongolov sochinenie Rashid Eddina (俄羅斯王家考古學會東洋部論叢·Trudy Vostoch. Ctdiel. Imp. Russ. Arkh. Obshch. V, VII, XIII, XV, St-Peterburg 1858-1688.) 是非常少見的書·在一部分譯本（俄譯）看來，是著名的；前記的 Quatremère 底書裏，祇有旭烈兀傳的法譯本；J. Klaproth, Description de la

Chine Sous le Règne de la Dynastie Mongole traduite du persan de Rachid-Eddin (Journ. Asiat. Sér. II, Tome XI, 1833) 以中國關係部分底法譯本而論，對於我們是便利的。還有拉史底細目，關于古鈔本底保存地方等，請看 Browne, Journ Roy. Asiat. Soc., 1908 PP. 17--37.

一、最詳細的拉施特底傳記，在 Quatremère 書底緒論裏。大體上 Browne 底書是好的；並且介紹前書裏所看不見的新材料。

一、 Wassaf 史書底原文，全部五卷，一八五三年在 Bombay 石印出版。又第一卷，附德譯，題為 Hammer-Purgstall, Geschite Wassafs Persisch herausgegeben und deutsch übersetzt Wien 1856 刊行。

五•第十四，五世紀（從元至明初）歐西底中國知識

自馬哥孛羅一家人，回威尼斯前後，羅馬教會對于中國方面的傳教，頓然增加熱度，孟德•高維奴以次，許多傳教師，海陸並進，向元帝國領域來；前章末曾已提到，較詳細的，當在本章叙述。

孟德•高維奴 (Giovanni da Monte Corvino)；一

二四七年，生于意大利南部孟德·高維奴。年青時入聖方濟各敎團；一二七九年，受命來東方傳敎，到亞美尼亞和波斯。十年後（一二八九），回意大利，向敎皇尼古拉四世，報告亞細亞傳敎底良好希望；尤力說伊兒汗阿魯渾對于基督敎徒底優遇，敎皇很爲所動；這年七月裏，奉命再來東方佈敎。但那時敎皇派他到伊兒汗國諸王底宗家中國，因此他伴着多米尼克派僧人排斯確利亞和商人爾加羅尼，于一二九一年，從塔伯資利（註）出發，經忽里模子，而出印度，留于卡利馬瑙海岸（Coromandel Coast），約一年；再由海路往中國，一二九三年來大都（北平）。次年大汗忽必烈卒，鐵木耳（成宗）即位。孟德·高維奴在這里約三十四年；一三二八年，卒于大都。一生專心于羅馬天主敎底傳佈。他底事業，最初很是困難，雖在孤立無援的狀況上，必得與聶思脫里派（景敎）敎徒底殘餘分子爭抗，備嘗艱苦，可是那功績，幾乎不爲敎皇所認識。一三〇七年八月，由克萊孟四世，任爲汗八里（大都）大僧正，並付與總敎主底實權。又在這年八月裏，得敎皇底敎書，任聖方濟各派僧侶安德魯·尼古拉，哲拉德·賽福斯托德·裴萊格林·威廉六人，爲汗八里副僧正，以協助孟德·高維奴；後又增派安德魯梯斯一人東來；一三〇八年，又命畢哀確洛和留羅尼漠兩人爲副僧正，使來大都；因此；孟德•高維奴底工作，更見活躍。在大都底通衢，建立高大會堂，從窗裏透出蒙古和中國底信徒所合唱的讚美詩底音浪；用蒙古語全部翻譯新約全書等，這全是他底功績。年八十餘，卒于大都。相傳無論是否基督敎徒，都爭先參加葬儀，來塋地舉哀，他底德望，由此略可想見。

（註）塔伯資利，卽討來思城（Tauris）。——譯者。

孟德•高維奴在中國時，遺下來的兩封信，一：一三〇五年一月八日，在汗八里發的，是述像前記的旅程；報告尼古拉死耗；說傳敎事業，一時孤立無援；一三〇五年，科龍（Cologne）地方人阿爾奴特（Arnold）敎士來大都，稍得助力的話。另一信，乃是一三〇六年二月十三日，在汗八里寄給聖方濟各派的總長等，記述自己底傳敎事業。把傳敎用的新，舊兩約全書，繪了六幅圖書，附于拉丁，畏吾兒，波斯三國語底解釋，並說到關于會堂建築，青年敎育等，略述中國•印度•依梯俄皮亞（Ethiopia）（註）等情形，最後請增派僧侶，協助發展事業。這些信裏，對于中國方面底知識，沒有多少顯著的增益；可是當馬哥孛羅等東歸以後，起初的一時代裏，在傳達遠東方面消息看來，是不能忘記的；並可爲考證當時中國天主敎情況的貴重材料。

（註）依梯俄皮亞，古代希臘人稱非洲的名稱。——譯者。

孟德•高維奴以外，在大都和他共同傳敎的敎士裏，以書信傳達中國情形于歐西，雖則不是沒有；例如後來任泉州僧正的前記的安德魯和裴萊格林，可是都很簡略，尤其在這里是不足道的。因此以下必得舉和高維奴分別從事傳敎，同時帶來中國的意大利人鄂多立克底旅行記。

鄂多立克（Odorico da pordenone）：一二六五年，生于頗代儂（Pordenone）城附近威拉擎划。一二八〇年，入聖方濟各敎會，住于烏丁（Wdine）修道院。一二九六年，始派遣于東方，曾一度西歸；一三一四年，改往東亞各地傳敎，留中國三年，旅外十六年，一三三〇年，回意大利。一三三一年一月十四日，死于所管轄的烏丁修道院。鄂多立克，于一三二一年頃，旅行印度，在瑪達拉斯市附近，謁所謂聖，多默斯祠堂；從這里渡海，航行于蘇門塔臘，過爪哇，經婆羅洲沿岸，達中國，到福州，杭州，由大運河，入大都（北平）。後橫斷亞細亞內地陸路，通過波斯•漠拉叽達國，回本鄉。像書裏所載，說是通過西藏，到拉薩；這事，拉烏夫（O. Laufer）曾加以批判，以爲根據傳聞，描寫成自己所目睹的事實，這話許是正確的吧。當長途旅行中，大概始終和他同行而共艱苦的，是愛爾蘭僧人哲姆斯（Friar James）。可是這次旅行，現在實不很明瞭。鄂多立克自初入教團，持戒極嚴，那禁欲生活，教團中也認爲少見而著名；甚至有把以前來東方傳教的路上的許多奇蹟，都歸了他的模様。

鄂多立克在東方傳教路上的見聞，使別人記錄下來出版，題爲鄂多立克紀行；東方韃靼底奇聞，可是因爲原名不是定稱，普通所知，名爲福洛覺羅州底聖方濟各派修道士鄂多立克東方韃靼奇聞記（Itinerarium Fratris Odorici de Foro Julii, Ordinis Fratrum, de Mirabilibus Orientalium Tartarorum.）福洛覺羅（"Foro Julii"）州，也稱爲福柳利（Friuli）州，他底生地頗代儂是屬于這地方的。那紀行有兩種定本：一，是一三三〇年，在派特亞同團僧侶基蘭爾姆斯所寫；另一種，乃是一三三一年，在亞夫銀底聖方濟各派的僧侶隔拉時筆記的。兩者都經過傳鈔而行世。除原文拉丁本外，有好多別國語的譯本，馬哥孛羅底東方聞見錄以來，這爲歐洲人第一部喜讀的書。到了近世，刊本約有二十種；或收在叢書裏，或刊行單行本，拉丁，意大利・英・法・德各種譯本都有，其中考爾狄底譯注本（法文）和尤耳，考爾狄兩人共校的原文（拉丁）英譯對照本爲最佳。（第二書，拉丁原文以外，又載有意大利譯文，意譯和原文，都屬于第一種定本。）這書關于東方事物，記述馬哥孛羅書裏所遺漏的地方，早爲學者所重視。例如在中國用鸕鷀捕魚，中國人留長指爪，婦女纏足的異風等，得他才傳入于西方。關于中國知識的西漸而論，是應該注意的。

鄂多立克底東方紀聞，爲了許多歐洲人閱讀的結果，而產生了曼德維底東洋聞見錄，這是不能忽略的。英國騎士曼德維（Sir John Mandeville），一三〇〇年生，初業醫。後于一三三二年至一三七二年，四十年裏，號稱旅行于廣大的亞細亞各地，把見聞著成一書出版。這書說他先訪巴勒斯坦聖地，往埃及，入某軍隊；後旅行于亞細亞，遊覽印度．中國和其他諸國，在汗八里（今北平，元之大都）三年，可是所載關于目睹的情形，幾乎全是虛構的妄語，除一部分外，差不多不足置信。他實際到過的地方，祗是埃及和敘利亞，關于其他諸地的敘述，不過都是襲取別人底旅行記；蒙古．中國方面的情形，主要的根據克劈尼和鄂多立克底紀行，尤其把鄂多立克底見聞錄，抄錄了不少。在或種意義看來，雖稱爲鄂多立克底變相，似乎都可以的○然這書一出來，很合讀者底脾胃，銷路好，閱讀的人極多，雖內容荒唐無稽，可是很引起歐人的東方趣味○在這種意義上，曼德維底旅行記，雖對于歐洲，實質上沒有增加什麼東方的新知識，可是使西人對于東方有很濃的興味，是不能忘記的○鄂多立克底書，成爲這種材料的一點，在這里不能不提到的○不過曼德維底書，相傳最初爲英語散文的著作，當略略辯正一下○他寫的是法語的書，决不是英語○這書原文出世後，不知何人，由無名氏手裏，出現了英語拉丁語和意大利語底譯本，所謂初用英語寫的，不過是一種世俗的傳說；雖大家如巴托特，以爲曼德維當初是用英語寫的，可知這種謬說的廣傳了○曼德維旅行記底初期刋本，（十五世紀末葉），爲了是少見的書，和馬哥孛羅書底古刋本等，同爲愛書家所寶重，想起內容底價值，所以不舉在這里，詳情載考爾狄底 Bibliotheca Sinca[2]III○

孟德，高維奴，鄂多立克等以外，傳教僧侶方面，任泉州僧正的前記的安德魯，斯爾太尼亞僧正笛印佛羅倫斯僧侶孟德，克羅梯，法蘭西僧侶笛爾頓等，當時他們那些書信見聞錄裏，各保存着不少，中國底記事，可是都瑣碎不足觀，完全祇是傳聞的輯錄，不見有據自己目睹的詳細敘述○這時代傳敎士底記載，這里必得舉出的，許是元末順帝至正年間來大都的馬黎諾里(Giovanni de Marignolla)一人吧○馬黎諾里，佛羅倫斯(Florence)市人，年青時，入聖方濟各敎團；一三三八年，和幾位同事，共由敎皇巴乃台十二世派往塔兒塔里佈敎，這年秋，由阿維南城出發，向東方來；經過那坡利港(Naples)，君士坦丁城，渡黑海；一三四〇年冬，過撒雷(Sarai)市，次年，更東行，到伊犂河谷的阿力麻里(Armalec)，一三四二年(元至正二年)入汗八里(大都)○這年八月十九日(七月十八日丁亥)，順帝在慈仁殿召見，進貢帶來的名馬，事見元史卷四〇順帝紀和歐陽玄圭齋集卷一○他直到一三四六年，留汗八里四年；回來，渡黃河，出中國南部，過杭州和泉州；由海路西航，一三四八年四月二十日，到錫蘭島哥倫坡(Colombo)地方，住了一年多，由忽里模子，摩蘇爾(Mosul)巴勒斯坦，經塞浦洛斯島，來歐洲；一三五三年末，回到阿維南○這見聞記名為Chronicon，係一三五五年所編述，現在博海米亞(Bohemia)底潑拉格(Prague)，存有唯一的完整古鈔本○刊本方面，十八世紀半，已有陶勃納(G. Dobner)底校勘本(拉丁原文)，十九世紀初，馬伊奈爾脫(J. G. Meinert)底德譯本（不完全）也出來了，後來又有尤耳底英譯本等行世。以映入西人眼裏的當時的遠東紀事而論，也須得實貴的。

而當時來中國活動，把見聞傳于西方的，不僅是那些教傳的僧侶吧了；威尼斯，熱那亞，比薩，摩德拿（Modena）和其他印度底商人，到中國來，很有活躍于東方海上的；陸路橫斷中亞底高原，來中國貿易的歐西商人，也不在少數。這據孟德，高維奴，笛爾頓，馬黎諾里等，底記述可知；而最好的實證，當數裴哥羅梯（Balducci pegolotti）底商業指南（Partice della Mercatura）。以歐洲商人來往遠東的結果而言，這書底撰述，可爲東方貿易底指針。（也可說是指導書，）書裏蒐集有帶來的中國，印度，中亞等底許多知識，關於這書底產生，當然由於需要和可能的環境，這實是他們在東方的活躍使然。稱這些爲確辯地談話的良好紀念品，也沒有妨碍。現在專就這書，觀察當時東方的商路：西以頓河口塔那（Tana）（古時的塔那伊斯）爲起點，（這地，一三一六年以後，爲熱那亞所有；一三三二年以後，歸威尼斯管領。）從欽察汗國底國都撒雷（Sara），到烏拉（Wral）河口底撒拉康科（Saracanco），從吼夫爾汗國都城玉龍傑赤（Organci），出西爾河邊的幹脫羅爾（Oterarre）一路東來，過阿力麻里（Armalec），更東到汗八里的一條路線，是由許多人尋道而來的陸路。

此外，在元代，以不是歐人，而把東方的見聞帶往西洋，使我們不能忘却的，當是回教徒旅行家依賓，拔都他（Ibn Batūtah）。他底所記，如後述，直到近來，不大有人知道；在當時西方明瞭東方知識的一端看來，必得略敘一下的。依賓，拔都他，本名為 Abn Abdullah Mohamed，是非洲出身的阿剌伯人，為回教國人的空前大旅行家，而著名于東西方。拔都他，一三〇四年，生于摩洛哥丹吉爾港（Tangier），才二十一歲，已作世界旅行，（一三二五）從埃及北部，巴勒斯坦，叙利亞，麻嘉方面，周遊波斯，美索不達米亞、小亞細亞，南俄羅斯、中亞（索格德那地方，）印度、錫蘭、蘇門塔臘等；由蘇門塔臘經肯博笛亞到泉州，從這里上陸來中國，相傳歷訪廣東·杭州·汗八里（大都），再由印度，通過西亞的埃及，回到摩洛哥，一三四九年十一月，入非斯。其後，又渡伊斯派尼亞，轉到非洲中部，跋涉于尼日爾河邊；一三五四年，再回非斯，受摩洛哥王命，因有旅行記底撰述。這是使摩哈美德·依賓·玉隨（Mahomed Ibn Juzai）記錄的。于一三五五年十一月，完成了前後共二十八年，經歷七萬五千哩的一部大遊記。關于中國所記，哪一處果是眞實的，早有可疑的地方。他死于非斯，乃紀行完成後二十餘年，一三七七年至一三七八年的時候。享年七十三。

依賓•拔都他底遊記，爲歐洲所知，是很近的事實，十九世紀初，那世界一大奇書，還未曾爲歐洲人所注意。初介紹這書來歐洲的，由於一八〇八年之交，細村（Seetzen）在東方獲得這書底節略鈔本，把內容載在一種德文雜誌裏。此後，由柯賽格敦（Kosegarten）（一八一八），阿倍資（Apetz）（一八一九）、白開哈德（Burckhardt）（一八一九）等，更於節略本裏，各譯出一部分；白開哈德死後，這些鈔本中的三部，歸康橋大學所有；李依（S. See）根據這些書，發表了節略本底英文全譯，極引起歐西學術界底注意。（一八二九年）至于知道有不加節略的原本的，乃是法蘭西征服阿爾及耳（Algiers）之役以後的事情；當戰爭時，孔士旦丁那（Constantina）市失陷，那完整的古鈔本，偶然落在法人手裏；當時帶到法國去的，是這書古寫中的五部，現珍藏于巴黎國民圖書館。其中兩部是完好的原本，而且有一部，實可以證明爲前記的玉隨底親筆。此後，安敦、毛拉（Antonio Moura）氏從非斯所得的寫本中，把第一卷譯成葡萄牙語，于一八四〇年在利斯本（Lisbon）出版，（第二卷許沒有刋出吧？）最後得法國亞細亞學會的援助，由戴甫萊梅利（M. Defrémery）和桑桂奈梯（Dr. Sengninetti 兩人慘澹經營，出版了附有阿剌伯原文的最忠實的法譯本四卷（一八五八——九），學術界才得到了很可信的十四世紀大旅行家底見聞底定本。這書流傳當是很廣，那中國關係部分，由尤耳譯成英語，于學者參攷，極爲便利。（Yule-Cordier, Cathay IV）

如上述，當蒙古勃興以後，到了十四世紀中葉，東西交通，還是很盛；由幾個有名的和無名的人，把中國的許多見聞，西傳于歐洲；而蒙古帝國，由於內亂分裂，漸漸走上衰滅的道路，因此這種傾向，不知什麼時候，漸次淡薄下來；從阿維南底敎皇公署，雖相傳時有東遣的傳敎師，可是行蹤不明，竟無從知道。一三六八年，元朝崩潰，由明太祖統一中國，而對于基督敎持排斥態度，因此愈加障碍東西方底聯絡；加之中亞、西亞回敎底顯著的擡頭，遠東和歐西來往，幾乎斷絕，東方情形底西傳，差不多快要絕迹。由此，一百幾十年以後，由東印度航路底發見，葡萄牙商船，在印度洋以至中國海南部出現的時候，西人關于中國方面的知識。甚爲破碎，從來許多旅行家相繁盛和殷富的泉州、漢沙、汗八里等名稱，不知什麼時候忘記了，Ananzi Cathay 底稱呼，也覺得很生疏；葡萄牙船出現時，那些土地和名稱，便是曾爲西人所熟知的，也不能瞭解，關于中國的海港城市，在他們看來，正像全是新的一般。又從前初來的聶思脫里派，近來的方濟各派、多米尼克派的基督教，雖有相當的流傳，可是在和葡萄牙人同時來的耶穌會派底傳教師（Jesuit）底前面看來，把中國立刻認爲異教的國家。

因此，我們在另一章，必得說到關于東印度航路底發見，和隨了來的東西交通底新局面。（現在便說，是略早一些。）這像已述的，從十四世紀中葉，到十五世紀末，約一世紀半之間，歐西對于東方情形，是不大清楚的，模糊得動一動快要失去影子模樣。幸而這幻影，未曾完全消滅，詩人，文士不時在著作中提到 Cathay 底名稱；又從西班牙，德意志等出使帖木兒的，敘述那邊傳聞的中國情形，也有介紹于西人的；又有不曾到中國，而從東方旅行者那里聽來的中國底見聞，一方面也有一二把 Cathay 底情形，略傳于世的；更有以這些知識，用在地圖上，古地圖學史上特異的位置的。這樣匆促的敘述，彷彿有過于性急之憾；現在略說一下，當在後章新時代裏再述。

意大利文壇巨子普加笛烏，取 Cathay 底材料，用于米確利達乃斯和肇頓底劇台等，不過由于文人底好奇心，在作品裏偶然描着遠東的古國，這似乎不足重視。而十五世紀初，出使帖木兒都城撒馬爾罕的西班牙底克拉維局，和服軍役于帖木兒陣中的巴肥力哀（Bavaria）底兵士細兒脫白格底遺著，當是先傳佈了中國底情形的。

克拉維局（R. G. de Clavijo），乃是奉加斯德臘王恩利開三世命，由一四〇三年到一四〇六年，任公使，往來于撒馬爾罕的加斯德臘底騎士。他為什麼從泰西伊伯利安（Iberian）半島的一國，派往帖木兒跛王（Timur-i-leng>Tamerlan）那里去？那麼十四世紀歐洲諸國，當發見了次于蒙古的東方底另一新勁敵，這便是土耳其底侵迫；土耳其在小亞細亞確定了勢力，更進出于巴爾幹半島，遷都阿約力肇泊爾（Adrianople），半月裏，旗已在城上飄揚，尤其歐洲，容易痛感到威脅。一三九六年，尼可撲利斯一戰，神聖羅馬皇帝兼匈牙利王西吉斯蒙特率領的聯合軍，為土耳其帝巴笛裁脫所破，全歐命運，愈入危境，因此歐洲諸王，想求援于中亞盟主帖木兒，有與帖木兒携手，以挾擊共同敵人土耳其的方策；當新政策實行前，為了想先知帖木兒底國情，所以派遣克拉維局東來。而誇耀尼可撲利斯勝利的巴笛裁脫，不多時，于一四〇二年，大敗于恩閣拉（Angora）底一戰，爲東鄰宿敵帖木兒所擒，住于巴笛裁脫底軍中的歐洲諸王底使節，受命當視察兩軍戰况和其他。加斯德臘王底使臣也在內，帖木兒很優待他們，特派人送他們回國。當帖木兒使臣東歸時，克拉維局加入了兼任答禮的一行，遠向東方撒馬爾罕來。一四〇三年，他從海路到君士坦丁堡，更浮黑海，到達爾布松（Trabozond），陸路過波斯，一四〇四年八月，達撒馬爾罕。那時恰當明成祖卽位元年，有中國遣使來撒馬爾罕的，關于這一行和其他所傳聞的中國情形，並叙述旅行和逗留中所親見的帝國事物，遺著有 Tamorlan 大帝史（Historia del Gran Tamorlan）一書。據此，關于中國情形，雖不很知道，可是詳載帖木兒將斷然進攻明朝底計劃，並那領域內的許多情形，從事亞洲中西部研究的史家，認爲最良的史料，極爲寶重。所述爲帖木兒領域裏，整然的驛郵制度；撒馬爾罕底壯麗建築物；聚集于那里的學者，美術家，工匠底情形；帖木兒底宮殿；從小亞細亞凱旋後，開拔攻明以前，舉行盛大的燕飲情形；帖木兒和他底諸子，諸甥底性行；維持國內治安的嚴酷的諸規律等，很有正確詳密的記載。使克拉維局之名，早見重于東洋學者間○克拉維局于一四○四年末離撒馬爾罕西歸，可是還沒到本國以前，聽說東征路上的帖木兒，于一四○五年二月，在窩脫拉爾城，死于軍陣中○又傳後來繼任者之間，內訌勃發，有擾亂的事情○

克拉維局底紀行，除原文外，完全的英譯，由馬哈姆（Markham）計劃，哈克爾脫（Hakluyt）學社出版，學者根據這書，很可以看出那見聞底情形○（克拉維局大使出使帖木兒撒馬爾罕見聞錄〔Narrative of the Embassy of Ruy Gonzalez de Clavijo to the Court of Timour, at Tamarcand, A. D. 1403—6, Translated for the first time by Clements R. Markham, London 1859, Hakluyt Soc. Publ. I: XXVI.〕這書附有注釋和帖木兒傳記○）單是中國關係部分，在 Yule-Cordier, Cathay, I. Note XIV ter 裏，也從馬哈姆譯文中選錄的○

約翰，細爾脫白格（Johann Sildtberger），，乃是巴力肥哀底一個兵士，而于尼可撲利斯一戰，俘于巴笛裁脫軍中，被編入軍隊；可是恩闍拉一戰，又捕送入帖木兒底軍隊裏，再在那里當兵○帖木兒死後，從金帳汗（欽察）梯克蘭，又任軍務，金帳汗敗于烏爾，漢哈曼德底軍隊的時候，轉入汗底軍官曼西克部下；一四二七年，漸得解放，由排姆（Batmn）經君士坦丁堡，回德意志。他筆記在東方國家底經驗，不論係一兵士的敘述，祇是較克拉維局所記，終于不可同日而語；但當攷察那時政局和戰爭經過等時，總是一種不能棄置的材料。這書幸有與他編述時代相同的古鈔本存于哈伊台爾排爾吼；德國東洋學者挐伊孟刊行這書以來，學者很得利用。（細爾脫白格一三九四年至一四二七年間，歐亞非三洲旅行紀。）〔Reisen des Johann Schiltberger in Europe, Asia und Afrika von 1394—1427, Zumersten Male nach der gleichzeitigen Heidelberger Handschrift herausgegeben und erlautert von Karl Fr. Neumann. München 1859〕）據這書的英譯本，也已出版，因此參攷甚便。（巴肥力哀人約翰，細爾脫白格在歐，亞，非三洲之被俘記與旅行記〔The Bondage and travels of Johann Schiltberger, a native of Bavaria, in Europe Asia, & Africa, Translated from Heidelberg Ms., Edited in 1859 by Prof. karl Fr Neumann. by Commander John Buchan, Telfer, R. N.……With notes by prof, p. Bruun,……London 1878, Hakluyt Soc. pub. I. L VIII〕）。關于中國的記事，確乎不多，可是像帖木兒對於中國底態度，和出兵攻明底企圖，雖則瑣碎，

也很可寶貴。

土耳其于恩閣拉一戰，打了敗仗，可是決不曾根本動搖國力；並且他們忽然恢復盛勢，約半世紀後，陷君士坦丁堡，滅東羅馬（一四五三年），使歐洲歷史，引起一大變動；久在地中海上和他們競爭的威尼斯共和國，打算在東方聯合與他們為敵的一個國家，從腹背以牽制土耳其；便于帖木兒帝國崩潰後，與興于那故地而制御群雄的白羊突厥族，締結同盟，在都城塔布里士，有威尼斯國特使底駐節，正彷彿在伊兒汗國時代。因此，一四七○年，在這里的威尼斯大使，為覺撒發，巴巴羅（Josafat Borbaro），徐拏（Cat. Zeno），康恩台力尼（Amb.rosio Contarini）等，都著有留東記或東方紀遊底書，供史家研究資料；關于中國的傳聞，也時常引入書裏，于這時期，作歐西保存中國知識的任務。巴巴羅當為大使駐于塔布里士以前，一四三六年至一四五二年，已因商務，經南俄羅斯，旅行于波斯，也到過忽里模子港，那紀行所錄，大體不外據那時的見聞。（當時往東方旅行者，多通過南俄，為了避去介在東西方之間的土耳士人底侵害。）巴巴羅底書，長處在著者教育程度極好，其弊不免有記述的不正確；非但記載直接的見聞，不能滿意；著者還要插入文獻上的知識，如以極粗略的方法，大胆推定古時的地名等，很少根據，簡直不能置信。關于中國情形，據薩萊附近的中國使者所傳，這種記事收在他遊記底卷末。那最古的版本，許是拉漠雪屋底海陸旅行記彙纂第二卷吧。一八六六年，尤耳從這書裏，譯出中國關係部分，（Yule-Cordier, Cathay I Note XVI），後來托馬斯（William Thomas）等全譯本也出來了，于學術界，很覺便利。（塔納與波斯旅行記——巴巴羅及康恩台力尼著）。〔Travels to Tana and persia, by J. Barbaro and Ambrogio Contarini, Translated from Italian by William Thomas,····and by E. A. Roy····and Edited, With an Introduction by Lord Stanley of Alderley；〕十五，六世紀意人波斯紀行〔A Narrative of Italian Travels in Persia, in the Fifteenth and Sixteenth Centuries. Translated and edited by Charles Grey. London 1873. Hakluyt Soc. Publ. I：X L L X〕）。

這樣，關于東方知識，也有商人底遺著。威尼斯商人尼哥羅，康梯（Nicolo Conti）底東方諸國遊歷記，當是一個好例。康梯，在商人看來，是很有教育的人。以旅行歐羅巴，叙利亞，印度得名。在丹姆斯克（Damscu）學阿剌伯語。加入于六百名的商人隊裏，出哀窩弗拉脫河口，從海路到忽里模子，更航行于印度洋，出印度西岸，在加利庫特（Calicut）學波斯語，經錫蘭，蘇門塔臘，巽他諸島，又相傳到過印度支那半島底一部分。囘來由當時歐人禁止的亞丁（Aden），紅海底航路，而到埃及，在那里不得已信仰囘敎；過了二十年的旅行生活，一四四四年，歸威尼斯。當囘本鄉前，在佛羅倫斯謁敎皇哀屋笛尼窩四世，報告東方的見聞，由敎皇秘書博嘉（Poggio Bracciolini）以拉丁語筆記，這著作收在命運變化史（Hisroria de Varietate fortunae）第四卷裏。康梯受有歐洲傳統的敎育，而且是第一個通東方語的旅行家；所傳見聞，應該很多；但關于中國的記載，像尤耳親到那里的，才會相信，可是我們不能同意；恐怕他沒有到過中國，所載當錄自傳聞。他先略敘汗八里景況；後述南勃台（Nemptai）新建的都城，這名稱實際似指南京，而據尤耳考察，認爲不像南京底音，大約以考爾狄的研究，謂指位于福州港口，閩江右岸的南台，當可無疑；所指名稱的錯誤，也足爲不曾來中國的一證。康梯底見聞，由博嘉刊行後，受葡萄牙王，馬拏哀爾命，譯爲葡語，十九世紀中葉，收于亨利，曼樵十五世紀之印度（這係印度航行紀底彙編，在葡萄牙人發現好望角的前一世紀；集有拉丁文，波斯，俄，意諸國文所寫之材料。）〔Richard Henry Major, Indid in the Fifteenth Century, Being a collection of Narrative of voyages to India in the century preceding the portuguese discovery of the Cap of Good Hope, from Latin. persian, Russsian, & Italian Sources. Now first Translated into English, London 1858.〕(Hakluyt Soc. publ. I: XXII）裏，英譯附註出版。更由尤耳單選中國關係部分，載于 Cathay 裏，也便于參考。（十五世紀前期，康梯之東方旅行記，如博嘉在其著作"命運變化史"裏所述及者。）〔Yule-Cordier, I. Note XIV quater: Travel of Nicolo Conti in the East, in the Early part of the Fifteenth Century, as related by Poggio Bracciolini, in his work entitled "Historia de Varietate Fortunae", Lib. IV.〕.

如上述，當時東方知識，雖很貧弱，可是已反映在那時代的地圖上；尤其康梯底見聞，極引起地圖製作者底注意。便是藏于佛羅倫斯市巴拉梯拏文庫的地圖 Cosmographia，（一四四七年，頃）和現在藏于威尼斯特留宮殿的弗拉，馬烏羅（Fra Moura）底地圖，尤其受他底影響。這些地圖，很有據博嘉所錄的康梯底見聞的，尤其後者，倘看出已載于博嘉書裏的地名和其他，彷彿可認爲康梯在威尼斯，對于這地圖底編者，沒有說得很詳細。但這些地圖上反映的新知識，所記决不正確；兩者都有很多的誤傳和誤解，不能一概認爲眞正地圖上反映的新知識。博嘉據康梯底談話和其他材料，不說明而增補了種種記事；這也許有不少混雜于弗拉，馬烏羅底腦中的。（還有關于這些地圖，務須一說的：由這略早的時代，一三七五年出現了所謂加太拉地圖，（Carta Catalana）以西班牙語記載地名和其他，原爲法蘭西王西爾爾五世所有，今收在巴黎國民圖書館馬剎文庫裏。詳情，尤耳和考爾狄曾各有解說，認爲遠東和中亞部分，以派郭羅梯時代爲主，很多採取熱那亞商人見聞的知識。在 Yule-Cordier Cathay, I 底附錄裡，加入兩張攝影挿圖，易于見到。）又關于那時（十五世紀）開始製作的地球儀，當略述一下。地球儀，乃任職于葡萄牙的德人馬丁，排哈姆（Martin Behaim）休假歸省時在故鄉密恩排其（nurnberg）的創作，綜合當時的地理知識，描出那表面的地方；而東方諸地，畫出的也不少；于地方底記事裏，添記地名，事實和想像混雜的很多，决不能稱爲正確的東西，可是也足以想見那時代知識

標準 (Level) 的一端。

以上略敘十四世紀至十五世紀末，歐人底東方知識；另章應入于東印度航路底發見和歐人東來的新時期。于本章結束前，當略述帖木兒嗣子派遣于中國朝廷的使節底見聞記；這個世稱先，洛克（Shah Rukh）底使節記，乃是帖木兒底兒子洛克王，遣使于明永樂王那里時底記事，係那一行中的書家弗划留，隔伊阿斯定所記，收在阿勃特爾，拉剎克（Abdur Razzak）底先，洛克史裏而流傳到現在；曾由法人克脫爾曼爾譯出行世。一部分由尤耳把克脫爾曼爾譯文重譯，選載于 Cathay（考爾狄增訂版卷一）附錄第十七裏，題為先，洛克遣使中國記（The Embassy sent by Shah Rukh to court of China. A. D. 1419—1422）是易得的書；敘述在北京的見聞等，尤其很有興味。這雖不是西人底知識，附記于這里的緣故，已在前面說過了。

第五章的參考書：

一，關于孟德，高維奴，在 Streit, Bibl, Mission., IV SS. 39-40 裏，舉有參考書很多；適當而最好的，應推 A. C. Moule, Documents relating to the Missions of the Minor Friars to China in the

XIII, and XIV. Centuries (Journ. Roy. Asiat. Soc., 1914, pp. 546-551) 和同著者底近著 Christians in China before the Year 1550. London 1930 底 Chap. VII: The Mission of the Franciscan Brothers (pp. 166 ff.)

一，聖方濟各教團底中國傳教史裏，載有克劈尼以次東行的情形，並有孟德，高維奴底事情等，種類過多，現在不能一一詳舉。

一，鄂多立克底傳記，A. C. Moule, A life Odoric of Pordenone (Toung Pao, Sér. II, XXII. 1921, pp. 275-290) 是很好的，關于那旅行記底諸版本等，務須看 Streit, Bibl, Mission., IV.. S. 678. 進一步，應讀 A. C. Moule, A small Contribution to the Study of the Bibliography of Odoric (Toung Pao, Sér. II, XXII, 1921, pp. 301-329) 和同作者底 Bibliographical Notes on Odoric (T'oung Pao, Sér. II, XXII, 1922, pp. 387-393),

一，鄂多立克旅行記刊本中，以校勘最佳，譯文正確而言，乃是本文中述到的 Yule-Cordier Cathay and the Way Thither 2nd. ed., vol. II 裏所收的本子；單以法文本而論，也常推本文中說到的 cordier, Les Voyages en Asie en XIVe Siècle du B. Frère Odoric de pordenone. Paris 1891.

一，鄂多立克入西藏，到拉薩的事，是可怪的、詳于 B. Laufer. Was Odoric of Pordenone even in Tiber? (T'oung Pao Sér, II, XIII, 1914, 405-418) 大要見于 Yule-cordier, Cathay, IV, 268-9,

一，最易得的鄂多立克紀行，要推前記的 Komroff, ed., the contemporaries of Marco Polo.

一，曼德維底東洋紀行底書，那刋本種類，同時很多，所以不能列舉。日本金子健三譯的曼德維東洋旅行記，（一九一九）最爲便利；由那緒論裏，可得到關于紀行的一般的知識。

一，安德魯，笛印，孟德，克羅梯等底書簡，參看 Streit Bibliotheca Missionum, IV.，孟德，克羅梯是那時代旅行家中很有學識的人，許沒有到過巴格達以東，祗有一回關于中國（Cathay）的記事，當也是根據傳聞的。可認爲印笛底著作的，大汗領土志，是較長的文字，很明瞭汗八里的基督教狀況。現在拉丁的原文已佚；法譯的古鈔本，存巴黎國民圖書館。一八三〇年，Jacquet 校刋這書，載于 Journ. Asiat., VI. 後尤耳據之譯爲英文，(Yule Cordier, Cathay, III, 89-103). 重要的見于前述 Moule, Christians in China, 249-251 裏。

一，笛爾頓東方綺談底完整本，最好看 H. Yule 英譯的 Mirabilia descripta. The wonders of the East, By Jordanus,....Ca 1330. Tranlated from original, as Published at Paris in 1839, in the Recueil de Voyages et de Mémoires, of the Société de Géographie. London 1863. (Hakluyt Soc. publ, I： XXXI) 所記中國情形，都據自傳聞；這是著名的書，所以附記在這里。

一，關于馬黎諾里，請看 Streit, Bibl. Miso., IV. 80-81 和 moule, Christians in China, 252-264。記于本文的 G. Dobner, 底校刋本，見于 Monumenta Historica Boemiae, II, 1768, 79-282 J. G. Meinert 底德譯本，出版于 Abhandlungen d. K. Böhm, Gesel, d, Wissenschaften, VII, prag 1820 。但這書裏，沒有關于東方的部分。尤耳譯的，收在 Yule-Cordier, Cathay, III, 209-269 裏，關于他底東來，而見于元

代中國文獻的，詳于張星烺底中國史書上關于馬黎諾里（Marignolli）使節之記載（燕京學報第三期，）和其他，

一，據裴哥羅梯底商業指南，論當時東方貿易的，有 E. Friedmann, Der mittelalterliche Welthandel von Florenz in seiner geographischen Ausdehnung (nach der pratica della Mercatura dos Balducci pegolotti.) (Abhdlg, d. k. K. Geogr. Gesel. Wien, X. 1912.)

一，依賓，拔都他旅行記原本，有 Defrémery 和 Sangunetti 底共同校譯本，題爲 C. Defrémery et B. R. Sangunetti, voyages d'Ibn Batoutah, texte arabe, accompagné d'une traduction, Paris 1853-58, 4 vols. 而出版。

一，克拉維局奉使記原文，最古的刋本，在 Historia del Gran Tamorlan e Itinerario y Enarracion del viage, y relation de la Embaxada que Ruy Gonçalez de Clavijo le hizo, …………Sevilla 1582. 係 Gonçalo Argato de Molina 編的；在馬窦力再版，一七八三年發行。也有 I. Sreznevski 底俄譯 (St. Péterburg 1881）詳細參看 Cordier, Bibl Sin.,[2] III, 2047—8.

一，細爾脫白格底筆記，在挐伊孟出版以前，也有兩三種版本，後來 Bibliothek des Litterarischen Vereins in Stuttgart 作爲第百七二卷出版的 Hans Schiltbergers Reisebuch nach der Nürnberger Handschrift, herausgeg von Dr Valentin Langmantel. Tubingen 1885, 許是最好的本子，

一，關于巴巴羅，康恩台力尼，康梯等底旅行記，參看 Cordier, Bibl, Sin[2]., III, 2051-54.

一，先，洛克使節底見聞記，也請看上記的 Cordier, Bib. Sin[2]., III, 2050-1。

六、東印度航路底發見和歐人東航；傳教師底中國研究和漢學底成立。

繞好望角的東印度航路的發見：遠因由于羅盤針的發明並普及應用和印利開親王（一四六〇年死，所謂航海王。）底東方航路的發見獎勵；近因，必得舉土耳其底西亞，東歐的占據。土耳其底抬頭，中斷了前記的由塔那，而亞美尼亞，而到波斯的路；由敍利亞，到美索不達米亞，入波斯的路；從亞歷山大里亞（Alexandria）到巴蘭

尼開，入紅海等的當時主要東西聯絡的孔道，阻塞了歐人底東方往來。因此，不得已，當然須得另覓交通路；這因地理的便利，早得着結果的是葡萄牙，繼續的是西班牙。從來以地中海爲中心的歐洲歷史，由此一轉，威尼斯，熱那亞底霸權衰落了，伊伯利安（Iberian）半島的海上新王國底勃興，北美大陸底發見，南美新地底征服；出現了大西洋時代；同時，一方面東印度航路底新發見，快入于印度洋乃至太平洋時代；古來相對開展的東西兩洋底勢力和文化，這時漸有交流合一模樣，眞是世界史上展開一新局面的時期。

葡萄牙航海者絡續向非洲西岸南下，探索到東方底路；一四八六年。狄阿斯（Barthromeo Diaz）終于達到了好望角，後來隔馬（Vasco da Gama）在這里迴轉航路，出非洲東岸，由該地回教徒底指示，一四九八年二十日，終得到了印度西岸加利庫特。從此葡人由于新航路，想確實保持東方貿易權利，于一五一〇年，早占領了科亞，（Goa），以這地爲葡人對于印度事業和計劃的策源地；又打算阻碍回教諸國商船來往波斯灣以東的海上，一五一五年，奪忽里模子港，建築城寨，意在據此，更遙向東方，伸張勢力。便于一五一一年，向滿剌加（Malacca）半島進行，占南端的滿剌加港；由此，一五一四年，商船出現于中國南方海岸附近。葡萄牙人入中國海港，始于一五一六年到澳門外上川島的泊來斯確蘭洛；(Kaphaelo perestrello) 這是懸歐洲國旗的最初來中國的船，奉當時印度總督達爾伯克喀 (Affonso d'Arboquerque) 命，乘滿剌加到馬來 (Malay) 的船，打算探察情形。一五一七年，安特拉德 (Fernão d'Andrade) 率領葡船四隻，馬來海船四隻，到廣東來，受中國當局優待，其中兩隻，允許開入港內，別的得停泊于上川島，對華貿易底前途，是很有希望的；明年，他底弟西眇 (Simon d'Andrade) 領了別的船來停泊，因有粗暴行動，很傷華人感情。到了一五二一年，以至完全被驅逐出境。然葡人決不斷念于對華貿易，後來，他們到廣東的，漸次增多；一五三七年頃，上川島、浪白澳（？）媽亞港（澳門）（註）三地，葡人出入很多。其中，自一五四二年以來，浪白澳最爲繁榮，此後，留在這里的葡人，常不下五六百人。而其間澳門漸露頭角，一五五七年以後，中國當局默許葡人僑居，祇于他們底居留地和華人住地間，築一牆界以區劃吧了。由此，寧波，泉州等，也一時有葡人出入，可是這些關係都不很久。爲了葡人都集中澳門，使該地更見繁榮，一五八〇

年，爲僧正駐地，竟成葡人對華整個的根據地模樣

(註)西人沿土稱，名澳門爲媽亞港。

追蹤葡國商船隊到中國的，乃是耶穌會和其他的天主敎派的傳敎師。對于路得底宗門改革，所引起的舊敎方面的反動，于東西洋史上，產生了著名的耶穌會 (Societas Jesus) 組織；會祖伊格乃西窩 (Ignacio Loyola) 底好友刹維爾，有志來東方新世略傳敎；打算先在日本傳佈耶穌會徒底福音；一五四九年，到鹿兒島，經平戶，博多，山口等，入京都，廣佈西敎于日本，建定了最初的基礎，而歸科亞；一五五二年，再來日本，更計劃向中國佈敎，尤其想到澳門，不幸病卒于上川島。刹維爾底後任者，意大利人法利乃尼 (Alessandro Valignani) 和意大利人羅明堅 (Michel Ruggieri) 利瑪竇 (Mattes Ricci) 從印度派往中國，使繼刹維爾遺志。一五八〇年有羅明堅，一五八三年有利瑪竇，各自來澳門，在中國印上了第一步的足跡。

西人底中國研究，實始于那時；從來歐人于中國所記，如前述，大多不過載錄旅中見聞，以及事業成績報告之類，至于研究中國，還是很隔膜的；略近具體研究，正是這時期的事情；而這便是以新來的傳敎師們作先鋒的。

耶穌會敎士等的來中國，于中國宗敎史，學藝史上，有極重要的意義，早爲人所周知。又，這以歐西的中國知識的發展，劃分空前的一時期而論，必得認爲最重要的事件。但我們現在不打算寫耶穌會和其他的中國傳敎史，因此以下所記，簡略的地方，先請讀者原諒。而當敘耶穌會敎士等底中國研究，僅爲背景的傳敎事業底沿革，必得先略述一下。

羅明堅，意大利拏頗里（Napoli）王國人。一五四三年，生于格拉維拏（斯批拏慈拉）。一五七二年，入耶穌會，一五七五年赴印度，並來中國佈敎。初留澳門，學中國語；後得許住于廣東肇慶府，爲來中國的最初的耶穌會敎士，先在肇慶傳敎。當時他所著天主聖敎實錄，（一五八四年）爲近代以漢文編述基督敎敎義的最初的書而著名。他爲了報告傳敎的良好希望，于一五八八年回羅馬，于敎皇有所請求；可是不及再回中國，一六〇七年五月十一日，死于沙蘭爾拏。由此，中國傳敎事業，委之于後來中國的利瑪竇。

利瑪竇，意大利人。一五五二年十月六日，生于阿恩格拏附近的馬塞拉塔城（Macerata）。十九歲時（一五七一），在羅馬入耶穌會，修業中，送往印度；一五七八年，到科亞。四年後，派遣來中國；如前述，先到澳門，次由廣東移住肇慶府，穿和尙服，學土話，盡力于附近市民底教育；後去僧衣，穿儒服，經廣東南昌（江西省）至南京；傳教政策，先竭力結交本地大官。一五九九年，同了前年來中國的瑞士耶穌會教士郭居西(Lazare Cattaneo)從南京出發，隨了曾相交結的某官吏往北京。時明廷援助朝鮮，與豐臣秀吉派遣的軍隊，在半島上抗爭，無暇接待遠來的西教士，他們竟不得謁見萬曆帝；次年回南京。而利瑪竇不以此爲挫折，派郭居西往澳門，使整理進貢物品。六〇〇年五月六日，他從了前年到澳門的西班牙耶穌會教士龐迪我(Diego de Pantoja)和會友巴斯聽(Bastian)離南京，航大運河，再來北京。途中在臨淸州稅關，因稅吏馬堂的誤解，受了對于皇帝圖謀不軌的嫌疑，下天津獄，六個月後，由勅命釋放。一六〇一年一月四日，（萬曆二十八年末）入北京，得謁皇帝。進貢他帶來的東西，自鳴鐘的精巧，尤蒙賞識。別的傳教師們，也有意引見，爲禮部中人所阻，不得如願。而帝允利瑪竇等所請，在京城宣武門內，給與一小屋，賜庫銀若干，下年，准許在那里建立會堂；他們以該處爲根據，廣佈基督教教義，四年中，約得信徒二百人；而不奉西教，想瞭解泰西學藝而來他們那里的，也不在少數。當時達官名士，和利瑪竇交好的，很有相當的人物，其中可認為學者的朝臣，如徐光啓（上海徐家匯人）李之藻（杭州人）楊廷筠等都皈依了基督教，這是他們底一大成功；傳教事業，便更為擴充，瑪利竇愈努力在這上面；著交友論，天主實義等，使華人明曉教義，信仰者漸增多。又與他同來的僧侶，因都精于天文，曆算，也為華人所尊敬。利瑪竇和徐李二氏，共同譯著的乾坤體義，幾何原本，測量法義等許多有用的科學書，介紹泰西學術于中國，在西學東漸史上，劃一新紀元。一六一〇年五月十一日，利瑪竇年五十八，客死北京。得龐迪我力，帝賜與平則門（阜成門）外宦官住宅，通稱柵欄兒的，為安葬的塋地。考利瑪竇傳教方針，很斟酌中國向來的思想習慣，不標新立異；意在調和基督教教義。因巧于傳道，成績極好，為教門培植了深厚的根基。

一六一六年，萬曆帝信從了南京禮部侍郎沈㴶底奏言，禁基督教，命傳教師等退去中國，應幽居于澳門；由徐光啓等上書，帝意稍和；到了一六二二年，便撤回這個禁令，西教得再恢復勢力。那時恰當東北邊境，屢傳警耗，日夜舉烽火，滿州民族底侵迫，漸次告急；天啟帝痛感武器改善的必要，禁令解除的那年，遣使澳門，召還從前驅逐的龍華民（Nicolas Longobardi）等，新召西班牙人陽瑪諾（Emmanuel Diaz Jr.）葡萄牙人羅如望（Jvão da Rocha——徐光啓所受洗禮的人。），命鑄造小銃，火炮；次年，又迎意大利人艾儒略（GinlisAleni）和畢方濟（Francesco Sambiaso），令他們仍從事傳敎事業，這給基督敎以一大助力。那時正當最得信望的西敎士德意志人湯若望（Johann Adam Schall von Bell）的東來；湯氏有天文，數學，機械學，砲術等卓越的知識，使中國上層階級知識分子，認識西學底眞價，提高了傳敎師們底地位。湯若湯：一五九二年（或云，一五九一年）生於孝爾恩（coln），一六一一年入耶穌會，一二年來中國，天啓末年，到北京。他奉崇禎帝命，主要的使協助當時在北京的瑞士人耶穌會敎士鄧玉涵（Jean Terenz [Sahreck]），意大利出身的會士羅雅各（Giacomo Rho 其製象限儀，紀限儀，交食儀，地球儀，平面日晷，望遠鏡等，一方面進至譯著的西洋測日曆，古今交日考，交食曆指，交食表，新曆曉或，新法歷引，崇禎歷書等，把所有盡量貢献于天文，曆算；校正從來華人欽天監推算底錯誤；因所說密合實際，大得上下尊信。一六四三年（崇禎十六年），便由勅命，廢止洪武以來的大統曆，宣布此後代以西法的意旨。（但那時恰當明朝快要滅亡的時候，皇帝權威，也爲朝臣勢力所壓迫，那上諭，終不見施行。）明末信奉西教者數千人，其中宗室百十四人，內官四十人，顯官十四人，也足在事實上看出勢力的一斑。北京既陷，宗族祇帶了遺臣，在中國南部僻地，保全殘祚；而如永明王底母親王太后(Helena)和內官龐天壽（Achilens），上書羅馬教皇英諾森十世，遠求垂憫的一事，當可看出耶教影響的情形。一六四四年，明亡于流寇李自成之手；後來，從東北部南下的滿洲民族，突破山海關，入北京，清第三個皇帝順治，在那里建立朝廷，攝政王多爾袞（睿親王）奉幼帝號令天下，隨着掃蕩明底殘餘勢力，同時專心收拾時局。由此成了清的世界。英明的攝政王，很認識西教士底眞價，廢舊歷，據西歷頒行曆書；因此湯若望也爲新朝所重用，尤受順治帝優遇，又掌管欽天監印信，爲了聖堂，住宅，賜與地址，加太常少卿銜，叙通議大夫，後來拜光祿大夫，贈通玄教師稱號等，寵信備至。但晚年，值康熙初年，新帝還是幼小，沒有親政，以前懷不平的守舊派領袖欽天監楊光先，率領同黨，作排斥西教西學運動，自著闢邪論，打算陷害湯若望一派；一六六五年，(康熙四年)那活動成功，將西教士等一併拘禁，那時湯若望也在北京，和比利時耶穌會教士而通曉天文歷數的南懷仁（Ferdinand Verbiest）等同時下獄；破壞教堂，燒燬西學書籍；中央地方官吏，而皈依西教的，受革職處分；耶穌教及其教徒，這時受一大災難。傳教師們爲了突然的打擊，暫將湯氏保釋，可是這罪案不曾撤消；怨憤中的湯若望，以七十五歲的高齡，這事件發生的次年（一六六六）八月十五日，客死北京。不過那時用舊歷法，日蝕和其他的推算，常多錯誤，終于不可收拾；恰當誅權臣鰲拜，入于親政期的康熙帝，舉南懷仁使掌欽天監，並命主持火炮底鑄造；在內廷聘請其他教士，使講演泰西學術，自己也努力學習西學，很尊敬耶穌教徒，然帝在法律範圍內，雖不壓制耶教底國內傳道，可是自己决不信仰這個。在帝王而論，寧可說他有倡導儒教的從來中國帝王的理想，對于西教徒底態度，慕中國文化，航海遠來的，不加拒絕，不過有懷柔，撫綏他們的意思；留心西學，也許由于天資相近，因一方面是滿州族的緣故，像漢人固陋的夷狄觀，當很是薄弱的吧。這在大體上，順治朝對于西教士的態度，也可適用，爲治史者所應注意的一點。

這樣，西洋傳教師所絡繹來中國，大概占有利的地位；直到康熙初年，終似乎急于西學底移植，而研究中國，彷彿較差一點；知識方面，華人從西人那里得到的多，西人從華人方面獲得的少。然到了康熙中葉，召入內廷的諸敎士，（這是路易十四，打算以振興法蘭西的中國研究，並助益國內繁榮爲目的，特派的幾個傳敎師。）白進，（Joachim Bowvet）張誠，（Jean Francois Gerbillon）徐日昇（Thomsz Pereyra）諸人；不入內廷的，有劉應，（Claude Visderou），李明（Louis Lecomte）等；當時已入朝任職的，有杜德美（Pierre Jartoux）雷孝思（Jean Baptiste Regis）諸敎士；或作中國一般情形底報告，或在領土內測地製圖，各盡所能，漸入于研究中國的地步。至于助長這個傾向，並提高在歐洲本國探究中國文物底熱度的，那是所謂"典禮問題"（Questions des Rites）底勃發。"典禮問題"是怎樣的？這也是傳敎史上的事；這里想避免深究，而且倘求詳，無論繁簡，都有適當的參考論著；所以僅簡單叙述一下。要之，這在新來的西敎士間，對于耶穌敎本義和中國從前的禮俗，得妥協到怎樣的程度？這是理論上的中心問題。初，利瑪竇等在中國傳道，信敎者得許舊時習慣儀式底保守，祖先祭祀，孔子崇拜等，都寬容不問；祭天儀式，認爲與耶穌敎底信仰上帝，沒有矛盾。他們多得信徒，廣傳聲譽的功成原因，也在這里○然耶穌會派所持的傳教方針，後來的別派傳教師，多米尼克派，亞顧斯梯拏派，海外傳道教會(Missions étrangères）等底教士，大爲非難；這些持異議者，一致團結，控訴于羅馬教皇○由克萊孟十一世，于一七〇四年，下教書，宣告中國向來的祭祀，墮入偶像崇拜，耶穌教徒無論那一派，禁止容納中國習俗○次年，亞梯窩扣亞底大僧正脫諾（Cardinal de Turnon）奉教皇命，來北京，謁康熙帝，奏陳教皇意旨，帝一方面固非常優遇，同時對于所述，斷然不能聽從，爲說明中國祖先崇拜底眞義，又細述別國君主的羅馬教皇，對于中國人民制定法令的無謂○脫諾在北京時，新從教皇處，得到一七○四年十一月二十日附來的教書：可是這愈加明瞭，嚴禁耶穌會派底傳教方針，是難以實行的；他爲了觀望四周形勢，不敢把教書發表；先懇請設置總教主，那權限並得統轄在華各會派教士；可是帝從耶穌會派諸教士勸告，拒絕這要求，以爲華人底祭天，崇祖，釋奠等諸事，決不與基督教眞諦衝突；不服從這決定的傳教師，諭旨一律退出國內○結果，本來在南京對于這問題，與教皇間任調停的海外傳道教會底曼伊格洛(Charles Maigrot)教士，立刻被放逐於澳門○脫諾大僧正到南京的那天，還以爲帝和教皇之間，應有最後的妥恊；爲了種種過慮，在北京領到教皇底教書，還是格于形勢，不敢公表，希望時局進步，待機會的到來。而一般的形勢，不見有利的展開；他便决意作教書摘要，用自己名字，公佈一篇聲明書，反駁康熙帝底見解，排斥與中國習俗妥協：命令不服從教皇諭旨的傳教師，應立即退出中國。這是一七〇七年二月底事；于是帝便逮捕脫諾，送于澳門，使葡萄牙人監視。葡人于耶穌教底傳佈，素來握東洋方面的特權；現在受別國人的侵奪，很覺不快；脫諾大僧正到利斯本（Lisbon），不得葡萄牙王底允可，恣意向中國來，很有嫉忌之意；以爲藐視科亞大主教底統轄權，另在中國教區創置總司教的事件，也是他助成的；葡人深惡脫諾，這次勅命下來，認爲良好機會，將他嚴重監禁；脫諾竟于無限憤懣裏，于一七一〇年，客死獄中。

但羅馬教皇公署，依然不改從前態度，一七二〇年（康熙五十九年）派遣亞歷山大里亞底大教主曼慈巴爾巴，使再向清廷懇請，可是康熙帝仍不改前言；曼慈巴爾巴也親見中國實況，明白教皇諭旨底難于實行，私艸一種妥協條件，和教皇公署交涉，終不得贊同，祇有徒然歸國。由此，康熙帝方針和教皇主張，完全乖離，仍爲對立狀態；帝于一七一八年，再下令，西洋傳教師不得勅許的，在國內嚴禁；又，祇守利瑪竇敎風的，明示准滯留布敎；敎皇公署仍持否認態度，顯然使傳敎師陷于兩難的境地。以上是"典禮問題"底糾紛概況。這實際終不是"典禮問題"。到乾隆時期止，次弟下來的情形，大要略盡于上述。由這問題引起的結果，各派傳敎師，都為了擁護己派，詳細研究中國禮俗；那些報告，辯難等，很刺戟歐洲底宗敎界，當時西人對于中國文物的知識，得一大進展；這是近代歐西底中國知識發達史上，不能忘却的事件。由此，康熙帝卒，（一七二二年）到了雍正帝時代，對于耶敎傳道，採禁止方針；據一七二四年（雍正二年）底勅令，除以學術供職內廷外，不問于『典禮問題』的態度怎樣，禁止一切外國傳敎師住國內；以至中國的西敎士，陷入非常的悲境。其後乾隆帝，也大體襲用這方針；尤其是一七四七年，（乾隆十二年）除宮廷奉職的人以外，驅逐全國西洋敎士出境，明令倘敢犯禁容留的，受拘禁或刑戮處分。這是西敎徒大遭苦難的時代。到了一七七三年，因從前排擠別派，而大受非難的耶穌會，最為他派所嫉視，並且由于法國博爾蓬王家底抬頭，與羅馬敎皇壓追等的政治關係相連絡，便由敎皇克萊孟十四世出令，不准結社，制止傳道，不得已而解散；因此，專作他們活動舞台的中國底西敎傳道，愈陷困境，代以拉剎力斯脫（Lazaristes）派和舊有的多米尼克派等，不過祇保着殘喘的狀態。（這許多敎派，後以法國大革命勃發的結果，失去羅馬天主敎底庇護，嚐到更多的艱苦。）因此傳敎師底中國研究，很有寂寞之感。雖是這樣，但清朝歷代皇帝，對于西洋學問和藝術，或尊重，或愛好；准許在內廷出入的特殊敎士等，歷代都有；其中關于觀象編曆，直到道光十七年，（一八三七年）高守謙（Serra）因病退職歸國，常不絕任職欽天監監正，監副等，他們所記的中國研究，雖則細微，可是得看出源流不絕。在明末清初，爲西洋傳敎師底中國研究的背景的耶穌敎傳道史略說，當在這里結束。由上述，考察布敎端緒和盛衰等底背景，約分三期；以下略略觀察他們研究底實況。那三期是怎樣分的？——（1）由明清鼎革時代到康熙初期（2）康熙中期以後，到雍正末年時代（3）乾隆時代

（1）明清鼎革時代和康熙初期

先來中國傳敎的西人，我們向推耶穌會敎士羅明堅利瑪竇等；然不從事傳敎，而到中國觀察風俗習慣，關于歷史和沿革有所傳聞的，他們以前，也有幾人。例如由新西班牙（墨西哥），隨同菲律賓群島傳敎的拉達（Martin de

Rada 或作 Heraada）和這一行人。拉達生于拏夫拉，爲亞顧斯梯拏派的傳教師。一五六五年，加入遠征軍，到菲律賓，此後駐留該島；西班牙官吏和中國當局，爲了交涉某案件，派他來福建省，一五七五年（萬曆三年）七月，和同事馬林（Geronimo Marin）在澄海上陸，經漳州，達福州，九月離福州，又到菲律賓。在中國境內，祇不到兩個月半，大概不及從事傳教事業；以短時期爲比例，略有可觀；並由馬林帶回本國，進呈腓烈泊二世。這便是後述的曼特剎底中華大帝國史所根據的，因此不能輕輕看過。

曼特剎（Juan Gonzales de Mendoza），西班牙人，一五四九年生于加曼洛斯。爲亞顧斯梯拏派底傳教師，而派遣于中國；一五八一年，帶了腓烈泊三世致中國皇帝底信，先到墨西哥，在那邊傳聞中國情形，明白這時入國的不適當，又偶然遇到其他的困難，便不及來華，不得已，徒然歸國，（一五八二年）他把前記的拉達底報告和在墨西哥蒐集的其他一些見聞作基礎，著中華大帝國史（Historia del Gran Regno de China）[略稱] 一書，一五八五年，最初在羅馬出版。這是歐西漢學史上應切記的文籍之一，實是西洋關于中國的專書的第一本；以最早詳述中國禮俗的西書而論，是不能忘却的。

曼特刹底著作，當時在歐洲得稀有的歡迎，僅是原文（西班牙語），便有幾種不同的版本刋行；據原版，又複再版三版乃至幾十版；英，德，法，意等譯本，他接着續出，倘加入近年刋行的，今把這書底版本，分述如下：

一、原文（西班牙語）

一五八五　羅馬刋本（最初的刋本）（1）威崙西亞刋本（2）

一五八六　巴爾删洛拏（Barcelona）刋本（3）馬涮力伊刋本（4）新增本

一五八七　馬涮力伊刋本（5），（4）的覆刻本

一五八八　沙拉顧沙刋本（6）　（1）的覆刻本

一五九五　?（7）　（4）的覆刻本

一五九六　盎凡爾斯（Anvers又名安都厄比爾[Anlwerp]）刋本（8）

二、意大利譯本

一五八六　羅馬刋本（G. Martinelli 版）（9）

羅馬刋本（V. Peragallo 版）（10）

羅馬刋本（B. Grassi）（11）

羅馬刋本（G. A, Russinello版）（12）

羅馬刋本（G.G. Celentano &Rasi-

mo 版）（13）

羅馬刋本（G. Marisioni 版）（14）

威尼斯刋本（15）

熱那亞刋本（16）

一五八七　威尼斯刋本（17）

熱那亞刋本（有否不詳）（18）

一五八八　威尼斯刋本（19）

一五八九　威尼斯刋本（選錄本）有兩次版（19 a

婆羅尼亞刋本（同上）（19）b

弗拉拉　（同上）（19）c

佛羅倫斯刋本（同上）（19）d

一五九〇　威尼斯刋本（20）

三、　法蘭西譯本

一五八八　巴黎刋本（21）

一五八九　巴黎刋本（J. perier 版）（22）

巴黎刋本（N. du Fossé 版）（23）

一六〇〇　巴黎刋本（A. perier版）（24）

巴黎刋本（A. l'Angelier 版）（25）

一六〇六　巴黎(?)刋本（T. Arnavd 版）（26）

一六〇九　里昂刋本（27）

一六一四　洛安（Rouen）刋本（28）

四、英吉利譯本

一五八八　倫敦刋本（29）

一八五三　倫敦刋本（上面的新版 Hakluyt Soc.版）（30）

五、拉丁譯本

一五八九　弗萊克夫爾脫，阿漠，馬印刋本（31）

一六〇〇　不詳（Strect, Bib. Miss. IV, S. 533）（32）

一六五五　安都厄比爾刋本（33）

六、德意志譯本

一五八九　弗萊克夫爾脫，阿漠，馬印刋本（34）

一五九七　萊伊泊時基刋本（選錄本）（35）

七、荷蘭譯本

一五九五　亞爾克馬亞爾（Alkmaar）刋本（36）

阿姆斯特丹（Amsterdan）刋本（37）

一六五六　馬爾克脫夫爾脫刋本（38）

這書第十三章，漢字項下，載有相當於『天』，『皇帝』，『都會』的意思的三個漢字，世人簡直以這爲西洋印刷漢字最初的書；可是所謂相當於『都會』意義的那個字，除字形略似『城』字外，發音完全和漢字不相類；以這些而論，很難瞭解；而且這個字形也不正確，彷彿有使用漢字的意思，認爲全然謬誤，也許還適當吧。

曼特剎以後，寫類似的書而常與前著並稱的，是葡萄牙人耶穌會敎士魯德照。魯德照（Alavrez de Semedo）生於一五八五年，恰當曼特剎底書，初在羅馬刊行的那年。他經過科亞，一六一三年，來南京。初名謝務祿，明末壓迫西敎徒時，禁錮於澳門，釋放後，改名魯德照；在杭州，上海等處從事傳敎。一六二八年，派往西安，親見三年前（或稱五年前）（明天啓五年或三年）在西安郊外偶然掘出的大秦景敎流行中國碑。在那里住兩年，不多時，回江蘇；六年後，到羅馬，招致往中國佈敎的敎士；一六四四年，任中國傳敎區別監督，回中國，晚年在廣東任宗敎事務，一六五八年（順治十五年），逝於廣東。魯德照敎士著述極多，最有名的爲葡文中華帝國志（Imperio de la China）一書。一六四二年，這書初在西班牙馬綢力伊出版，像曼特剎中華大帝國史似的，大得社會歡迎，由此便產生各種譯本。（意大利譯：羅馬，一六四三年，一六五三年；羅馬和婆羅尼亞，一六七八年；法蘭西譯：巴黎，一六四五年；里昂，一六六七年；英吉利譯：倫敦，一六五五年，一六六五年，一六七〇年。「但最後兩本，存否不大明瞭。」）其中最可注意的，是意大利譯本。於介紹中國語言文字的一章裏，載着“土”，“王”，“玉”等漢字的原文，並附記正確的意義。爲西籍中印刷漢字的第一本書，這點很引起學者底興味。（事實上，單印有漢字的西書，由這書以前，一五七〇年，「日本元龜元年可舉出葡萄牙古音巴拉〔coimbra〕出版的耶穌會教士書簡集裏，關於大道寺致大內氏的文書’，載有兩三個單語；編者底意思，在介紹日本通行的文字，可是爲了偶然含有漢字，實際上却把漢字介紹了。）

在這里想再說一下的，是魯德照實地觀察以前，最早目睹景教碑的耶穌會教士金尼閣。（Nicolas Trigault）金尼閣，一五七七年生于法蘭西北部盧昂（Rouen）的南邊德哀地方。入耶穌會，有志來中國傳教，一六一一年初到南京，後來杭州，北京等處；爲了徵募傳教師，西回羅馬，歷謁各國君主，同了三十二位優秀教士，于一六一八年再來中國。前述的羅雅各和湯若望，便是這一行中的人。此後，他往來南昌（江西），杭州；一六二年（天啓三年）到開封；又派往陝西，入西安；于一六二七年，住留西安。金尼閣當時無意中親見出土的景教碑，在後世歐西宗教界和學術界，有非常的聲譽，得歐人最初目睹景教碑的光榮；實爲那時的事情。一六二五年，攙說耶穌會某教士底拉丁譯碑文，已經出現，這是碑銘譯文底發端，恐是金尼閣所譯的吧。後來的學者，論景教碑的，大概都據魯德照底記事及其譯文；而以前有金尼閣底功績，是不能忘記的。然金氏更可傳誦的，許是記述當時基督教的中國傳道史的名著耶穌教徒長征中國記（De Christiana Expeditione aqud Sinas）吧。這書，主要的據利瑪竇自著的回想記，述明末天主教底中國佈教史，有英，法，德以次各國譯本；近來（一九一三）利瑪竇逝世三百年紀念刋出版，這回想記方才付印；關于那時代情形，乃唯一的綜合的參考材料，爲學者所重。金氏書，原文爲拉丁語，一六一五年，在羅馬初版刋行。金尼閣還有所謂西儒耳目資，是漢文底著述；用羅馬字標記漢字音韵，分類排列，在漢字音韵研究史上，劃一新時期，是值得記着的。這書，宜在論中國的西學影響時舉出，這里不詳說了。那版本也以罕見而著名。

魯德照底書刊行後二年，明正統在北京崩潰，成了清的天下；明底宗室還有據中國南部各地，很想挽回這頹勢的；其中如永明王（稱永曆帝）保持最久的餘祚；由太后王氏和宦官龐天壽，各上書羅馬敎皇英諾森十世，請求垂憫的事，已如上述；那帶了王太后和龐天壽底信，遠渡西洋的，乃是耶穌會傳敎師波蘭人卜彌格。(Michele Boym) 卜彌格敎士在這時，傳達中國情形于西方，有不能忘却的地位。卜彌格和王太后所受洗禮的奧人耶穌會敎士瞿沙微 (Andreas Xavier Koffler〔初名 Andreas Wrgang, 到中國後，改爲 Andreas Xavier〕）都深得永明王一家底信任；一六五〇年（永曆四年；順治四年，）一月，帶信致敎皇英諾森十世。他們在廣東出發，從科亞，經陸路波斯；一六五二年九月，到小亞細亞底斯密爾拏 (Smyrna)；同月二十九日，在該地敎會講演中國情形。那演說稿于一六五四年，在巴黎出版，題爲中國宗室底改宗和中國基督敎現狀略說，(Relation Briefe de la notable Conversion des personnes royales, et de l'estate de la Religion chrestienne en la Chine.) 卜彌格從斯密爾拏向海路威尼斯來；由駐威尼斯的法國大使底斡旋，謁見特笛；一六五三年一月，到羅馬，進呈王太后等信于敎皇；可是敎皇公署不輕易給與覆信，到亞歷山大七世的時候，（一六五五年十二月十八日）才得了回信。次年，卜彌格在維也納（Vienna）刋行名爲中國植物誌（Flora Sinensis 的小冊子，介紹中國出產的珍奇植物，同時附有動物底記載。歐洲學者驚異這奇書底出版，而最刺戟好奇心的，以其由于動物的記事，毋寧說關于敍述附載的大秦景敎流行中國碑底發見，尤其在維也納原刋本裏，載着那碑底篆文圖等，顯然引起諸家底注意。像德意志學僧扣亦開爾（Athanasius Kircher）是第一個把已有的碑底材料作基礎，綜合記事，作一研究；插入著作裏出版，使這碑格外著名，盛傳于學者之間。

扣爾開爾，一六〇二年五月二日，生于隔伊森。入耶穌會，學物理，博物，數學，古代語等。任維爾時撥爾吼大學底哲學和東洋語學敎授。三十年戰爭起來時，避難于阿爾卑斯（Alps）山南地方；在羅馬大學，任數學敎授；一六八〇年二十八日，死于該處。他從早便與旅華耶穌會敎士，作關于事物的通信。前記的魯德照，根據當時早已介紹的新發見的景敎碑考，于一六三六年，在羅馬刋行的考泊脫語和埃及語時代前後論（prodromus Coptus Sive aegyptiacus）一書裏，關于這碑，已有略述的地方；等到有了卜彌格底書，扣氏更加詳考，編入那名著中國圖說裏出版。這書用銅版揭載碑銘全文，同時也附錄卜彌格譯文。景教碑由魯德照開始介紹　卜彌格更使碑文出名，到了扣爾開爾出來，在那時基督教徒的歐亞學者之間，得絕大聲譽。那中國圖說(China Illustrata 完全名稱是：China Monumentis qua sacra qua profanis, Nec non Variis Naturae & Artis Spectaculis Aliorumque rerum memorabilium Argumentis ilustrata,……Amstelodami [Amsterdam] 1667) 關于景教碑的記事以外，從到中國的種種路程，中國的宗教，中國的自然界和人文上值得驚異的事物，中國建築，中國的古文字等說起，並敘到金尼閣當時到中國的情形；不少有興味的記事，所以很有相當的讀者。這年同在阿姆斯特母刋行一種別的版本；次年又有荷蘭譯本出世；一六七〇年，有法譯本出版。

卜彌閣回到西方，如上述，偶然在學術界留了一些痕跡，一六五五年，才得了新教皇亞歷山大七世底回信，再向東來，一六五八年，到中國；那時廣東，廣西，差不多歸于清軍掌握，永明王遠走雲南塞外；尤其王太后已死，龐天壽也逝世了，教皇底覆函，也無從轉呈，便流離在安南境上，得大病死于旅次。然那時回到歐洲，于中國研究有所貢献的傳教師，不止卜彌格一人。恰當他前後，由中國返歐，與他任同樣的職務的，有耶穌會敎士衞匡國。(Martin Martini) 衞匡國，一六一四年，生于奥國梯洛爾底確利恩脫地方。一六四三年（明崇禎十六年；淸太宗崇德八年。）到中國，後于淸明間大擾亂時，旅行于各地，此後常往杭州，從事佈敎；那時已發動的"典禮問題"，耶穌會方面打算辯護他們底態度，曾派他回歐洲。這是一六一五年（明永明王永曆五年；淸世祖順治八年。）的事。可是不幸路上遇了暴風，漂蕩海上，經愛爾蘭底西方，到挪威方面，由荷蘭，德意志，好容易才到羅馬；使命完畢後，同了新的十七個靑年傳敎師，由葡萄牙乘船，費兩年的時間，才得進澳門港。其間，在海上再遇暴風，並爲海盜所捕，嚐到種種的苦難。到杭州後，不多時，得病逝世。（一六六一年；順治十八年）。衞匡國的西歸，帶來當時漢學上兩種重要的結果。其一，在荷蘭時，出版了著名的地圖家勃拉烏（Jan Blaeu）底新地圖（Novus Atlas [從一六三四年到一六六二年，在阿姆斯特丹刋行）一部分中國新圖；（Novus Atlas Sinensis）（一六五五年）其二，與高力烏斯（Jacques Golius [一五九六生，一六六七卒]）爲友，敎以中國語。衞匡國刋的中國新圖，在歐洲乃最初的中國地圖的專書，同時因解釋這書，附記有中國輿地的一般情形，以中國地誌專書看來，在歐洲也是第一本書。地圖和說明，用明陸應陽底廣輿記作底本，直到後記的哈爾特底書出來，爲最可信的中國地理書，有永久的價值。（還有前記的高力烏斯底書裏，載有附錄中華帝國論（De Regno Catayo adpitamentum）這文裏有用木板印刷的漢字。）衛匡國這書以外，還有重要的著述。一六五八年，如在德意志明慶（Munchen）地方刋行的中國史初編十卷（Sinicae Historical decas prima），也是其中之一。而現在仍爲史家所寶重的，乃是著名的韃靼戰爭記（De Bello Tartarico Historia），原本以拉丁語編述，一六五四年，在盎凡爾斯（即安都厄爾比）印行。這書對于舊時所載，明亡，清入關和以後繼續的各種史的事變底見聞，以爲都不能置信；很足以補充中國史料底闕陷。這書，當時很博得稱譽，一年裏，由同一發行所再版，在考爾恩出第三版，維也納刋行第四版，在米蘭（Milan）有意大利譯本付印，阿姆斯特丹有德譯本出刋，馬爾克脫夫爾脫和安都厄比爾各有荷蘭譯一種刋行，巴黎和羅馬又各有一種法蘭西譯本，倫敦有英譯本付印，這可見怎樣的盛行。傳達中國近況于歐人，這書是有一些力量的。衛匡國底著作，還有一六五四年在羅馬刋行的中國耶穌敎士紀略

(Brovis Ralatio de numero & Quaritate Chistianorum apud Sinas）爲考證前記的金尼閣布敎史和卜彌格近況以及當代的西敎史的良好材料。（這書，一六五四年在考爾恩出版，次年亞格斯勃爾吼刋行德譯本。）

衛匡國從美洲回中國時，新同來的傳敎士裏有南懷仁（比利時人，一六二三生，一六八八卒。）柏應理（philippe couplet）比利時人，一六二二年，一六九三卒。）魯日滿（François de Rougement, 比利時人，一六二四生，一六七六卒。）殷鐸澤（prospero Intorcetta 西濟利亞人。一六二八生，一六九六卒。）等，爲清初西學史上著名的人物。他們都以漢文叙述泰西學藝和宗敎，在致力于漢人底啓導看來，乃著名的事情，無須更述。其中柏應理敎士，爲中國文物研究家和介紹者，在西洋漢學史上，留下不少的成積。一六五九年，他和一行人同來中國，先往江西建昌任職。約三年間，得信徒兩千人。一六六二年，（康熙元年）在建昌刋行拉丁譯大學和論語的最初五篇，名爲中國箴言。（Sapientia Sinica）以中國經書的一部分連着西譯印行，這許是最早的吧。但這書不全出于柏應理之手，大部分的譯文，成于在廣東的耶穌會敎士郭納爵（Ignacio da costa, 亞速爾島（Azores Is.）人。一五九九生，一六六六卒。）所以用漢字在封面題爲"殷鐸澤，郭納爵同述。"這是木雕版的書，紙張和體裁都仿中國式，書頁附注有阿刺伯數字，同時並用漢字，爲中國耶穌會徒書中最少見的一種。那時（一六六四年），楊光先有反基督教運動，湯若望以次在華西教士，都捕送廣東，殷鐸澤因報告教皇，來羅馬；一六七一年，得謁見教皇，克萊孟十世。在旅次，出版他底中庸譯本，名中國政治道德學，（Sinarum Scientia politico-Moralis）一部分在廣東（一六六七）印刷。一部分則在科亞；書裏附有孔子傳。這書于一六七二年，在巴黎刋行：同時也有法譯本出版。這年他還在羅馬出版了中國佈教紀要（compendiosa Narratione dalla Stato della Missione Cinese）、又著有中國祭祀舉証（Testimonium de culti sinensi）這書，他死後，直到了一七〇〇年，在利烏出版，才流行于世。

柏應理來中國後，大部分在江蘇方面傳教，與著名畫家吳歷（漁山）爲友，據說有施以洗禮那樣的事。爲了報教皇中國基督教底盛況，同時向耶穌會本部請求增派傳教師；一六八一年，奉會命從澳門出發，來羅馬。不多時，任務完畢後，曾到故鄉馬里奴一行；由荷蘭乘船，再來中國；海上過暴風，震動船身，偶然從高處墜下行李，竟把他壓死了。柏應理在歐洲時，把研究中國底語言，歷史，文學所得，從事撰述。一六八七年，在巴黎出版中國哲人孔子（Confucius Sinarum philosophus, sive Scientia Sinica latinè exposita）一書，這是大學，中庸和論語的拉丁譯，書裏附有孔子略傳。關于論語和中庸，以前殷鐸澤譯出一部分，有如前述；可是全譯的，得認爲這次開始，而大學當是最初的西譯：關于孔子傳，雖以前魯德照中華帝國誌裏，略有叙述，而後詳細的，當以這書爲第一本吧。但這書不全是柏氏一人所譯，有同事殷鐸澤，魯日滿，恩格理（Christian Herdbricht. 德意志人。一六八四年卒。）等協助。柏氏一人所著，祇是卷頭底進表，序文和附于卷末的中國年表。如孔子傳，乃殷鐸澤一人所編。柏應理教士底著作，還有（1）一六八六年。巴黎刊的［在中國傳教的耶穌會教士人名簿（Catalagus patrum Societatis Jesu）（2）許開留台傳（Historia nobilis feminae, candida Hin（3）中國史年表（Tabula Chronologica Monarchiae Sinicae（29. 52B. C.——1683 .A. D.）paris 1687）（4）傳教師在廣東放逐後，布教情形（Relatio de statu et qualitate missionis Sinicae, post reditum patrum cantonensi exilio sub annum 1671［一六八一年前後撰］）

等；（1）本爲二漢人所編，由柏氏譯出，付石印出版；整理當時以前來中國的耶穌會敎士小傳，可供精確的考證。後來同會敎士撲斯台爾，一八七三年在上海增廣訂正出版的耶穌會敎士會友人名簿（第一編）Catalogus patrum ac Fratum Societate Jesu: pars I）實在根據這人名簿的。（2）乃是徐光啓底女兒敎名開笛台（Candida）底傳。原來恐是用拉丁語寫的；最初刋行的，許是法譯本，一六八八年，在巴黎出版。這書，一六九一年，有西班牙譯；一六九四年，有波蘭譯；一七〇〇年意大利譯本出版；最後由漢人敎士許靖邦譯爲中文，一八八二年刋行，題爲許太夫人傳。夫人是三十歲的寡婦，一六八〇年逝世，年七十三。始終是極虔敬的信徒；相傳建敎堂三十九所，印行耶敎書百三十種，設棄兒收容所，又對於盲人，也有種種的設施。在當時西敎信徒裏，爲值得特筆表揚的婦人。乃是從上古到一六八三年的中國年表，封面記有一六八六年印行；卷末有成於一六八七年字樣，當是這年脫稿的。這書一七〇三年，在維也納出版，又一六九六年有柏林版德譯本。（這譯本，到一六九六年爲止，增補年表；附錄伊台斯［參看後段］底中國紀行）（4）不曾有單行本，收在諸聖人生歿記錄（Acta Sanctorum）底第十三編（五月類）

裏出版。（諸聖人生歿記錄一書，一六四三年，由波蘭耶穌會教士勃崙慈斯等開始刋行第一第二兩編，爲著名的大彙錄。此後，由幾位有學問的僧侶，繼續編纂，一八五八年，刋行第五十六編至［十月類二十二日條爲止。］收柏應理著者的一編，成于波蘭耶穌會教士派排博洛克［一七一四年卒］之手。關于這書的詳情，參看勃拉乃脫圖書館誌；力品考脫注音人名辭典。（J.—C. Brunet Manuel du libraire. I, paris 1860. pp. 1075—6; Lippincotts pronuncing Biographial Dictionary, New 4th, ed. philadelphia & London 1915, P. 414 Bollandus）等；但意大利譯 Breve Raggaglio delle cose piei notabili al grand imperio della Cina, 一六八七年，有單行本刋行。（刋地不詳。）

柏應理教士這樣自著關于中國的書，同時又協助他人編書，並教授漢語漢文，有促進中國研究的地方。屬于前者的功績，可舉主持南懷仁底康熙朝歐洲的天文學（Astronomia Europaea Sub Imperatore Tartaro—Sinico cain Hy）底刋行，（北京，一六八七年刋。屬于後者的，當數回歐洲時指導普魯士醫師曼時爾（Christian Mentzel，一六二二年生，一七零一年卒。學習中國語。曼時爾爲勃拉恩台勃爾叽（Brandenburgicae）大選舉時底侍醫，慫恿聘請柏應理敎士在宮裏，自己從他學中國語，結果著拉丁漢文小辭彙（Sylloge Minutiarum Lexici Latino—sinico—Chatacteristici）和中國小年表（Kurtze Chinesiche Chronoligia oder Zeit—Register aller chinesischer Raser）等，又盡全力編纂漢語初步（Clavis Sineca）和中國辭彙（Lexicon Sinicum），最後兩書，終不見刋行。現在仍保存於柏林國立圖書館。（前普魯士王家圖書館［Königliche Bibliothek］）漢語初步，封面和序文是印刷的，本文裏有百二十四張表，還是手抄的；辭彙部分，存有對摺頁式九册寫本，僅每册封面是印刷的。這些和前面的小辭彙，小年表等，都很幼稚，彷彿不是積極貢獻於漢學運動，可是在歐西中國研究沿革史上，留下一點痕跡，似乎值得記錄的。

曼時爾中國研究底價値，在另一方面看來，例如由於傳敎師成績的刺戟，於歐洲學者間，引起中國研究，也不能忽視。爲英之哈哀特（Thomas Hyde），德之彌粒（Andreas Müller）法之台爾排洛（Barthelémp d'Herbélot）等底中國研究的先導，更有不少的意義。哈哀特（一六三六生，一七〇三卒。）英國西洛博西人。後任牛津大學敎授和博特蘭圖書館館長，乃有令譽的人。本有敎士職務，却以一代的東洋學者知名于世。與柏應理教士同來歐洲的中國南京人沈福宗(Michel Tchin Fo-tsung)來遊牛津時，他和沈氏着手于諸種研究材料，著中國度量衡考（Episto-lade mensuris et ponderibus Serum sen Sinensium.〔牛津，一六八八年〕並其他的論文；以英國漢學的先覺而論，恐永遠不能忘却他的吧。

哈哀特主持當時梯斯太底僧正烏爾頓（Bishop Walton 刋行的各國語對譯的聖書，(Polygrot Bible——編纂于一六五七年）從德國來協助這事業的，有學僧彌粒。彌粒（一六二〇生，一六九四卒。）蓬曼崙人。壯年時來倫敦，留住十年，襄理烏爾頓底事業；同時又協助加斯脫爾(Castell)刋行新版聖書，和六種國語對譯辭書底編輯；由于在英京創立中英國學士院（Royal Society）的一人學僧威爾麼斯監督底勸導，有學習中國語底意思；回國後，盡全力于中國研究，出版了不少的書，爲德意志漢學的開山祖。所著多用拉丁語，重要的書如下：(1) 馬哥孛羅東洋聞見錄校本；(Marci pauli Veneti, Historici fidelissimi juxta ac praestantissimi de Regionibus orientalibus (Coloniae = Köln, 1671) (2) 景教碑考（Monumenti Sinici.〔Berolini 1672) (3) 中國地理歷史論考(Disquisitio

Geographica & Hsitoricade Cathaja [Berolini 1671])（4）中國新事七講（Hebdomas Observationum de Rebus Sinicis [coloniae = Köln 1674]）（5）中華帝國地名彙錄（Imperii Sinensis Nomenclator Geographicus [Berolini 1680]）（6）北京官話標準辭典（specimen Lexici Mandarinici [Berlin 1684]）（7）漢文選註（Speciminum Sinicorum [1685. 刋地未詳]）（8）阿勃達拉•排伊達烏中國史譯註（Abdallae Beidavaei Hisoria Sinensis [Berolini 1689]）（9）中國帝王名錄（Basilicon Sinense] 刋年刋地未詳]）等；北京官話標準辭典底卷末，附有勃拉恩台勃爾吼大選舉時文庫漢籍目錄（Catalogus Librorum Sinicorum Bibliothecae Electoralis Brandenburgicae）（2）（5）（8）等書，後收于論文集，東方論纂（Opscula nonnulla orientalis [Frankfurt a/M•1695）裏，再版行世。（所謂阿勃達拉•排伊達烏底中國史，原名"Tarikh Kitai"，是波斯底史籍，據一三二〇年，蒙古文臣巴爾克人察干（Chagan）從漢文譯爲蒙文的本子。）

當時在法蘭西，如前二人那樣負有任務的，有法蘭西學院（col-lège France）叙利亞語教授台爾排洛。台氏（一六二五生，一六九五卒）巴黎人，乃十七世紀東洋學史上很有成績的學者；可不是漢學家。台氏精通阿剌伯，希伯來，波斯諸語；但不擅長中國語；所著十七世紀東洋學綜覽的名作東方文庫（Bibliathèque Orientale）裏，採有相當的關于中國方面的東西；于遠東歷史文物研究者，給與極好的引導。這書又稱東方人文大辭典（Dictionnaire universel contenant tout ce qui regarde la connaissance des peuples de l'Orient.）乃是便利的百科全書式體料，不幸著者生前，未見出版，死後到了一六九七年，纔由同事格拉恩特（Antoine Galland〔一六四六——一七一五，阿剌伯學者，譯天方夜談——一千零一夜——爲法文而著名。〕）在巴黎刋行，漸得流傳。這部東方文庫，其後屢次再版；從一七七七年，到一七八二年，在荷蘭哈赫（海格）出版四冊，經來丁（Leyden）大學東洋語教授西爾頓斯（Schultens）和他底高足弟子來泊及（Leipzig）大學阿剌伯語教授拉伊斯克（Reiske）兩氏底校訂，再版後的書裏，把後記的劉應（Claude Visderau）底韃靼史等，收在附錄裏：因此于漢學更有關係。

如上述，尋道而來，漸次發展的傳教師底中國研究，引起了歐洲學者底漢學工作等，到一六〇〇年末期，便更爲進展。這在本章前面，好像也說過一下；路易十四世底法蘭西對外方針之一，尤其爲了興盛中國文物研究，更積極東派傳教師，這恰當“典禮問題”極糾紛的時候，更提高他們探究中國情形底熱度，有如前述。這些形勢，互爲表裏，由此中國研究，快要展開一新局面。當然，路易十四世底計劃，無須說是名宰相考爾排兒（Colbert）底政策的活動；那時，不意他死去了；爲了使計劃實現，把此後的事務，交與陸軍大臣維爾划侯爵。當時法國有增訂地理學，天文學的從來的知識之議，一六六六年，考爾排兒設立的科學院（Académie），爲了這個目的，派遣會員于歐美各地；中國方面，不派會員，以耶穌會傳教師充任；爲了使實現對華新方針底最初的機會，新遣優秀的傳教師，向中國來。一六六五年三月三日，特長數學的六位耶穌會教士，乘船從布拉斯特（Brest）港出發，這年九月到暹羅，在都城裏暫住，後別了同行的遣暹大使特，西蒙（De Chaumont），一行中領袖洪若翰（Jean de Fontaney）以下，李明（L. Lecomte）劉應（C. Visderou）白進（或作白晉［J. Bounet］），張誠（J. F. Gerbillon）等耶穌會教士，更航海向中國來。時在一六八五年七月。先取道澳門，因航海者底不熟練和海上底危險，仍回暹羅；一六八七年六月十九日，再啓程來中國。當時葡萄牙，對于法國底東方來往，很感不快；惡法人從澳門到中國，所以那時乘廣東華商王華士底蓬船，浮海向浙江寧波進發，七月二十三日，得到寧波。北京政府據浙江巡撫金鋐底報告，以不帶旅行證為理由，命令歸國；或以為他們許有知道曆法的；因此，朝議一變，決使他們先行來京。由此，洪若翰等，于一六八八年二月八日，入北京；三月二十五日（康熙二十七年二月二十一日）由已在北京的徐日昇底嚮導，得在乾清宮謁見康熙帝。結果命他們或留京，或派各地，為清帝盡力，同時努力完成原有使命。

李明，法蘭西人。一六五五年，生于波爾多。到北京後，先派往陝西，後往來其他各地，其間，曾觀測一六八九年出現的慧星和別的諸種天文；這方面也有相當的成就。一六九二年，為了奉會命報告中國傳道狀況，往羅馬，後回本國，著中國現勢新誌（Nouveaux Mémoires sur l' Etat Présent de la Chine）三卷，一六九六年至九八年間，在巴黎出版。這書，像書名所表示的，仍是傳布當時中國情形；又、一方面例如關于"典禮問題"，打算為耶穌會一邊底主張辯護；這書一出來，忽然很引起注意；第一卷刊行的次年（一六九七年）第二卷出版；同時第一第二兩卷再版，三版，相繼行世，又這兩卷的第四版，也由阿姆斯特丹發刋；在倫敦據說有英譯，似乎受歡迎的；一六九八年，刋行原版乃至連第三版底第三卷，又第五版全部（三卷）一度刋出；英譯也有再版，又荷蘭譯也出來了，後來原版和英譯本，也還重複幾版；乃有這樣的盛況。然這書有過于擁許漢人的批評，所以著者更撰中國典禮論（Sur les Cérémonies de la Chine [Liège 1700]）這是進呈曼奴公爵以辯護那些的。而當時于宗教上諸問題，隱然具有大勢力的索爾蓬奴大學（神學院），也攻擊這兩書，從基督教立場，宣言否認中國古來的祭祀典禮；因此，典禮問題底爭論，愈加劇烈。此後李明不再來中國；一七二九年，死于故鄉波爾多。年七十四。

劉應，一六五六年生于勃魯太尼。一六七八年到中國。來北京後，往山西從事傳教，住了兩年，生活很窮，不得已，轉到南京。此後一度來廣東，後回北京，主持新教徒底教育和其他；傍的對于漢語，漢籍，越發努力研究，便至精通漢文。結果、關于“典禮問題”他發見同事們（便是耶穌會所屬諸教士）底見解，在立論的基礎上，有錯誤的地方：當脫諾僧正來華時，他不憚把知道的都告訴脫諾。由教皇克萊孟十一世，任他爲貴州底司教，這是很勞苦的職務；那時恰當一七〇八年，爲了僧正一行人，正禁錮於澳門，那叙任式，在僧正放謫地方，極秘密舉行的。而當時康熙帝對於基督教所定的新方針，竟不許他住在中國；一七〇九年六月二十四日，他離開中國，到印度領地彭台西利；而於該地逝世，時，一七三七年十一月十一日，年七十五。劉應在中國時，除'典禮問題"外，最努力研究的，乃是中國史中，古來雄視北方的塞外民族底歷史。他早已讀台爾排洛底東方文庫，(初版)以為參考；他底缺點，是不根據中國史書底記事；自己譯出關於匈奴，突厥，契丹，蒙古等的中國史底記載；專取材於馬端臨底文獻通考四裔考；又蒐集後世史家底考証，著草稿四冊，附送於歐洲，這便是韃靼史(Histoire de la Tartaire)但不幸這稿本不為當時社會所注意，閑擱了許多，等到前記的台爾排洛底東方文庫出版以後，收為附錄，漸為學者所留意。東方文庫再版以來，於漢學很有關係，已如上述；那不僅收了韃靼史底緣故，同時載錄劉應艱苦新譯的景教碑文等，也有助力。景教碑文底翻譯考釋，已由魯德照，卜彌格諸人完成，前面也曾叙着；而到了劉應，便愈加進步，譯文也更為正確，這是不能否認的。倘劉應能這樣埋頭於漢學方面的著述，當很有成績，不幸他捲入"典禮問題"底漩渦，費時於這方面的奔走，對於史學，文學，著述不多，眞該可惜的。

次當記述的，許是張誠吧。張誠，法蘭西凡爾登（Verdun）人，一六五四年六月十一日，生於該地；一七〇七年三月二十二日，死於北京；爲耶穌會傳敎師（關於生卒年月，有兩三個不同的傳說，今姑採上記的那一說。）一六八七年，來中國，次年到北京，與前記的諸敎士是同樣的。因滿洲語說得熟練，受康熙帝知遇，更參與外交樞要，與後記的徐日昇，同列席於尼布楚中俄會議（一六八九）；對於尼布楚條約底成立，很有爲清廷斡旋的地方，那是極著名的事實，這里無須詳說。此後，他愈得帝信任，屢次從帝北狩。一六九三年，俄羅斯（莫斯科大公國）使臣伊台斯來朝時，奉命和伊氏會見，用意大利語任交涉。又，一六九九年，中國佈敎長洪若翰回國後，繼任爲佈敎長。張誠旅行蒙古，前後八次；第一次，參與締結尼布楚條約；第五次，從康熙帝親征噶爾丹（蒙古加爾漠克部酋長。）第八次，爲欽察大臣隨員，到喀爾喀。噶爾丹敗死後，處理歸清朝所有的新領土底統治的各種事務。這些旅中見聞，一部分作爲韃靼紀行（Voyage dans la Tertarie）收在後記的哈爾特編的中華帝國全誌第四卷裏；爲後世史家有用的重要史料。還有關於張誠底著作，務須說一下的，那是相傳他所編述的滿洲初步（Elementa Linguae Tartaricae）一書，這書收在台維挲紀行叢刋（Relations de divers Voyages curieux）底第三版（一六九六年刋，編者死後付印。）第二卷裏出版；關於這書著者，很有可疑，早成了學術界底問題；這書也有認為柏應理所著；可是現在差不多不成問題；十八世紀末漢學家德人巴伊哀爾以次，法國的拉恩格蘭斯，德國的克拉泊洛脫等，都以為這書是張誠底著作，可是沒有確証；不明白的、有認為這次述的白進所著；而法國伯希和教授在近著裏，詳細考證，索性更早一點，以為這書係南懷仁編的，所見當更正確。這是很可信從的卓見，著者姑從伯希和說，認這書非張誠底著作。詳細請參看伯希和論文（"滿洲語初步"底眞正的作者〔Le Veritable auteur des 'Elementa Linguae Tartaricae"——Tóung pao, Sér II, Vol, XXI, 1922, pp. 367-386）（滿洲語初步，因後來法國耶穌會教士錢德明〔Jean Joseph Amiot——Amyot——〕和漢學者蘭米剎抄譯，把舊說翻案，由英國傳教師划伊理重譯。）

可和張誠並舉的。當推白進。白進，一六五六年七月十八日，生于爾・孟（巴黎西南沙爾脫縣底首邑）乃洪若翰統率下和李明劉應張誠同時派來中國的耶穌會敎士的一人；在中國時，尤獨得康熙帝優遇，與張誠同爲導師，他主要的任數學底講授。由這樣的關係，他朝夕指導康熙帝，很知道帝底性行，明悉帝底公私生活底全部狀況。因此，他所著的康熙帝傳（portrait Historique de l'Empereur de la Chine [paris 1697]）從表裏描寫帝底眞相，很得好評；當計劃作傳時，必須多參考中國方面的材料。康熙帝由白進等的關係，很瞭解法國出身的耶穌會敎士底學識，命白進回國，更打算多招致優秀的人物；因此，白進于一六九七年，奉命動身回法，那時帶了由康熙帝贈與路易十四世的漢籍四十九册，把這些歸入巴黎王家文庫（Bibliothèque royale [現在的國民圖書館]）；當時在文庫裏收藏的漢籍，屬于馬利林文庫的，原來祇不過四册，到這時稍稍增加。白進在本國，新羅致了優秀的，有學問的敎士十人，一六九八年，領了他們，再來中國；這年秋，來北京，和傳敎的別的同輩協力，愈從事中國文物底研究；又受帝命，分任淸領域內各地測量事務，並努力地圖底製作。那十位傳敎師的東來，和後于他們的二三十年間來的法國傳敎師底學術活動，在明末淸初，西敎士底中國研究，實有達最高點模樣。這都是法蘭西人底事，並認爲法國學術底榮譽；在西人遠東研究史上，放出燦爛的光彩。這當在另一節詳述。（白進著康熙帝傳以外，有中國現狀論〔Létat présent de la Chine. paris 1697——附帝王文武官等等插圖〕——收在哈爾特中華帝國全誌裏；又有未刋的中國辭典和關于漢語研究的稿本等，這于一八一一年在他底故鄉沙爾脫縣爾•孟地方底圖書館裏發見，而知道存在的。）

一六九八年三月六日，從法國西海岸剌•魯芝勒（La Rochell）港出發的安泊利脫號，載了白進以下十位傳敎師，向東洋來；七個月後，到了上川島，船上的諸敎士，從這里各往任事的地方。這隻安泊脫利脫號，以最早到中國的法蘭西商船看來，應特別記着的；爲了乘船的傳敎師底學術上的成績，占中國研究史上重要的地位，在這種意義上也不可忘了這次東航。由于商業上的任務，這船是法國東印度公司和笛爾頓所派遣；那促進東派的，實由于白進之力。乘這船來中國的傳敎師裏，該特別敘述的，當是馬若瑟（Joseph Henri de prémare）巴多明（Dominique parrenin）雷孝思（Jean Baptiste Régis）三人吧。

馬若瑟，一六六六年，生于爾•哈夫兒，一七三六年九月十七日，死于澳門。來中國後，在江西袁州府從事傳敎；可是在致力的地方而論，以其說是傳敎，無寧是中國文物底學術的研究。他和白進，傅聖澤（Jean François Fonquet [法國人，一六九〇年來中國。]）共同研究易，春秋老子，淮南子等，在這些古藉裏，竭力想覓得有否與基督敎同一論旨的地方；別的，又着手于上古史底敘述，著有書經以前時代和中國神話研究（Recherches sur les temps anterieur à ceux dont parle le Chou-king, et sur la mythologie chinoise）（這書在著作的當時，沒有出版；到了一七七〇年，由吉尼 [J. de Guignes]——參看後段——刋行宋君榮 [A. Ganbil] 底書經時，才附載于卷首出版。）然在馬若瑟一時的巨著而論，務須舉漢語劄記（Notitia Linguae Sinicae）•這書也還是久以寫本行世，得見刋行，乃很後的事；那內容始以正確的中國語底性質和構造，傳於歐人，而爲最早的專書；著者自己謙遜，說這不過是一本小文法書，實際決不是那樣的。以久不刋行而論，也許先當舉出其中要印刷作爲文例的一萬二千條漢文，需用五萬個漢文活字；可是一方面，著者好意把稿本送給本國的學者弗爾蒙（Etienne Fourmont）看，弗氏妬忌這傑作，領了那稿本自己一方面襲取這書，著中國文典，同時屢次非難這書底價値；因此妨碍刋行。原來馬若瑟•

早已和弗爾蒙通信，（一七二七年以來）協助中國研究，贈以十三經注疏，元曲百選等許多漢籍，供採討資料；弗爾蒙在學者而論，德性可議的地方很多，自己編纂中的中國文典，覺得祇抄萬濟谷（Francisco varo）底文典，不大方便；一方面默認馬若瑟底書底眞價，一方面對於這書放出惡聲，宣傳沒有出版的價值，竟阻止刋行。因此這書直到後來蘭米剎（Abel-Rémusat）在漢文啓蒙底序文裏介紹，才有人明曉這書；又，知道以後，也不易刋行；到了一八三一年，才得英國倫敦傳道敎會(London Missionary Society）設法，由馬拉加底英華書院（Anglo-Chinese College)付印而流傳的；一八四七年，由該會傳敎師勃利笛曼譯爲英文，再在廣東刋行。（弗爾蒙和萬濟谷底事，記於後段，可參看。）

馬若瑟並將元曲百選中的趙氏孤兒譯爲法文，這書附載於哈爾特中華帝國全誌裏；爲文豪服爾德（Voltaire）底戲曲中國的孤兒（L'Orphelin de la Chine）的藍本；在法國文學上，也多少給與一點影響。到了十九世紀初，台維斯底英譯本出來，在歐洲認爲品評中國詞曲的唯一貴重材料。

巴多明，一六六五年九月一日，生於博森松附近利塞地方。來中國後，直到一七四年九月二十九日，死於北京，獨得康熙帝優遇，備政治外交顧問外，奉命研習漢語和滿洲語。遺著有從伏羲到堯之間的上古史底翻譯，並其他一二短篇，沒有什麼可觀；而那些仍是未刊的東西，這方面的成績，與別的諸教士，不能相比；可認爲他底事業的，寧可說在政治外交方面。康熙帝北狩，他屢次扈從，對俄交涉時，常竭力設法避去危急；曾得彼得大帝賞賜。他在學術上，假使可特別提起的，那是指斥從來通行的中國地圖爲杜撰，不值憑信的一件事。他上言康熙帝，慫恿必須在領域內實地測繪；這事不及成於他自己手裏，由同輩雷孝思拚命地努力和同事並其他傳教師協力底結果，獲得空前的成績，在西人底中國研究史上，永留下燦爛的光輝。這務須認爲巴多明之力。而實現這事的，實際成於雷孝思等，因此，以下想略述他們底測繪事業。

雷孝思，法蘭西人，一六六四年一月，生於泊洛維恩斯底博爾·台脫爾地方。但關於生地，也有異說；這姑據耶穌會方面紀錄。他和前記的諸教士，同來中國，前後八年，依巴多明底建議；測繪中國全土，在東方顯出西洋學術底勝利，留下了寶貴的成績。其他不能忘却的，那是深通漢語，翻譯易經（y-king, Antiquissimus SinatumLiber）

的事。由一八三四年至三九年，分兩卷，直到由梯賓根和斯脫烏脫隔爾脫出版，方才行世；足以看出他做學問底勤勞。以這書全體論，爲西譯最早的書，也該記着的。

康熙帝命實測領域，始於康熙四十七年（一七〇八年）；帝早有這計劃，地圖完成後，對內閣學士蔣廷錫說：“此圖朕費三十餘年心力，始得告成。”也可以知道那時怎樣的情形。得巴多明建議，促進動工，實際有成績的，正如前述，不外由於雷孝思以下諸傳教士底努力。他們測繪地圖底情形，詳載於哈爾特中華帝國全誌裏，現在略說一下：他們先從關外各地（蒙古，滿洲方面）開始漸次及於內地各省；到處觀測天體，定經緯度，實施三角測量，以測土地實狹；到了五十五年（一七一六年），才終了曠野的工作。諸教士回北京，各帶了所測繪的圖幅；又勅命欽天監，趕緊確實審查，根據材料，加入西藏圖；又製朝鮮半島圖，作爲參考；在勅書督責下，作綜合統一的地圖一幅，五十六年（一七一七年）竣工，將地圖進呈清帝，帝題名爲皇輿全覽圖，懇切慰勞諸教士。可是現在我們不知道原圖存否，便是存在，一時也不能看見；所以到底怎樣，似乎不能明白；幸而清廷後來把這圖分成數十張分圖，刻銅版付印；這改作的幾十張地圖是存在的；近來奉天金梁氏（滿洲人）把今存四十一葉，付石印出版；彷彿略略可以看出原形。按這些地圖，乃以北京底子午線爲標準經線，經線于直線也很相合；緯線以相平行的直線表出，這像是採取投影法。內地各省，用漢字標城邑山川底名稱；關外各地（蒙古，滿洲，朝鮮，西藏，回部等）以滿洲文字標注地名。全幅大小，約橫十七尺，縱十尺。

傳教師等測繪的內地各省和關外諸地方分圖底原稿本，傳入法蘭西，現藏于巴黎法國外交部古文書館。這原是當時宮廷的製圖師，有名的高手台恩維爾（D'Anville）所藏，特•服爾梯恩奴在給與年金三千法郎的條件下，從他那里買來的；這可以看出初稿的本相。那一卷計三十二幅，描在中國紙上，裱裝各幅的背面，以藍色絹作邊。地名都以漢字注記；大部分用俄羅斯字母附記發音，以朱筆表出。那內容如下：

（1）北直隸　（2）盛京
（3）山東　（4）河南
（5）江南　（6）浙江
（7）江西　（8）福建
（9）湖廣（這一圖，巴黎本裏，現在沒有。）　（10）廣東
（11）廣西　（12）貴州

(13) 四川　(14) 雲南

(15) 陝西　(16) 山西

(17) 黃河上流域　(18) Jzlanchin底黃河

(19) Fekhoishia地方　(20) 朝鮮（一名高麗）

(21) 烏蘇利江地方　(22) 黑龍江口地方

(23) 黑龍江中流域　(24) 黑龍江上流域底一部分

(25) 色楞格河流域　(26) 哈密地方

(27) 哈米隔達達爾嶺　(28) 策忘阿拉不坦領域底一部分

(29) 金沙江，瀾滄江，和其他底上流域　(30) 拉藏(？)地方

(31) 雅魯藏，富森江兩河流域　(32) 根徐西山地方

其次，關於測量事業底分任以及開始和完成的年月等，單把明瞭的地方，開列於下，以供參考：

地方	担任者	開始時日	完成時日
北京附近	—	—	—

蒙古、長城	白進、雷孝思杜德美、	一七〇八年四月七日	一七〇九年一月十日
滿洲	雷孝思、杜德美、費隱	一七〇九年五月八日	—
直隸	雷孝思、杜德美、費隱、	一七〇九年十月十日	一七一〇年六月二十九日
黑龍江	雷孝思、杜德美費隱、	一七一〇年七月廿二日	一七一〇年十二月十四日
山東	雷孝思、麥大城	一七一一年	—
甘肅（哈密地方）	杜德美、費隱、潘如、	一七一一年	一七一二年一月
山西、陝西、	麥大成、湯尙賢	一七一一年	—
河南、江南、浙江、福建、	馮秉正、德瑪諾、雷孝思、	一七一二年	—
江西、廣東、廣西、	湯尙賢、麥大成	一七一三年	—
四川	費隱、潘如、	一七一三年	—

雲南	費隱、潘如、雷孝思、	一七一五年	——
貴州、湖廣、	費隱、雷孝思、	一七一五年	——

見於上面表裏的白進、雷孝思以外的諸教士，略附注記於下：

（1）杜德美，（Pierre Jartoux）法國人。一六六六年（或云一六六八年）生於阿姆博崙。一七〇一年來中國，一七二〇年十一月三十日，卒於北京。

（2）費隱（Fridelli），德意志人。一七四〇卒。

（3）麥大成（Cardoso），葡萄牙人。

（4）潘如（Guillaume Bonjour），法國人。生於一六七〇年；一七一〇年來中國。一七一四年二月，想從事雲南測量而逝世；時年四十四。但他是多米尼克派底僧侶，不是耶穌會教士。

（5）湯尚賢（Pierre Vincent de Tartre），法人。一六六九年一月二十二日，生于蓬，太，漠松。一七〇一年來中國。一七二四年二月二十五日（或云三月中），卒于北京，年五十五。

（6）馮秉正（de Mailla），在下節叙述。

（7）德瑪諾（Roman Hindere [Henderer]）一六六九年九月二十一日，生于亞爾薩斯（Alsace）底拉伊銀根地方。一七〇七年來中國，一七四四年八月二十六日，卒于南京。年七十五。

還有關于雷孝思測地的筆記，哈爾特採取爲中華帝國全誌的材料，收在第四卷裏；關於朝鮮，西藏的一些記事，記明係雷孝思寫的稿子。又雷氏底拉丁譯易經稿本，歸當時巴黎王家文庫所有。一七三八年十一月二十四日，卒於北京。

白進，一七三三年六月二十八日，在北京逝世；但據另一說，或云卒於一七三〇年六月（或七月）二十九日。這條忘了寫在前面，所以補記在這裏。

（2）康熙中期後到雍正末年

第二期裏，住在中國的西敎士底中國研究，以法人爲中心，於清國領土底測量和製圖，可認爲極盛的事業，在本國的傳敎師裏，於中國研究，所得成績，在質量上，有幾個決不弱於來中國活動者底工作的。那些成績中最佳的，不僅爲這時期漢學史上的一大收獲，直到現在漢學全部沿革史上，還放着燦爛的光輝；這當數法國穌穌會敎士哈爾特（Jean Baptiste du Halde）底工作；那不朽的名著中華帝國全誌，共四厚册；爲明末以來直到當時歐西人百五十年間的中國研究成績底一大集成；對摺頁的四大卷，眞是壓倒從來已刋的諸書，爲西洋漢學的金字塔，可以誇耀世界的紀念碑。雖如本書的小範圍，我們務須特別把這書和著者，稍稍詳述。

哈爾特，法國人。一六七四年二月一日，生於巴黎。一六九二年，才十八歲，便入耶穌會。專從事編纂事務；耶穌會教士爾，高別恩（Le Gobier，〔一六五三生，一七〇八卒〕）死後，主持校印的海外傳教的耶穌會教士書簡集續編底刋行，那第九卷至第二十六卷，實係哈爾特氏親自校定付印的。哈氏有志於中華帝國全誌底編述，許是在書簡集底校訂時，得讀到許多傳教師報告的結果。（那書簡集，通例略稱 'Lettres édifiants"，那書目學底記述，是很麻煩的，大體打算在後面叙述。）哈爾特把手頭蒐集的留住中國的傳教士底書簡，報告，研究等，妥爲編次，完成了中華帝國全誌（正式稱：中華帝國和中國領地韃靼底地理，歷史，年紀，政治的記述〔Description géographiqUe, historique, chronologique, Politique, et Physique de l'Empire de la Chine et et de la Tarrtarie. chinoise, ...〕）編述的大業。

哈爾特底書，最初由巴黎底書局爾曼爾西哀於一七三五年出版。對摺頁四大册，在歐西中國研究史上，劃一新局面，應特記的大事。由海格底書局亨利，西爾蘭哀爾發行第二版，四開本的四册，內容和初版，差不多沒有變更，多少有些異同的，彷彿有幾處刪節。（詳細當在本章末注記裏敘述。最大的差異，原來在卷中插入的地圖，完全刪去了。這些地圖在次年作爲單行本出版。）這年以後，在倫敦出版英譯兩種；都不是完全本，不足以看出原著的眞相：一種成於博爾克斯之手，在剎慈發售的，乃是一七三六年刋的四本；第二種，係愛特華德，開伊夫刋行，一七三八至四一年版，對摺頁式二册。（那節略的情形，當記在章末注裏，並有德譯，俄譯，關於這些，也想在那時附說。）這書，（原版）如上述，占漢學史上極重要的地位；所以不厭繁瑣，開列細目於下，以供參考。似乎可以明白那內容，怎樣與"全誌"底名稱相副。

第一卷（pp. lü, IV, 592）

上國王書（進表）

序言

本書編纂，利用已刋，未刋的筆記，那著作的傳敎師底姓名如下：（合計二十七名）

Martin Martini（衞匡國）, Ferdinand verbiest（南懷仁）, Philippe couplet（柏應理）, Gabriel Magalhaens（安文思）, Jean de Fontaney（洪若望）, Joachim Bouvet（白進）, Jean-François Gerbillon（張誠）, François Noël（衞方濟）, Louis Le Comte（李明）, Claude Visdelou（劉應）, Jean-Baptiste Régis 雷孝思, Joseph Henry de prémare（馬若瑟）, François-Xavier Dentrecolles（殷弘緒）, Julien-placide Hervien, Cyr contancin（公東平）, Pierre de Goville（戈維里）, Jean-Armand Nyel, Dominique Parrennin（巴多明）, Pierre Jartoux（杜德美）, Vincent de Tartre（湯尙賢）, Joseph-Anne-Marie de Mailla（馮秉正）, Jean-Alexis Gollet. Claude Jacquemin. Louis Porquet. Emoric de Chavagnac（沙守信）, Antoine Ganbil（宋君榮）, Jean-Baptiste Jacques.

（譯者按；以上諸敎士，漢名都是他們固有的，有漢名者，這里不譯出。）

第一卷目錄

出版許可狀（Ragnet 僧正署名，一七三四年七月

三十日記。)同（Frogerais 教士署名，一七三三年四月一日記)

國王特許狀

中華帝國底概念（一——三八）——中國和韃靼里爲界的長城（三八——四一）稱爲西蕃或吐蕃的民族（四一——五三）青海底韃靼族(五三——五四)玀猓民族（五四——五五）苗族（五五——六一）白進，洪若望，張誠，李明和劉應諸教士從寧波取道來北京的路線。附，路上江南，山東，北直隸省諸底都邑底詳確敘述。（六一——八一）洪若望教士從北京取道到山西絳州；從絳州到江南省南京的路線（八一——九五）一六九三年白進教士奉康熙帝命，動身回歐洲時，從北京取道到廣東的路線•（九五——一〇四）從暹羅到中國的陸路；由漢人旅行記中選載（一〇五——一〇八）

辨言(一〇九——一一〇)十五省地誌（一一一——二六〇)中華帝國史要(歷代帝紀述略)(二六一——五五六細目（五五七——五九二）

附圖十八葉和城市圖七葉•

注意："第一卷目錄"裏，一〇五——一一〇頁底記事，忘了舉出。

第二卷（pp. IV, 725 和勘誤表）

第二卷目錄（I—IV）

廣大，古舊的中華帝國（一——九）皇帝底權威，皇帝底御璽，經常費，宮殿，行幸時的儀仗，（九——二二）——中國政府底形式，各種部局官吏與他們的榮譽，權限，職務，（二二——四三）軍政，陸軍，城寨，兵士，武器，火炮，（四三——四九）中國底警士（爲維持都市秩序，或孔衢的旅人底安寧，便利）稅關，驛遞等（五〇——五八）——貴族（七二——七四）——中國民族底天才和性質（七五——七九）——漢人底舉止，容貌，風習，房屋，裝飾屋子的家具（八〇——八七）——旅行，共公設施，（爲橋梁，凱旋門，樓門，塔，城壁，）視祭時漢人底豪奢（八八——九七）——他們應對寒暄的禮節，訪問和贈答的禮節；書信的禮式；他們底宴會，婚姻和送葬的禮式，（九八——一三一）拘禁囚人入獄和懲罰他們的拷打（一三一——一三七）——中國全土物產底豐富（一三八——一五四）——湖沼，運河，河川，船乃至河口洲

（一五五——一六三）各時代流通中國的錢物（一六三——一六九）中國人底商業（一六九——一七三）中國的漆（一七三——一七七）陶器（一七七——二〇四）絹織物（二〇五——二〇八）選載中國一種古書裏的養蠶法（二〇八——二二三）中國底言語（二二四——二三八）中國底紙、墨、筆、印刷、裝釘、（二三九——二五一）——中國青年的修學情形，他們應經過諸種階段和他們得“進士”學位應受的幾次試驗（二五一——二五九）——建公立學校，使人民得幸福的方法；選自一種著名的漢藉，（二五九——二六六）——宋（第十九個王朝）碩學朱熹所撰，同一問題的論文選錄（二六六——二六八）幼童必讀的史話書選錄（二六九——二七五）所謂“秀才”的青年底特別試驗的文章選錄（二七二——二七七）所謂“講學”的文章底翻譯（二七七——二七九）翰林院或學士會底主旨和建議程式的文章底翻譯．（二七九——二八四）中國底文學（二八四——二八六）中國的“經”，即第一位經典的圖書（二八六——三一九）——“四書”，卽第二位古典的乃至經典的圖書（三一九——三六三）

——孝經（三六三——三六五）——“小學”（三六五——三八四）——歷朝聖訓、詔勅集和名臣奏議集並康熙帝御批、御撰書類，（三八五——六一二）——明代名儒唐荆川編纂的一種類書（唐順之荆川裨編）選錄（六一三——六六七）——列女傳（六七八——六九三）——細目（六九四——七二五）——勘誤表

附圖十葉

第三卷（pp. IV, 565）

第三卷目錄（I—IV）

中國人底宗教（一——二）——古代中國人底祭祀（二——一六）——道士底宗派（一六——一八——）佛底宗派（佛教）（一九——二九）——最近某種儒者底流派（二九——四二）世界底起源和現狀；中國近世一哲學者表發思的想對話（四二——六四）——中華帝國內耶穌教底成立和發展（六五——一二七）中國人底倫理（一二八——一八五）——格言集和其他（一八六——二六三）關於別種諸學問的中國人底知識（二六四——一八九）——中國人底詩歌、歷史和戲曲等的興味（二九〇——

三三八）——中國悲劇趙氏孤兒（三三九——三七八）中國人底醫學（三七九——五二五）——細目（五二六——五五六）——在第一卷至第三卷裏所有的漢語底說明（五五七——五六五）——許可狀和特許狀

附圖四集

第四卷（pp.ii,520）

韃靼地理上的觀察（作製地圖的傳敎師等底筆記選錄，）（一——三二）—— 大韃靼底史的觀察（敎士張誠筆記選錄）（三三——六〇）——分四十九旗的蒙古王族所占據的 地域 底 地理 要 論（六〇——六四）——關於滿洲語的討論（六五——七三）——敎士南懷仁韃靼東部扈從紀行（七四——八六——法國耶穌會的中國傳敎師張誠底韃靼紀行（八七——四二二）朝鮮國地理上的觀察。雷孝思敎士筆記選錄•（四二三——四三〇）——朝鮮史略（四三一——四五一）——排利克底西伯利亞旅行記節要（四五二——四五八）——西藏（包括大喇嘛所領和到騰格河源間的接壤領地•）底地圖上的史、地觀察，由雷孝思筆記選錄（四五九——四七二）

——測定緯度和經度底一部分的一覽表（四七三——四八八）——細目（四八九——五二〇）

附圖二十五葉

那中華帝國全誌，可貴重的緣故，在包括本文內容以外，插入地圖；這是將已行世的前述的康熙帝命傳敎師等製作的實測圖爲根據的地圖。但那不是把進呈康熙帝的總圖，隨意割裂複製；乃是傳敎師們新繪製版，送往巴黎的各省分圖等，（參看上述記事）所謂著名的"台恩維爾底中國圖"。這圖極有名，凡論中國圖的，沒有不說到這個；下面想略記那刋行的經過，版本以及著名的原因等。

在北京的耶穌會傳敎師，把上述的圖稿，送于巴黎哈爾特那里。哈氏把圖稿交給當時認爲製圖家裏有名王室的技師台恩維爾（B. d'An rille）作爲中華帝國全誌的附圖，託刻版印刷。台恩維爾根據那圖稿，使屬下和門生等，改描刻版；完成後，插入前述的巴黎刋一七三五年）的中華帝國全誌裏出版。這圖共計四十二葉，詳述如次：

（1）中國，韃靼，西藏全圖［西至裏海，東更包括朝鮮］（2）中國全圖（3）北直隸（4）江南（5）江西（6）福建（7）浙江（8）湖廣（9）河南（10）

山東（11）山西（12）陝西（13）四川（14）廣東（15）廣西（16）雲南（17）貴州（18）中國領地韃靼總圖，（19）至（30）詳細的部分圖（十二葉）（31）朝鮮（32）西藏總圖（33）至（41）詳細的部分圖（九葉）（43）排林格底航海［說明圖］

那台恩維爾改描的地圖原稿，並台氏別的諸圖稿以及服氏所購的，現藏巴黎國民圖書館，中國的部分，在'第五，台恩維爾。E，近代地理稿本，第二部，第三"的標記下保存着。可惜大部分已有汚損。

那四十二葉地圖，二年後，到了一七三七年，由荷蘭海格底書局西爾蘭哀爾作爲單行本出版，名中國新圖。便是所謂"Nouvel Atlas de la Chine, de la Tartarie chinoise, et du Thibet"者；因此，世上常有稱台恩維爾底地圖，以爲僅專指單行本的；向來這樣的見解，也不是沒有；那內容已插入哈爾特底書裏出版，有如上述；僅刋單行本的緣故，也早經提到，實因那年該書局發行的中華帝國全誌再版本，本文中完全不印地圖，所以單把這些作爲別本付印，祇這事有記憶的必要的。

台恩維爾底中國新圖，別的還有兩種：（一），有五十葉地圖，十四葉插圖的，也可稱放大特製本；（二）後記的格洛雪哀敎士著的中國誌底附錄本（但另刋一册）；（一），刋行年代不明，恐是離海格刋本不遠；可是比海格本圖幅更大；圖外側的空白也很廣，並且紙也格外用厚的上等質料；圖底數目，除上記的四十二葉地圖以外，增加了見于哈爾特書中的八葉各省重要都邑平面圖（也有幾幅描着鳥瞰圖的。）和十四葉讀史參考圖。但解說的文字，一頁也沒有，收在這裏的四十二葉地圖，不是仍使用哈爾特原版插圖或海格版單行本的銅版；乃是新仿刻原版的，倘把兩者仔細對照，可立刻辨出。（二）一七八五年，在巴黎的書局漠太爾出版，附于那年該書局發售的格洛雪哀敎士底中國誌（Description générale de la Chine）底初版對摺葉本裏，在標題中記明着。但所載地圖和插圖，併成六十五葉；比較（一）底總數六十四葉，增加了一葉；可是著者還未得一見這本的機會，果然加了怎樣的一張圖，似有不能决定的遺憾。

台恩維爾（d'Anville），名Jean Beptiste Bourgignon，巴黎人。一六九七年七月十一日生，一七八二年卒于巴黎他于中國關係底著作以外，還有關保路程底研究；在對于一般的地理學，歷史地理學的貢献看來，有世界地圖（Atlas générale[1737—1780]）西羅馬帝國滅亡後形成歐羅巴諸國家的研究(Traité des Etats formés en Europe après la chute de l'Empire d'Occident [1771])和古代地理考(Géographe ancienne[1782]) 等名著，現在還都很有價值的。

傳敎師等奉康熙帝命，實測淸版圖以後，中國全土實測的事，還不曾有。當然部分的，從十九世紀末，到本世紀開始，或由歐美考查隊，或由中國陸軍參謀部等，也有種種的實測圖；而全國的地圖，還是不曾有；所以在全體而論，現在仍爲中國全圖底底本，這實測圖（以及根據這個的台恩維爾底地圖，）依然要用着的；這在中國和歐西，都沒有改變。現今中國圖底流傳本，大多根據一八六三年（同治二年）胡林翼在武昌刋的皇朝中外一統輿圖，(“大淸一統輿圖”)那武昌圖，仍舊不過翻譯覆刋台恩維爾底中國新圖。傳敎師們底測地繪圖，以有康熙帝底後援；從現在看來，還很可寶重；又，把成績廣布瑕圖一點，台恩維爾和哈爾特底功績，也永久不能埋沒的。

（三）乾隆時代

以哈爾特底中華帝國全誌底出版，告一段落的第二期，乾隆帝即位，同時自然入于第三期。這期裏，以法國耶穌會教士為中心的傳教師底學術的活動，也還是很盛。宋君榮(A.Gaubil)錢德明（Jean Joseph Amiot [Amyot]）韓國英（P. M. cibot）等底中國研究的精粹，很有優於前代諸教士底貢献。而當這時期開始前，必得先述的，乃是在第二時期活動的馮秉正（Joseph Anne-Marie de Mailla).本來他底事蹟，當然應記入前一節的；竭半生努力的巨著，因附于台思維爾底中國新圖而刋行的，所以為便利起見，把圖的來由等說明後，才叙這一節。

與哈爾特底巨著同時提倡歐西漢學，為我們務須知道的一人，乃是編述中國通史十二卷的著名的法人耶穌會教士馮秉正。他底完全名字叫 Joseph Anne Marie de Moyriac de Mailla）正式作 de Moyria de Maillac）。一六六九年十二月十六日，生于伊裁爾底摩亞利亞城；從一七〇三年來中國，直到一七四八年六月二十八日卒于北京，主要的從事中國歷代興亡史底研究。他在北京時，偶然受康熙帝命，計劃譯朱子通鑑綱目為滿洲語，因此他參考滿洲譯的各種漢文，志在把原本譯成法文；後來翻譯明商輅等底續通鑑綱目，補宋末、元、明底史實；更把東西諸書和自已所見聞的，補記明末、清初的事蹟。一七三七年脫稿，把稿子送回本國。當時法蘭西底金石文藝院（Académie des Inscriptions et Belles-Lettres）幹事長略懂漢學的尼古拉·弗蘭蘭，計劃出版，打算自已督理刋行事務；但不幸逝世；于是馮秉正底原稿，完全爲世人所忘去。一七七三年，耶穌會奉命解散後，無意中在里昂大學院（Grand collège de Lyon）圖書館發見原稿；一七七五年八月三日，圖書館當局把這稿本交給森·爾伊·獨·爾維爾底修道士（後來阿爾脫划伯底司書）格洛雪哀（Abbé Grosier）氏，使任付印事務；格洛雪哀得法蘭西王侍講而任法蘭西學院亞剌伯語敎授的爾·台·窩太蘭（參看後段）底助力，便把那偉著刋出。這便是由一七七七年至一七八三年在巴黎出版的中國通史（Histoire générale de la Chine, ou Annales de cet Empire; traduites du Tong-Kien Kang-Mou）十二卷，在這書第十三卷裏，附錄了格洛雪哀氏自已編的中國誌（Description générale de la Chine, ou Tableau the l'Etat actuel de cet Empire [paris 1785]）全書共十三册。然格氏底中國誌，如前述，本來該連着四開本的中國圖纂（Atlas général de la Chine

[paris 1785.——覆刻台恩維爾底中國新圖和其他哈爾特底書底插圖六十五葉]）的；中國通史更加入了圖纂的幾十幅地圖，眞可稱爲完全的書；現在通史底標題裏，寫着有"附初刻前康熙鑑定古今中國新地圖插圖本"，（Ouvrage enrichi de Figures & de nouvelles Cartes Géographiques de la Chine ancienne et moderne, levées par ordre du feu Empereur Kang-hi & gravées par la première fois.）的字樣，並足證明○這書一出來，歐洲不懂漢文的人，當治中國史時，受到怎樣的助益，簡直無可比量○西洋漢學進展，一天盛似一天，現在保留當時的面目，雖幾乎很少，可是十年前出版的考爾狄底中國通史，敘述清以前的事情，差不多還是完全取材于這書，當可知價值的一端○今僅舉這書，要目於下：

本書原稿，分裝對摺頁判五册，今藏巴黎國民圖書館鈔本部○（Fonds Français Nos. 12210—12214）而格洛雪哀等把這書出版時，更附入增補第十一•十二兩卷，又删節别的部分；這須要記着的○

第一卷（一七七七年）從上古到第三王朝周穆王

第二卷（一七七七年）從第三王朝周穆王到第五王朝

漢孝景帝。

第三卷（一七七七年）從第五王朝漢武帝到（後）漢獻帝。

第四卷（一七七七年）從（後）漢獻帝到弟七王朝（東）晉恭帝

第五卷（一七七七年）從第八王朝（劉）宋高祖到第十二王朝（隋）恭帝

第六卷（一七七七年）從第十二王朝唐高祖到僖宗

第七卷（一七七八年）從第十三王朝唐昭宗到第十八王朝（後周）世宗

第八卷（一七七八年）從第十九王朝宋太祖到（南宋）寧宗

第九卷（一七七九年）從第十九王朝（南宋）寧宗到第二十王朝蒙古（元）順帝

第十卷（一七七九年）第二十一王朝明

第十一卷（一七八〇年）第二十二王朝清（從順治六年到乾隆四十五年（一七八〇）

第十二卷（一七八三年）年表，索引，地名表，台淑太蘭著：（1）交址支那史考（2）東京考（3）中俄交涉史考。總目錄。

第十三卷（一七八五年）中國誌：（1）中國本部十五省，韃靼，諸屬島，領屬諸國地誌（2）最近調查的中國人底政府，宗教，風習，美術，學藝的見聞。

這書從一七七七年到一七八三年，在意大利西哀拏刊行意大利譯三十六冊；這不詳譯者底名字；乃是獻于匈牙利和波希米（Bohemia）王，兼奧地利大公，脫斯加拏大侯的蘭窩撲爾脫的：書裏的中國人名，恐讀者耳目不慣熟，都改作歐羅巴式的（但全是荒唐無稽的）語形，乃是一種奇書。

其次，為宋君榮（Antoine Gaubil）。以前後到中國的歐人中最熟習漢語，漢文，精通中國文獻的人而論，可推宋氏為第一；後來法國漢學者吉尼（Joseph de Guignes）稱譽宋君榮說：‘來中國的耶穌會教士中以他為最敏慧，最博學。”又蘭米剎評他道：‘較巴多明，張誠見聞豐富，如馬若瑟，傅聖澤的有組織而不拘泥；又，比錢德明尤有深入，像韓國英而更精明；以銳眼和博識，完全從根本上研究問題的傑出的學僧。”宋氏過度熱心學習漢語，相傳有彷彿忘記法蘭西語模樣；這也是知他篤學的情況了。宋君榮，一六八九年七月十四日，生于法國南部窩脫•崙蓋特克底隔伊耶克地方；一七〇四年，入耶穌會；一七二二年六月二十八日來中國。此後在北京三十六年；一七五九年七月二十四日，卒于北京。他到中國的那年，康熙帝卒，雍正帝即位，恰當對于基督敎，一變從來方針的時候；除一二有特長和成績的召入內廷外，一般傳敎師很感危急，幾乎都有放逐于澳門的那樣情形。宋氏傾全力學漢語、滿洲語，有顯著的進步；巴多明死後，接任敎導滿洲青年拉丁語，使養成與俄國任交涉職務的人才，因此，得留于北京。那漢學著作裏，最傑出的，爲他死後十二年（一七七〇年）在巴黎出版的書經法譯本。（Chou King）如禹貢一章，乃後來許多學者所樂于引用的。（由吉尼刋行的事，在後無敘述。）他生前出版的，有蒙古史（詳稱：成吉思汗和蒙古全朝史；[Histoire de Gentchiscan et de toute la dynastie des Mongous, ses successeurs, conquérants de la Chine. paris 1738]），而大唐史綱（Abrégé de l'Histoire Chinoise de la Grande Dynastie Tang [paris 179-1814]）和附錄的中國紀年論，（Traité de la Chronologie chinoise [paris 1814]），可惜仍是到了死後才刋行的。蒙古史根據明邵袁平底元史類偏（續宏簡錄）而編述的；大唐史綱作爲後記的錢德明敎士底史國新纂底第十五卷·（第四編）十六卷（全卷）而刋行；附編的中國紀年論，另外印行。（世人每稱中國紀年論爲中國雜纂底十七卷，那不是正確的名稱。）這雖死後出版，也還是幸運的；終不付印，原稿埋沒着的宋君榮底著作，還有不少。那重要的，爲現存于巴黎洛業街的耶穌會學林森脫·留奴威哀夫文庫的三卷鈔本：（1）蒙古史關係論考（2）歷史地理論考（3）書簡三册。其中祇有二三篇由考爾狄，福排爾等在近年刋行；可是別的都還沒有出版。

後于宋君榮的耶穌會教士，有

一·德意志人魏繼晋：（Florian Bahr）一七〇六年八月十六日，生于西蘭吉亞底泊阿爾根排爾吼地方。一七三八年八月五日來中國，一七七一年六月七日，卒于北京。著有（Augsburg 1758）也可稱爲中國近事的書；書裏訂正廖斯哈伊姆底蒙古耶蘇教史底錯誤。

一·法蘭西人吳多祿（piere Foureau）：一七〇〇年十一月十三日生于里曼（Le Mans），一七七三年來中國；一七四九年十一月十日（或云十六日）卒于巴黎。著有中國小辭典（未刋）。

一·法人孫璋（Alexandre de la Charme）：一六九

六年七月十九日，生于里昂；一七二八年八月三十日到中國，一七六九年七月二十七是（或云二十八日）卒于北京。有明嘉靖朝編的甲子會紀底法譯（未刊；稿本今藏于明慶（Munchen）底王家文庫）聽說還譯有詩經。又，在北京底北堂裏，相傳存有漢蒙法對譯辭典底艸稿。（原名 Dictionarium Sinico-Mongolico-Gallicum 六卷，詳細請看 Cordier, Bibliotheca Sinica' III2, 1626）

一·法人湯執中（pierre d'Incarville）：生于一七〇六年八月二十一日，（或云二十日，又云十月二十日）一七四一年來中國；一七五七年五月十二日（或云十六日，又云六月十二日。）卒于北京。正確的名字，許是叫西龍；生地恐在爾弗哀。著有漢法辭典［Dic. tionnaire François-Chinois.（未刊；今藏巴黎國民圖書館。一七五二年脫稿。］）

一·法人汪達洪（Jean Matthieu de Ventavon）；一七三三年九月十四日，生于吉泊；一七八七年五月二十七日，卒于北京。用拉丁文譯有中庸。（請看 Bibl. Sin. II2, 1402）

各在北京作中國研究；等到錢德明出，非常努力，差不多有用全力專攻模樣。

錢德明（一稱王若瑟）：法蘭西人。一七一八年二月十八日，（或云八日，又云一月五日。）生于都龍（Toulon）；一七四九年十一月十七日，向中國出發，次年七月二十七日到澳門；一七九三年十月九日黎明卒于北京。錢氏于一七五一年八月二十二日，奉乾隆帝命入北京，此後很受優遇，終身不曾離開帝城。他熟習漢語和滿洲語，以博學並偉大的精力，陸續發表關于中國古今史實的宏著；于向來的中國研究，注入了不少新的意義，展開更深廣的局面。較宋君榮諸人，在質上，可說不弱于他們；在量以及多方面的一點，遠在他們之上；于西人中國研究史上，留下了不能忘記的功績。于漢學有貢献的上述諸教士，在專書裏編述他們底傳記的，很是少見；到了錢德明氏，近年法國洛希蒙台克斯（C. de Rochemonteix），輯著錢氏和他同輩底小傳爲一書，這當足徵他傑出的功績吧。（洛希蒙台克斯著：錢德明與派往北京之法國傳教師中最後尙存者傳記［C. de Rochemonteix, Joseph Amiot et les derniers survivants de la Mission française à pékin-paris 1915］）錢氏所著的重要東西，有（1）法譯乾隆御製盛京賦 Eloge de la ville de Moukden〔paris 1770〕）（2）

中國兵法考（Art militaire des Chinois〔paris 1772〕）（3）中國音樂古今記（De la Musique des Chinois, tant anciens que moderns 〔paris 1780〕）孔子傳（Vie de kouug tseé〔paris 1786〕)（4）滿法辭典（Dictionnaire tartare mandchou-français 〔paris 1789-99〕）（6）滿洲語文典（Grammaire tartare-mandchou〔paris 1787〕）等○（2）的初版忽然完了；現收在前述的巴黎耶穌會敎士等監修的中國雜纂第七卷裏；那附錄載入第八卷，再版行世○（3）的音樂史，收在中國雜纂第六卷裏，占了一大半篇幅○（4）孔子傳，在第十二卷裏，差不多占了全部；記載從孔子祖先到乾隆時代的子孫底系譜的一點，大爲歐人所驚異○（5）滿法辭典，插入滿文活字印刷的困難，在歐洲印刷界，爲少有的麻煩工作；幸而得中國研究很有興味的法國敎育總長排爾頓（一七一九年生，一七九二年死•）底獎勵，並東洋學者拉恩格蘭斯底助力，才得良好刋行○（6）的滿洲語文典，收在中國雜纂第十二卷裡出版○

錢德明底研究，當然不盡于此○那短篇論文之類，還有不少散見于前記的中國雜纂裏；現在當把前面屢次敘到的中國雜纂說一下：這書正式名"留住北京的傳敎師著：紀中國人底歷史，學術，藝術，風俗，習慣及其他○"

(Mémoires concernant l' Histoire, les Sciences, les Arts, les Mœurs, les usages, &c. des Chinois: par les Missionaires de pékin.)略稱中國論纂，或中國雜纂（Mémoires concernant……des Chinois)，四開本十六册的大論叢；這把留住北京的耶穌會諸教士送去的各種漢學論著，在巴黎出版；從一七七六年出第一卷，到了一八一四年第十六卷付印爲止，費時約四十年。那編訂出版的主持者，重要的，乃當時著名的耶穌會學僧勃蘭梯（Gabriel Bretier）和歷史家而負盛名的勃蘭扣尼（Oudart Feudrix de Brequigny）；最後，卓絕當代的東洋學者雪爾凡斯脫（Sylvestre de Sacy）也照料這工作。（勃爾梯一七二三年生于頓乃，一七八九年卒。爲路易大王學院〔Collège Louis-Grand）底圖書館館長。勃蘭扣尼一七一六年，生于格崙威爾，卒于一七九五年。關于穆罕默德勃興史和其他阿剌伯史的著作很多；又，爲了採集英法國底史料，訪大英博物館，倫敦塔等處，帶了許多史料副本而回。）中國雜纂十六卷和哈爾特底中華帝國全誌，也並稱爲十八世紀漢學的一大紀念品的。因特介紹內容于下：

第一卷（一七七六年）(pp. XVI, 486)

潘廷章（G. panzi）繪乾隆肖像並圖幅九葉。

緒論——論古時的中國人——論漢字書（某傳敎師（錢德明）著）——注——一七五七年，當乾隆治世，相傳滿洲人征服哀利脫底事；皇帝御撰韻文紀念碑底解說。——突厥族移住中國領內的紀念碑——錢德明敎士書信選錄——細耶排敎士論文書後——“大學”便是大的學問——“中庸”便是中正論——目次

第二卷（一七七七年）（pp. VIII, 650）

緒言——據紀念碑立論的古時的中國人——題爲埃及和中國人研究的 p〔pauw〕氏底論文——稱爲 Hiang-Tchun 的中國底——綿——竹——司馬光底庭園（詩）

第三卷（一七七八年）（pp- IV, 504）

緒論——中國名人列傳——關于一七七五年征服苗族事件的錢德明敎士底書信——中國底室——中國的某種植物，灌木及其他——關于皇帝耕作的儀式（藉田）

第四卷（一七七九年）（pp. IV510）

緒論——中國人的孝道底舊說和新說——在中國的銀底重要考——痘瘡——名爲洗冤（錄）的漢籍——道士底工夫——康熙帝對于物理學和博物學的觀察——兩三種化合物和中國人間通行的藥方——麝香——蘑菰蕈（Mo-kou-sin）及 Lin-tchi——白犀

第五卷（一七八〇年）(pp. ii, 518)

緒論——關于中國和初期的歐洲底概念——中國名人列傳續編——雜考

第六卷（一七八〇年）(pp. ii, 380)

緒編——古今中國人底音樂（錢德明著）中國發聲音的石——對于 p. 氏〔pauw〕著埃及人和中國人的哲學研究的考察——皇太后底死和大葬——中國人口調查

第七卷（一七八二年）(pp. Xii, X, 396)

緒論——批評一束——編者底話——各章目次——中國底兵法——細目〔這一卷載有錢德明著的中國底兵法〕

第八卷（一七八二年）(pp. Viii, 376)

緒論——概目——中國名人列傳再續——漢字論——中國語言文字論——注——輸入中國的貨物——中國底陶器——工部——皇帝給與歐人的榮譽——一傳教師書信選錄——一位傳教師致書 G 教士報告從廣東到北京的旅行——中國人底別墅庭園考——中國底兵法補遺——圖幅底說明

第九卷（一七八三年）(pp. XX IV, 470)

緒論——洛利斯頓考察名爲“松乃拉氏底東印度和中國紀行。’——收于本卷的書信和其他的概目——錢德明敎士的諸種書信選錄——聖祖仁皇帝聖前——中國語言，文字論續編——注——選錄勃爾笛划敎士書信中所述南京城市底廣大和關于中國人口情形。——錢德明書信選錄（一）阿桂底功業（二）皇帝給達賴喇嘛底勅書——一七四二年兗州府城及其附近的洪水底述敘。

第十卷（一七八四年）(pp. Xii, 510)

緒編——本卷目次——中國名人列傳三續——錢德明敎士書信選錄——從中國諸書選譯的思想格言，俗諺（韓國英敎士編）——第一卷至第一卷內容總目

第十一卷（一七八六年）(pp. XX IV, 160)

緒論——濮加笛夫人詠中國事物的詩——本卷目次——氣象學年代記——中國的毛皮獸——藍底製造——肉底用法考——在法蘭西蒐集關于有用的中國底植物、花、樹木的考察——關于天文學、植物學、化學等的事物考——天文學上的觀測——桃——五倍子、 Chou-keou （註）和芝艸——故考拉敎士書信選錄（關于特•拉•隔蘭男爵底礦物元素）——辰砂、

自然銀、靈砂（Lingcha）——選載故考拉教士書信中稱爲鹹的中國底一種鹹類的叙述•（一）中國底黑石灰（二）名爲琉璃而似玻璃的一種物質（三）能燃燒的土塊底一種——選載故考拉教士書信中關于黃礬（硫酸）瑙砂（阿摩尼亞鹽）和黃白嫏的叙述——選錄故考拉教士書信中關于石炭的叙述——故韓國英教士關于硼砂的記事——故考拉教士記述關于中國的白銅、鉛丹、燧艾、——故考拉教士記關述于不用金的金色的紙、——竹的記事（考拉稿）——韓國英教士記述關于中國的帽子底羽飾——韓國英考中國的工藝：（1）鐵製品（2）在玻璃上描繪的技術（3）在石上描繪的技術——考拉教士考銀兩兌換法蘭西貨幣的價值——馬底考察（韓國英教士）——芍藥考（韓國英教士）——棗莢考（韓國英教士）——錢德明書信選錄（兩封）——勃爾笛尤划教士書信選錄——錢德明教士書信選錄•

註，Chou-keou 疑是本草綱目上的"蜀椒"○——譯者，

第十二卷（一七八六年）（pp. V iii, 532）

緒論——本卷目錄——孔子傳——孔子年譜——孔子異傳解說——孔家系譜及說明——錢德明教士書信選

錄——羅敎士書信選錄。

第十三卷（一七八八年）（pp. X V i, 543）
緒論——勃爾笛尤划敎士書信選錄——本卷目錄——孔門名賢小傳——滿洲語文典——中華帝國年代記略——論古代，尤其中國人的長壽——蜜蜂和蜜蠟小記——玉石考二篇——琉璃考——燕、牡鹿、螺的略考——錢德明敎士書信選錄（四封）、特、格拉蒙敎士書信選錄（一封）（從廣東發）——譯漢詩數首——錢德明敎士書信選錄——勃爾笛尤划敎士書信選錄。

第十四卷（一七八九年）（pp. XVI, 562）
緒論——關于中國人的知識入門——請願書和債務証書——中國人底風俗習慣和見于"哀斯台爾書"的風俗習慣的類似。——選錄錢德明敎士底三封書信。

第十五卷（一七九一年）（pp. XX 516）
緒論——錢德明敎士書信選錄——本卷目錄——中國人底風俗習慣……的類似（前卷所載）續——錢德明敎士、羅敎士等底書信選錄——大唐史綱（卷首有錢德明敎士肖像）。

第十六卷（一八一四年）（pp. VI, 369）
緒論 沙西述）大唐史綱續

附記：——關于散見以上各卷中的一二位傳教師，想略述一下：（一）作第一卷卷頭畫的潘廷章（Giuseppe panzi）意大利人，一七三四年，生于克蘭摩拏。來中國，專以繪事仕于乾隆朝的耶穌會會友。中國名字爲潘廷章，（從來稱潘若瑟，許是錯誤的。）和意大利人郎世寧（Giuseppe Castiglione），法蘭西人王致誠（Jean Denis Attiret〔從來相傳稱巴德尼〕）撻吼（撻哀時）人，艾啟蒙（Ignatius Sichelbarth〔或稱艾納爵〕，法蘭西人蔣友仁（Michel Benoît）諸教士，爲共同介紹泰西藝術的一人，是值得記憶的。（二）韓國英（pierre Marchal Cibot）法國里摩日（Limoges）人，一七二七年八月十四日生，一七八〇年八月八日，卒于北京。爲耶穌會教士。（相傳名笛楊，馬爾西耶爾是錯誤的；卒年作一七八四年，或作一七八九年，都不足信。）（三）考拉（Jean paul Louis collas）法國梯翁威爾人，一七三五年九月十三日生，一七八一年一月二十二日，卒于北京。（關于生卒年月的異說，也是錯誤的）並爲耶穌會教士。

哈爾特底中華帝國全誌和前記的中國雜纂，為十八世紀學漢雙傑，有如前述；倘更加一書，使成三足鼎力，誰也得舉耶穌會教士書簡集（Lettres édifiantes）吧。這書不能說完全關于中國的書信，又，雖是中國的部分，不能作為漢學底材料和成績；可是為中國研究者不可少的知識淵泉；為學者的良侶，而膾炙人口；所以現在把這書略述一下，也許不是無用的。這書簡集正式稱：耶穌會教士在海外傳教中所寫的啓示和觀察的書信（Lettres édifiantes et curieuses écrites des missions Etrangères par quelques Misionnaires de la Compagnie de Jésus.）初由爾・考別安教士獨力編纂在中國和印度方面活躍的同志底書信之類的報告，打算逐次刋行；一七〇二年，在巴黎出了第一卷；次年，出版第二卷。（但第一卷用上面的名稱刋行以前，同年已出版的，用前舉的別名，為非常少見的書。）到了一七〇三年，第二卷出來，巴黎底書局爾・克蘭爾克再版第一，第二兩卷；第三卷以下，更由考氏自己主持繼續刋行事務；此後，改易出版者，一七七六年，出了第三十四卷，暫停發刋。其間，爾・考別安教士死後，哈爾特教士曾任從第九卷到二十六卷（由一七一一年到一七四三年）的編纂。正刋行的爾・克蘭爾克書局，更再版以前的十二卷，（由一七〇七年到一七四一年）以應社會需要；此後到了一七八〇年，那書簡集又增補改編，重新出版。這時，第一卷至第五卷裏，蒐集近東（蘭樊脫地方）的通信；第六卷至第九卷裏，載有美洲的通信；第十卷至第十五卷，紀錄從印度來的書信；第十六卷到第二十六卷裏，（由一七八一年到一七八三年）收有中國來的通信；乃以地方別分類而發行的。這書當時惹起各方注意，以他國文學，全譯或部分譯付印的，不止幾處；更刊行選載新版等，也不僅一二。詳述這些，很可成一小冊子，那到底不是這篇幅所能容的；幸而考爾狄底 Bibliotheca Sinica 11², 926 以下，有精細的敘述，所以不詳說了。

在中國以耶穌會教士為中心的歐人的中國研究，從十八世紀末，有如上述的進展。其間，那些旅外研究者底報告和根據蒐集的材料的歐洲本地學者間，也有漢學萌芽模樣，並略如前述；今繼此，當觀察十八世紀後，在歐洲本地的那些中國研究。

由此，該先說到的，許是法國底弗爾蒙（Etienne Fourmont）吧。弗氏一六八三年，生于森特尼附近的哀爾勃蘭；一七四五年十一月十八日卒于巴黎。從年代上說，他和前記的德國底排伊哀爾等同時，而遺著在漢學史上，得劃一新時期；又他底學生中，有傑出的漢學者，使學統永垂于後的一點，以其說他和排伊哀爾同爲前時代的最後人物，毋寧說是新時代的前導。至于他底眞實才學，或者不能超過排伊哀爾，似乎爲歐西學者間底定評。

弗爾蒙幼時，父母早逝。離巴黎，入馬刹林學院（Collège Mazarin）業成，爲安頓公底家庭敎師；他底行爲，乃士人所不樂道，後世認爲公底佞臣，是無可奈何的事。當時偶然與海外傳道敎會（Missions Etrangères）所屬的一個司敎阿爾梯敎士（一六五五年生，一七一三年卒。）並留學于巴黎同敎會神學校的中國福建興化人黃某（西名；阿爾加笛烏斯•虎混，一六七九年生，一七一六年卒于巴黎。）在一起，法蘭西王路易十四世，聽說弗爾蒙有語學才能，命弗氏從他們學中國語，使撰述中國語入門的書，打算振興中國語學。弗氏奉命學習中國語。隔崙死後，一七一五年以來，繼任法蘭西學院阿剌伯語講座，仍不廢學習，很有進步。黃某死了，他保管遺稿之類，因此恐是參考這些的；他刻苦編纂中國語辭典和文典，到了一七一九年，刋行辭典部首二百十四字，後爲了出版著作的需要，打算刻十萬多漢文活字。這事業，于路易十四世死後，（一七一五）在十五世的攝政窩爾蘭安公扶植下實行的，可是那時遇到一部分當局的反對，成爲當前的一大困難；他們以中國語不易學習，于學術界不大有益的理由，認爲這事業是徒勞的。他便于一七二八年，脫稿中國文典（Grammatica Sinica），得安頓公和修道士別尼雄底勸導，援助，到了一七三七年，才出版一部分，名中國考（Meditationes Sinicae）；次年，從中國回來的耶穌會教士吉格，受安頓公命，校閱這書和未刋部分，相傳還是敬服著者底學識的。這書共四部分，對摺頁刋，本文一五二頁，序文和其他不過三十頁。中國文典的全部稿本，到了一七四二年，在巴黎付印，與前書同在留刪夫·別洛印刷所刋行的。這書完全的名稱爲；拉丁文中國字雙解中國官話象形文文法（Linguae Sinarum Mandarinicae hieroglyphicae Grammatica duplex. Latinè, & cum Characteribus Sinensium.）對摺頁式，本文五百十六頁，序文和其他共計四十四頁的大本書。

弗爾蒙底中國文典，這樣總算是著者苦心的作品；又，後述的漢學者如蘭米剎，把這書作爲有力的指導書籍之一；這在漢學史上，雖有可記憶的成績，但大半襲譯別人所成的東西，爲無可否認的事實；這太超過了引證，參致的限度，認爲剽竊，也難于辨解；已成學者間的定評，很爲弗爾蒙可惜的。他著作底來源，乃是西班牙傳教師萬濟谷（Francisco Varo）底漢語官話文法（Arte de la Lengva mandarina）。後來蘭米剎說弗爾蒙底書：祇不過這書的拉丁語譯。（萬濟谷爲多米尼克派傳教師，一六五四年來中國；一七〇三年，在廣東印這册文法。這書以中國最初出版的歐文的中國文典而著名；又流傳極少，爲僅見的書，而早有名于書目學者之間。詳細請看考爾狄底 Bill. Sinica, III², 等）。而且于弗爾蒙底非難，不僅這個；像那時旅華耶穌會傳教士中，最熟習中國語的一人，前述的馬若瑟，好意把中國語劄記（Natitia Linguae Sinicae）原稿，寄給弗氏，本來他應有幹旋刊行等任務，可是百方非駁這書，阻止付印；竟把這書從學術界埋沒了約有百年，使世人不得見到的機會，可說是無理的行爲吧。他接到馬若瑟教士送呈所著稿本的報告，急忙把自著脫稿，提出己書于王家文庫，以優先權作根據；等到書來了，强辯己作優于這書，在序文裏明記着，愈見罪惡。後世舉法國東洋學者底缺點的，動輒指摘弗爾蒙底舊事。於光榮的法蘭西學術界，留一汚點；高潔的學者，甚而至于這樣的煩累別人，很是遺憾的。如前記，馬若瑟底書，爲了弗氏底陰謀，直到後來蘭米利發見這書以前，尙爲世人所忘却；後來，一八三一年，得英國貴族金格斯巴拉和新敎傳敎師摩利松底後援，由馬拉加底英華書院刋行，至于幾乎沒有人知道。馬若瑟敎士不及看到弗爾蒙底完帙的刋行，而逝世了；馬若瑟對于弗氏厭惡的感情，在一七三三年十月十五日，從澳門發的致弗氏信裏，可以看出。

弗爾蒙死後，爲法蘭西底中國研究的代表的，乃是他們下的台索太蘭（Deshauterayes）和吉尼（Guignes）兩人。台索太蘭是弗爾蒙底姪兒，一七二四年生；一七九五年二月九日，卒于巴黎。一七三四年以來，隨弗爾蒙學希伯來語，叙利亞語，阿剌伯語，中國語等；弗爾蒙死後，任王家文庫翻譯官。一七五一年，法蘭西學院阿剌伯語敎授克洛亦（petit de la Croix）逝世，次年三月十一日，繼講任席；在職三十二年，一七八四年，辭職。他對于漢學的貢獻，該舉刋行服爾德底翻案悲劇趙氏孤兒底附錄，那便是致台夫洛脫論“趙氏孤兒”本事書。（Lettre à M. Desflottes sur l'histoire véritable de l'Orphelin chinois de la Maison de Chao.）又倘據一七六七年改訂版初學百科事彙，（Encyclopédie élémentaire）其中也有中國文法的著作，並得見研究滿洲語底情形。還有在漢學上不能忘記底功績的，乃是關于馮秉正中國通史的出版；他和格洛雪哀教士合作，不僅自己忠實地主持，並且幾次集稿，把這書完全刋行。(但關于這事，他以外，狠得考爾松底援助；第二、四、六、八、十、十一的六卷，乃考氏担任校訂的。［考氏一七三三年生，一八一一年五月十八日卒］)還有關于中國人底起原，與吉尼的辯論，在後段敘述。

倘以吉尼比台索太蘭，在漢學者而論，才學也更高，著作價值也更優勝。吉尼(Joseph de Guignes)一七二一年，生于彭脫瓦時；一八〇〇年三月十九日，卒于巴黎。一七三六年，始從弗爾蒙學；于東洋諸國語，尤其中國語，有顯著的進步；一七四二年，弗爾蒙底中國文典出版，以書獻于國王時，他也陪着老師進宮；此後，受王室優遇，賜以年俸。弗拉蒙死後，和同學台索太蘭，同爲王家文庫翻譯官；一七四八年，在巴黎刋行匈奴突厥起原論，(Mémoire historique sur l'origine des Huns et des Turcs)一躍而爲歐洲學術界所認識；一七五二年，爲倫敦底學士會院(王家學會〔Royal Society〕)底會員，次年，選任爲法國金石文藝院會員，又參與學藝雜誌(Journal des Savants)的編輯。此後，更加究究，一七五六年，出版一時的巨著北狄通史(Histoire générale des Huns, des Turcs, des Mongols et des autres Tartares occidentaux, avant et depuis J.-C jusqu'à présent)的前三冊，五八年，刋行下二冊，以貢献于學術界。這書將中國史籍所傳，比較泰西諸書所記，以究其異同；通觀西北兩方塞外民族史，不愧譽爲十八世紀法國漢學的第一人。德國底台乃脫（Dähnert〔一七一九年生，一七五五卒〕），立刻把這書譯爲德文，是有意義的。這書出版時。一七五七年，法蘭西學院敍利亞語教授笛由逝世，由吉尼繼任；一七七三年，因學士院和巴黎大學合力反對而去職！此後，以金石文藝院年俸和别的爲生活費；一七八九年，法蘭西大革命勃發，從王室發給的年俸，也沒有了，他便陷于極窮困的境地；而助編學藝雜誌，並管理爾維爾博物館考古部，彷彿僅足以糊口。晚年景況是極悲慘的。

至于遺著除前記的巨作外，短篇論文很多。論中國和羅馬底貿易關係；說到排克脫利亞底古史；比較别太格拉斯底哲學和中國古代思想；論佛教傳入于中國·日本，西藏的年代等，有幾篇己經出版；未刋的遺稿，還有關于中國和俄羅斯底貿易；包括翻譯春秋，有關中國史的東西尼便作了一篇答台孛太蘭底疑問（Réponse aux Doutes

等。更爲別人盡力于著作底校訂刋行；在間接貢献于漢學界看來，前述的耶穌會教士等底論著集中國雜纂底出版，也有一點力量，可說是協助勃蘭扣尼等底勞作。

當述吉尼功績，有不可忘去的一事，那是他論中國人底起源，認爲乃埃及人底殖民的問題。一時歐西學術界，引起異常的興奮；成相互辯難狀態。初，排爾太爾米教士（Abbé Barthelémy）在金石文藝院發表關于腓尼基文字的一篇論文，吉尼讀了，認爲類似中國上古的科斗文字，以爲該信從阿維崙西底司教尤哀（p. Huet）教士所主張的漢民族埃及起原說；以爲中國上古的帝王，實是埃及古代的國王。一七五八年十一月十四日，在金石文藝院演講這問題，次年，刋行那綱要，名中國人乃埃及底殖民說（Mémoire dans lequel on prouve que les Chinois sont une colonie égyptienne），這說一出來，學術界大爲驚異。排爾太爾米教士表示贊意：匈牙利學者西脫（Cetts）譯這篇爲拉丁語，以作介紹。然一方面反對論者，也因而出現。如派烏（pauw）底主張，徒說空話，非有力的辯論；可是別的像吉尼底同學台孛太蘭底論文，吉尼氏之說質疑（Doute sur la Dissertation de M. De Guigne……[巴黎一七五九年刋]），很痛快地攻破吉尼底論旨；吉

proposés pat M. Deshautesrayes……）來反駁他○後來倫敦醫師尼特姆（Jeam Turberville Needham〔一七一三生，一七八一卒•〕）以為意大利脫利拏的王家御物伊西斯像上刻的埃及文字，酷似漢字；一七六一年，在羅馬公布那比較論，也和吉尼說不合；吉尼在十二月份學藝雜誌上，載有異議；由此歐洲學術界，關于這問題，一時分贊否兩說，紛然聚訟○于是倫敦學士會院，把尼特姆底論文，送往中國耶穌會教士那里，請求批評；這由錢德明任主要的起艸回答職務，斷定伊西斯神像底文字，毫沒有類似漢字的地方，並且學術地論述漢語和漢字底性質，因此尼特姆也便撤回自已底主張○錢德明底論文，便是收在中國雜纂第一卷裏的論漢字書（Lettre sur les caractères chinois）○當時還和在華的馬若瑟教士，常有書信來往；例如有中國知識的法國醫士曼嵛（Mairan）〔一六七八生，一七七一卒○〕）也為與吉尼同樣主張中國學藝出于古埃及說的一人；這些由今日看來，不成問題，當然是不足取的臆說：而在那時代，于學術界為眞實的辯論，現在仍不能不認為一種興味○

吉尼底一個兒子，名若瑟 Christian Louis Joseph de Guignes），世稱小吉尼○（一七五九生，一八四五卒○）

從父學中國語。在廣東任領事十七年，回國後，奉拿破崙一世命，編纂漢，法，拉丁對譯字典，于一八一三年出版；可是這書實以向不曾刋出的意大利人巴西里烏（Basilio de Gemona〔Basile de Glemona〕）著的漢字西譯（Dictionarium Sinico-Latinum）爲底本，祇把拉丁譯語，譯爲法文，不過並存漢，法，拉丁三者，沒有增加怎樣新意的地方，認爲剿竊，後來大受學術界非難。幾年後，（一八一九）德國底克拉泊洛脫，奉普魯士王烏伊爾海爾姆三世命，編這本字典的補遺時，作爲序文之一的法國漢學者蘭米剎的一封信裏，指摘小吉尼所編的字典，不過巴西里烏舊着的譯本；攻擊得體無完膚。並且從現在看來，于小吉尼沒有一句話可以辨解，自然是很遺憾的。然這本字典，（中，法，拉丁字典〔Dictionnaire chinois, français et latin〕）內容是不足取的；而龐大的體裁，適當于拿破崙一世底欽定本，足以表現拿氏事業規模的一端；在這點上，當然是一種有興味的紀念品，（巴西里烏，意大利基蒙乃〔Gemona〕人，方濟各派教士；十七世紀後半，康熙時代傳教的人；所編的字典，大約有幾個複本，現在東西方的大圖書館裏，很有藏着這書的。他底名字，普通稱 de Glemona 是完全誤傳的；正確的當作

de Gemona.［小吉尼還有北京紀行——Voyage- à pékin, Manille, et l'île de France——3vols. et Atlas——等著作，成于回國後任外交部官職時。］）是說與小吉尼差不多時代，爲了漢學底發達，（寧可說爲乃了般東洋學底進步，較適當些。）在這里不能忘記的，

拉恩格蘭斯（Louis Mathieu Langles）底事蹟。在東洋學者而論，拉恩格蘭斯底學問是很淺薄的；對于漢學，說是沒有怎樣的造詣，也不妨碍。假使不以研究的成績，而說到致力于東洋學底發展，那是不能看過的。他名叫Louis Mathieu, 法國松姆人，生于一七六三年八月二十三日；一八二四年一月二十八日，卒于巴黎。他給與東洋學術界最大的貢献：先在巴黎倡議設立東洋現代語學校（Ecole spéciale des langues orientales vivantes）務期得達目的。一七九〇年，他曾以這事，建議于國民議會；（Assemblée nationale）爲了通商底發展，學藝底進步，力主有學習東洋語底必要；至于學習機關，高唱成立外國學校，可是時機未熟，彷彿沒有議員聽從這問題。而他並不屈服，向國民集會（Convention nationale）裏有交情的議員繼續運動的結果，便于一七九五年三月三十日，由國民集會議決，在國民圖書館（Bibliothèque nationale）（即附

屬于王政時代的王家文庫〔Bibliothèque royale〕）設立東洋現代語學校；次年六月二日，這學校舉行開校式，拉恩格蘭斯爲三教授中的一人，而兼校長，自已担任波斯，滿洲，馬來諸語言底講座。他當法蘭西大革命人心擾動的時候，銳意盡力創設學校的功績，是永遠不能埋沒的。該校出身的東洋學者，受俄帝亞歷山大一世邀聘，入俄羅斯，在那邊開創法國東洋學底支派，像一處殖民地模樣，並爲有名的事實；學校成立到現在，一天盛似一天，這基礎實爲拉氏所造成的。

如前述，可惜拉氏學問太差，關於東洋語學校創立的動機裏，不少有利已的成分；由於自己學識淺薄，覺得終沒有陞爲法蘭西學院教授的希望，含有圖謀自己地位的運動，這是大家知道的；至于學問貧弱，受到許多眞摯飽學者底攻擊，並足明證。例如一七八七年，在巴黎出版的帖木兒制度篇（Instituts Politiques et militaires de Tameran），雖說從蒙古語原文譯爲波斯語的本子重譯的，可是實在參照英人台伊威底英譯本，大爲蘭米剎所指摘；又像滿洲字母論（Alhpabet taɪtare-mandchou〔Paris 1787 初版〕，這是以路易十六世優遇的教育總長排爾丁（Bertin Fleurian de Langle）命他保管的錢德明教士底稿本滿法辭典作底稿的；又，不經許可，引用台索太蘭底研究，先于錢德明底著作而刋行；他底創見，差不多難于承認，已爲克拉泊洛脫(H. J. Klaproth）說破了○克拉泊洛脫(詳後)來巴黎的前後，相繼刋行秋季大審判第一號（Grande Exécution d'Automne, No. 1 [Lintz 1814]）和第二號（——No. 2. Paris 1815）無所顧忌，犀利地批評拉恩格蘭斯底著作，極言拉氏連一句滿洲話都不懂；評滿洲字母論爲冒昧杜撰的書；他主持出版的錢德明教士底辭典，也不有少的謬誤，大斥他底監修爲有名無實○如夫爾利安侯公然說，他在一八○七年用挖苦標題所著的現存著作家追悼錄(Nécrologie des auteurs vivants）一書，不過自高聲價，徒有虛名而已○

拉恩格蘭斯底傳記，可以看出他成績底眞價，這里不能詳述；可是那些著作，多少與中國有關，附記一些在這里，也還沒有妨碍的吧○前記的滿洲字母論版，乃用滿洲文印刷活字的最早的書；一八○七年，出第三版，書裏增入中國現在的統治者滿洲人底起源，沿革和文藝（Notice sur l'origine, l'histoire et les travaux littéraires des Mantchoux actuellement maîtres de la Chine）的一篇短文○其他關于滿洲語底著作，有王家文庫所藏滿文典籍考

(Notice des livres tartars-mandchoux de la Bibliothèque royale）和乾隆欽定滿洲典禮考（Rituel des Tartars-Mantchoux rédigé par l'Order de l'Empereur Kien-long [Paris 1804]）在關于蒙古史而論，有由波斯史家米爾彭特（一四三三生，一四九八卒。）底著作裏譯出的成吉思汗法典斷片（Fragments du Code de Djenghiz-Khan）等。這些都載在王家文庫（後改稱帝室文庫，國民圖書館，乃隨國體而變易。）底紀要裏。

以上概觀尋道而來的歐西底中國研究，順次進步；尤其以耶穌會教士作中心的在國中本地的研究底進展，以及建于這基礎上的歐洲本國的學者探究的勃興，此後隨時表現光榮的成績。在這潮流裡，各以天賦的才能，爲歐洲漢學吐氣。使這學科竟至成爲一種獨立的學問的，乃是法蘭西底蘭米剎和德意志底克拉泊洛脫二傑。這兩人，于必要時，在上面說到，也不止一次；以下更概述他們底新的小傳和成績，以作本書底結束。

蘭米剎（Jean-Pierre Abel-Rémusat），乃是一位醫侍底兒子；一七八八年九月五日，生於巴黎。幼時從梯依蘭利王宮底台上，掉下來跌在路上，危險得幾乎死去；幸而療養幾年，得以無事；爲了這次奇禍，不幸竟瞎了一眼。

他本來不很健康，可是智慧顯著的發達；十一歲著神話小辭典；十四歲作英國王室系譜和年表，而使人驚異；十七歲時，父親去世，欲投身醫界以養母，入四國宮（Palais des quatre-Nations）底中央學院（Ecole Centrale）習醫學。當時在法蘭西大革命漩渦中，關閉了許多著名學校；這是不適宜于勤學的時候，進這樣的學校，更覺不是上策。蘭米剎從小便有植物學的興味，無意中在修道院森林庵（Abbaye-aux-Boix）修道士特•台爾森蒐集的古董裏，發見了本草綱目，認為浩瀚的中國植物學書，起了怎樣可以讀通這書的意念。特•台爾森壯他底志向，允借閱漢籍；當代第一流的東洋學者學士院會員西爾威斯脫爾，也借與從柏林和聖彼得堡所得來的圖書，鼓勵他完成這願望。由此蘭米剎把弗爾蒙底文典和旅華傳教師底著述，刻苦力學，獨修中國語五年，方有成就；一八一一年，刊行中國語言文學論（Essai sur la Langue et la Littérature Chinoise）。這書為僅二十三歲的青年學子所著，比之弗爾蒙和排伊哀爾底中國文典等，更為優良合用，蘭米剎在漢學者而論，大家認為很有學問和能力；因此，他底名譽，一躍而盛傳于歐西底東洋學界；各國學者，爭相締交；又，格爾拏勃爾和勃森松底學士院，各推他為會員。格爾筝勃爾學士院的舉出，因蘭米剎解釋了藏于該市博物館的玉器銘文；那解讀的記事以漢文和滿洲文記的一篇銘文底釋讀（Explication d'une Inscription en Chinois et en mandchou），收在一八一二年伊删爾縣報（Journal du Département de l'Isère）第六號裏。這前後，他還有一些關于中國的論文，載在新誌裏。那專門的醫學底研習，也沒有一時荒廢；二十五歲時，提出關于中國醫藥的一篇論文，由巴黎大學授與博士學位。

因睛眼孤兒底緣故，蘭米剎起初得免兵役；可是拿破崙失敗後，國難日甚；據說快要有召集一切兵役免除者的事情；一生照顧他的西爾威斯脫爾，預先替他竭力設法，幸得任軍醫，爲病院院長，在後方服務，僅得免入戰線。在病院長而論，他底活動是可驚的；因認爲有功，把小傳收在當時的現代人名辭書（La Biographie des Hommes Vivants）裏。王政復舊後，不多時，他脫離醫業，而度漢學者的生活。當時法國政府議決在最高學府法蘭西學院（Collège de France）裏，新設漢語和梵語講座；蘭米剎由西氏推薦，任中國語言文學教授，同時與担任梵語，梵文學底教授好友西徐（Antoine Léonard de Chézy）互爲新學問底切磋。這于歐西的大學課程裏，爲最早設立的漢學講座，時，一八一四年十一月二十六日，這于漢學史上，當爲永遠不忘的紀念日。同時蘭米剎又受命編王家文（今國民圖書館）所藏漢籍目錄；次年一月十六日，于法蘭西學院底漢學講席上開始講述在歐洲的中國語研究底起原進步和効用（Sur l'Origine, les progrès et l'utilité de l'Etude du chinois en Europe）。這講演稿，後收錄于論文集亞細亞雜纂（參看後段）第二卷裏，與當時漢滿語言文學講義要目（Programme du Cours de Langue et de Littérature chinoise et de tartare-mandchoue）一文，一併刋行三十二頁的小冊子。後來，一八一六年四月五日，蘭米剎又得西氏推舉，選爲金石文藝院（Académie des Inscriptions et Belles-Lettre）會員；一八一八年三月，任著名的學藝雜誌（Journal des Savants）底編輯委員；一八二二年，與好友聖•馬爾丁（Saint-Martin）和流寓法國的德意志東洋學者克拉泊洛脫等，同在巴黎發起亞細亞學會（Société Asiatique），成立幹部；協同編輯學會底雜誌亞細亞學報（Journal Asiatique）。亞細亞學報，現在還繼續刋行，于東洋學界中雄視世界；那漢學關係底記事，也很見重于學者之間；而這基礎底固定，得蘭米剎之力爲多。那內容，爲學報底別名的，題作東方人之歷史，哲學，科學，文學及語言之紀事摘錄及報告文彙編（Recueil de mémoire, d'extraits et de notices relatifs à l'histoire，à la philosophie，aux sciences, à la littérature et aux langues des peuples orientaux）的語句，很有些傳記式的意味。

亞細亞學會底創立，最早不是法蘭西，一七八一年，荷蘭人在爪哇島排太維亞市設立排太維亞學藝協會（Batavisch Genotenschap van Kunsten en Wetenschappen），事實上是亞細亞學會底最古者；那報告，最初稱爲排太維亞學藝協會討論集（Verhandelingsen van het Batavisch Genotenschap van Kunstenen Wetenschappen）從創立那年起，到一八四五年，出版了二十卷。後于這個的，當是由印度學底先覺英人喬恩斯（William Jones〔一七四六生，一七九四卒〕首倡，一七八四年一月，在印度加爾各塔（Calcutta）市設立的排格爾亞細亞學會（Asiatic Society of Bengal）吧。這會起初發行亞細亞研究（Asiatick Researches〔Vols. I-XX，1784—1833〕（；後發刊排格爾王立亞細亞學會雜誌（Journal of the Royal Asiatic Society of Bengal）和排格爾王立亞細亞學會記事錄（Memoire of the Roy, AS. Soc. of Beng.）現在仍繼續用這個名稱。英人更在孟買 (Bombay) 市，創立孟買文學會 (Bombay Literary Society)，由一八一九年到一八二三年，刊行孟買文學會紀要 (Transactions of the Bombay Literar Society) 三卷；又，一八二三年，梵文學者考爾勃 (Colebr) 和中國通斯太恩頓 (George Staunton) 在本國倫敦共同組織大英國及愛爾蘭王立亞細亞學會，(Royal Asiatic Society of Great Britain and Ireland) 這年發行大英國及愛爾蘭王立亞細亞學會雜誌，一直出到現在法國底亞細亞學會，乃是比英國長一年的哥哥。

一八二三年，因蘭米剎對于學術界底功績，授以大勳章。拉恩格蘭斯死後，他繼任王家文庫東方文籍部主任。尤其這個，當時並有唱反對論的；原來王家文庫底一部，因收藏許多重要的印度、西亞、近東諸國底古文獻的緣故，西爾威斯脫爾打算以前記的梵文學者西徐，爲拉恩格蘭斯底後任者，可是由於宗教上意見的不同，與文教當局不相容，該部主任，寧可命不適當的漢學者蘭米剎接充。後蘭氏又任言歷教育改革委員，王家印刷局東方鈔本出版委員等；更于一八二八年，充內務部文藝調查委員。可是他底功名心，于進退出處，漸有無聊的傾向；到了一八二九年，甚至把有厚惠于他的前輩西爾威爾斯脫底亞細亞學會會長底位置，取而自代。這種行動，雖則他學識淵博，而人格上大有污點；當時已得一部分人所不快，可爲深惜的。又，他從這年一月一日起，和馬爾丁及其他友人，共同發行報紙普遍（L'universel），爲反動派濮利尼克內閣盡力；次年（一八三〇），七月革命勃發，濮氏內閣瓦解，同時這報紙，不得已也立即廢刋。此後，蘭米剎不免稍有意氣沮喪之感；一八三二年三月下旬，巴黎市虎列拉盛行，他蟄居王家文庫底鈔本書庫裏，舉行消毒，忙着竭力預防，乃竟受傳染，不幸於六月三日去世。

至于蘭米剎底著作，爲數很多，終不能在這里完全舉出。詳細見于中日雜纂（Chinese and Japanese Repository）第一卷（一八六三年）八一頁；重要的選述于下：

（甲）單行本除前記以外：

（1）塞外民族言語考（Recherches sur les langues tartares, ou Mémoires sur differents points de la grammaire et de la littérature des Mandchous, des Mongols, des Ouigours et des Tibétains. Tome I. Paris 1820 [第二卷，不曾刋行]）

（2）漢文啟蒙（Eléments de la grammaire chinoise, ou Principes généraux du hen-wen, ou style antique, et Kouanhoa, c'est-à-dire, de langue, de langue commune généralememt usitée dans l'Empire Chinois, avec exemples des principaux genres d'Ecriture et Tableaux des clefs, paris 1822 [有蘭翁刋本，一八五七年，在巴黎發行再版，])

（3）法顯傳（佛國記）譯注（Foe Koue Ki [佛國記] ou Keletiondes Royaumes bouddhiques: Voyage dans la Tartarie, dans l'Afghanis et dans l'Inde, exécuté, à la fin du IVe siècle par chy Fa Hian paris 1830[這是蘭米剎死後，克拉泊洛脫和拉恩特蘭斯校刋的，])

（4）法譯玉嬌梨（小說）（Iu-Kias-Li ou Les deux cousines: Roman chinois, 2 tomes, paris 1826）

（5）法譯中國短篇小說集（Contes chinois, 3 tomes, paris[許是採錄英之台維伊斯，法之鄧脫爾考爾等所譯的作品而重譯的。]）

（乙）投稿于雜誌和其他的論文，小品等：

投稿于亞細亞學報（Journal Asiatique）學藝雜誌（Journal de Savants）東方寶庫（Les Mines de l'Orient）等雜誌和世界人名辭書 Biographie universelle）

等的論文和記事，非常的多；不能一一在這里詳舉。重要的收于（1）亞細亞雜纂二卷)（2）新亞細亞雜纂(二卷)和死後刋行的（3）遺稿雜編 裏，這三書可看出著作底大要，今詳述于下：

（1）亞細亞雜纂（Mélanges asiatiques, ou Choix de Morceaux de Critique et de Mémoire relatifs aux Religions，aux Sciences，au coutumes，à l'Histoire et la Géographie des Nations orientales，2 tomes, paris 1805—26）裏集錄的，第一卷有（一）中國人的外國語研究（De l'Etude des Langues étrangères chez les Chinois）（二）漢譯馬可傳考（Notice d'une Version chinoise de l'Evangile de Saint Marc, publiée par les Missionnaires anglais du Bengale）(三)中國醫學底史的研究(Recherches historiques sur la Médecine des Chinois)（四)老子底生平及其學說(Mémoire sur la Vie et les Opinions de Lao-Tseu, philosophe chinois du VIe siècle avant notre ère à professée les opinions communement attribuées à Pythagores，à platon et à leur disciples.)（五)喇嘛教僧制起原年代考要（Aperçu d'un Mémoire intitulé：

Recherches Chronologiques sur l'origine de la Hierarchie lamaique，（六）基督教國君主，尤其關于法蘭西王和蒙古諸帝底政治的關係考（Mémoire sur les Relations politiques des princes chrétiens et particulièrement des Rois de France，avec les Empereurs mongols）（七）蒙古天文經（L'Uranographia munpalica）等；其中（六），乃是一八一七年七月在金石文藝院講演的原稿；曾載入一八二二年該院紀要（Mémoire présentés à l'Académie des Inscriptions et Belles-lettres裏），今存于巴黎王家古文書館；這是把伊兒汗國可汗致法蘭西王腓烈泊•爾•排爾的蒙古文的國書兩封，介紹于世的名著。

第二卷裏，收有（一）在歐洲的中國語研究底起原，進步和效用（原名已見於前記的法蘭西學院的紀念講演。）（二）中國語爲單綴語說底考証（Considérations sur la Nature monosyllabique attribuée comunément à la langue chinoise）（三）中國語辭書編纂意見書（Plan d'un Dictionnaire Chinois）（四）王家文庫漢籍考；附，新目錄編纂艸案（Mémoire sur les livres chinois de la Bibliothèque de Roi et sur le plan du nouveau Catalogue dont la Composition a été ordonnée par S. Ex. le Ministre de l'Intérieur, avec des Remarques critiques sur le Catalogue Publié par E. Fourmont en 1742)（五）論歐洲的漢學現狀和進步書（Lettre sur l'état et les progrès de la littérature chinois en Europe.等。

（2）新亞細亞雜纂（Nouveaux Mélages asiatiques 2 tomes, par 1829）

第一卷裏有（一）元周達觀底眞臘風土記譯註（Description du royaume de Camboge par un voyageur chinois qui a visité cette contrée à la fin du XIIIe Siècle.）（二）横于日本和馬利亞納群島之間的未詳諸島（小笠原島誌）（Description d'un group d'îles peu connu et situé entre le Japon et les îles marianne.)（三）據"續弘簡錄"的旭烈兀西征記（Relation de l'Expédition d'Houlagou au travers de la Tartarie, extraite du Sou-Houngkian-lou, et traduite du chinois）（四）據馬端臨〔底文獻通考〕的西藏和布哈利亞〔中亞〕底一些住民（Sur quelques peuples du Tibet et de la Boukharie tiré de l'ouvrage de

Ma Touan-lin et traduit du chinois)（五）到法蘭西的中國人（Sur les Chinois qui sont venus en France）（六）在廣東的英人底貿易（據斯太翁頓卿所述。）（Sur le Commerce des Anglais à Canton d'après le chevalier George Staunton.）（七）一種韵文的中國傳奇〔花箋記〕（據滔姆譯本）（Sur un Roman chinois en vers traduit par M. Thoms）（八）關于馬斯頓注的馬哥孛羅旅行記（Sur les voyages de Marc-Polo commentés par M. de Marsden [1816]（九）關于馬哥孛羅旅行記（據徐拉僧正本）（Sur le Voyage de Marc-polo, d'après M. le cardinal Zurla [1823]）（十）關于麥萊底"亞細亞的發見史"（Sur l'Histoire des découvertes en Asie par M. Marry)（十一）據回教徒著述家的蒙古史（Sur l'Histoire des Mongols, d'après les auteurs musulmans）等十七篇。

第二卷裏集有（一）蒙古皇帝海山論（Khaisang, Empereur de la Chine, de la Dynastie des Mongols.）（二）明太祖論（Tai-tsou, fondateur de la Dynastie des Ming)（三）淸聖祖論 (Ching-tsou, Empereur de la Dynastie des Mandchou)（四）清高宗論（Kao-tsoung, Empereur de la Chine, de la Dynastie des Mandchous.)（五）〔成吉思汗底〕回鶻出身的宰相達達統阿論（Thatha-toung-ó, Ministre ouigour)（六）韃靼人宰相耶律楚材論（Yeliu- Thsouthsai, Ministre tartare)（七）蒙古將軍速不歹論（Souboutai Général Mongol.)（八）蒙古王族沙爾達克論（Sartak, Prince mongol)（九）曾子論（Tseng-tsu, Philosophe chinois.)（十）子思論（Tseu-se, Philosophe chinois.)（十一）孟子論（Meng-tseu Philosophe Chinois.)（十二）司馬談論（Sema-Than. Historien chinois.)（十三）司馬遷論 Sema-Thsian, Historien chinois)（十四）司馬貞論（Sema-Tching, Historien chinois.)（十五）司馬光論（Sema-Kouang, Ministre et historien chinois)（十六）馬端臨論(Ma-Touan-lin, savant Chinois)（十七）杜甫論（Tou-Fou poète chinois)（十八）佛圖澄論（Fo-thon-tching Samanéenindien.)（十九）基督教底傳布者阿羅本論（Oloper. Propagateur du Christianisme à la Chine.)（二十）汗八里〔元之大都〕大僧正孟德高

維奴論（Jean de Mourtecorvino. Archevêque de Khanbalikh）（二十一）利瑪竇論（Matheu Ricci, Missionnaire à la Chine）（二十二）湯若望論（Adam Schall, Missionnaire à la Chine）（二十三）卜彌格論（Michel Poym Missionnaire en Chine）其他（二十四）殷鐸澤（P. Intorcetta）（二十五）雷孝思（J. B. Régis）（二十六）洪若翰（J. de Foutanez）（二十七）劉應（C. visdelou）（二十八）衛方濟（F. Noel）（二十九）傅聖澤（J. F. Fouquet）（三十）馬若瑟（J. M. de Prémare）（三十一）宋君榮（A Gaubil）諸教士底傳。（三十二）弗爾蒙（E. Fourmont）（三十三）拉恩格蘭斯（L. M. Langlès）等東洋學者底評傳。共計三十九篇，增入據考爾勃爾克說的印度哲學論，作為附錄。

（3）遺稿雜論（Mélanges Posthumes d'Histoire et de littérature Orientales, Paris 1843）得法國教育部援助而刋行的；書裏收有；（一）西耶們教考（Observations sur la Religion Samanéenne）（二）由中國著述家底書裏所見佛徒底世界觀和世界生成說（Essai sur la Cosmographie et la cosmogonie des bouddhistes d'après les auteurs Chinois)（三）中國哲學論（De la philosophie chinoise)（四）東亞諸國民間的自然科學狀况（Discours Sur l'état des Sciences naturelles chez les peuples de l'Asie orientale.）五）東方文學論（Discours sur la littérature orientale)（六）論中國底文人政治書（Lettres sur le régime des lettrés de la Chine.)（七）囊薩徹辰底蒙古史（蒙古源流）評釋（八）論在廣東設立領事館利益書（Mémoire sur les avantages d'un établissement consulaire à canton）等共計論文十篇。

這些顯然是蘭米剎中國研究的功績；從來常說到的，祇是關于"中國的知識"的程度，從"漢學"的嚴格意味上說，蘭米剎等底工作，約占一半，許不是過言的吧。法蘭西人尊他爲眞正漢學的創始者，這誇耀也不算沒有理由。可是如上述，他底人格不免有無聊之憾；他曾投稿的世界人名辭書續編裏評他道："可謂博識多功，但道德上•政治上自有缺點。並有傍若無人的態度。"而較之次述的德國東洋學者克拉泊洛脫底學問和見解，他也許要差一點；幾次失德的行動，爲當時學術界所指摘，要替他庇護，也覺缺少勇氣。

蘭米剎爲法國漢學大張聲勢的時候，恰巧在德國（後流寓法蘭西，）也有第一流的中國研究者出現，那是于正確意義上的歐洲漢學史底初期，留着活躍痕跡的克拉泊洛脫。

克拉泊洛脫（Heinrich Julius [von] Klaproth）爲後來任柏林大學教授的一位化學者底兒子。一七八三年十月十一日，生于柏林。幼時歡喜化學、鑛務學、植物學等，長大了，嗜好傾向于東洋語學底研究。初，看見藏于柏林普魯士王家文庫的漢籍，引起了熟讀的意念；最早引導他的，乃是前述的曼時爾底不完全的語彙和西班牙傳道師台阿斯底中西語彙，排伊袁爾底中國雜纂等，由此努力學習中國語。（台阿斯底語彙是手鈔本，與曼時爾底書同爲柏林王家文庫所珍藏。又，克拉泊洛脫自己閱過的哈爾特底書，于一八三五年六月二十一日，附有自記：“本書乃我于一七九七年着手研究漢語時，所藏最初的參考書。”這可知那時的情形。由自記裏，知他才十四歲，已有獨向難解的文字語言邁進的意思。）這樣的探求，漸覺中國研究的興味；竟至拋棄一切別的學科。因此，當中學入學試驗時，很容易的口試，也回答不上來；以至試驗員說，“那麼，你甚麼也不知道吧？”他答道，‘我懂中國語，而且不曾受什麽人指導，完全是獨力研習的。”這話使敎師吃了一驚。他便翻出帶來的筆記本上所謄寫的漢文和他底譯語來，並且明快地應答中國語的性質。那時，敎師欽服他底特殊學力，父親也轉變希望，從他自己所好。先使習一般言語學底知識；一八〇一年，入哈蘭大學讀書。那天才的少年漢學者，在學校僅幾個月，他底進步，彷彿使任課的敎授驚異。在哈蘭感到缺乏研究材料，次年夏，遷于德勒斯登（Dresden）；這年末，在划伊馬爾刋行亞細亞雜誌（Asiatisches Magazin）第一第二兩册；這雜誌發行于一八〇二年，那序實作于前年十二月，乃是克拉泊洛脫十八歲二個月的時候起艸的。而這年青的學子所編的刋物，急引起全德意志學術界底注意，著者一躍入于漢學大家之列。這雜誌所載的論文裏，有中國佛敎考，滿淸征服中國紀，中國古代文學論等，這種偉著，竟似乎不是近十九歲的青年寫的。

那時，俄羅斯貴族裏，有撲脫慈扣（Jan pototski）伯者，旅居柏林，知克氏通中國語，回俄都，薦于當時的政府，慫慂東亞的俄國當局邀聘。一八〇四年，克氏來彼得堡，入帝立學士院（Imperat. Russk. Akademĭi Nauk）爲亞細亞語言文學助敎授。次年，在俄國有遣使中國之議，任格洛夫金爲正使，樸脫慈扣伯以學術調查委員長資格隨行，克拉泊洛脫任通譯官，也加入在一起。一八〇五年春，克氏較團體先行，從俄都發出，取道喀山(Kazan)，調查住于南俄，西亞和西伯利亞西部的諸民族底語言，風俗，習慣；到伊爾庫次克，在這里等待他們到來相會。十月十七日，達恰克圖，調查附近居住的蒙古人，傍的蒐集中國，西藏，滿洲，蒙古等底書籍，却喜學術的收穫很多。一八〇六年一月一日，一行人出國境，入蒙古，費了嚴冬兩星期的日子，到庫倫，于謁見淸帝的典禮，所議不合，祇得于二月十日，徒然回國。而克拉泊洛脫新奉學士院命，向阿爾泰山方面進行研究；次年初，回俄都。（他在伊爾庫次克時，得會見日本松前底商人五郎次，有編纂日本語彙的事；當爲該特記的附言。）他回來後，學士院接受那詳細的調查報告，立刻舉他爲特別會員；皇帝亞歷山大一世，賜以三百盧布的年俸，酬他勞績。

後來克拉泊洛脫由樸脫慈扣伯推薦，作佐治亞(Georgia)和高加索山脈地方的學術探察；一八〇七年九月十五日，從俄都出發，先到頓、哥薩克 (Don cossacks) 族住他，在那首都搴復、梯爾加斯克 (Novo Tcherkask) 考察蒙古的一支派喀爾滿克底習俗；從這里到高加索省首府開烏爾扣哀夫斯克附近調查後，次年一八〇八年十四日，入佐治亞首都第佛利斯（Tiflis），約留兩個月；一八〇九年一月十一日，才回彼得堡。把探察旅行的結果，順次報告于學士院。一八一二年，到一四年，哈蘭和柏林刋行高加索山脈和佐治亞旅行記二卷 Reise in den Kaukasus und nach Georgien in 1807 und 1808 .2 Bde.），並于一八一四年由前兩地發行附錄高加索言語篇（Kaukasus Sprachen，Anhang zur Reise）；發表總括的學術調查記裏，還有東方高加索地方的地理、歷史篇（Geographische und historische Beschreibung des ostlichen Kaukasus，一八一四年，由划伊馬爾刋行。這些調查報告，忽得歐西學術界底讚譽；十幾年後，英譯、法譯，相繼刋出。其中法譯與原文同樣爲世人所知；這譯本名爲高加索山與佐治亞省旅行記（Voyages au mont Caucase et en Géorgie，2 tomes [paris 1823]），書裡刪去存于原文中的純歷史事項和附錄的高加索言語篇，補入在德文裏單行的前記的東方高加索地方的地理歷史篇，（Description du Caucase oriental）而合編的。在學士院出版的紀要裏，斷片地載着前述的調查旅行報告；一八一〇年，刋出阿富汗族語言起原考的論文，使克拉泊洛脫得享盛名。這打破從來一般承認的阿富汗族出于希伯來族說，當是克氏得意傑作之一吧○這年(一八一〇年)，學士院還將他底論文集亞細亞文學、歷史、語言雜稿(Archiv für asiatischen Literature，Geschichte und Sprachknude)第一册付印；不幸第二册以下，雜稿不見續刋；這書裏收有阿富汗族起原考（Weber den Wroprung der Aghüanen [Afghanen]）；英國斯太翁頓氏（Sir George Staunton）一八〇五年在廣東漢譯出版的"英吉利國新出種痘奇書"底批評(Sir George stauntons Chinesisch Abhanebung über die Kuhpocken.)裏收有阿瓦及白古史斷片；附緬甸語彙（Historische Fragmente über Awa und pegu，nebst einem Bomanischen Worteruergeichnisse.)琉球語鈔（Sprachproben von Lieu-kieu.）俄、清國境考（Bemerkungen über die Chinesich Russische Gränze gesammelt auf einer Reise an derselben im Jahre 1806）等有價值的論文○卷首有著者自已用亞細亞諸國語音爲標準所寫的最著名的亞細亞文字和德意志字母對照（Paralelle der vorzüglichsten Schriftarten Asiens mit dem deutschen Alphabet.）一文○（雜稿裏附有獻于當時俄國敎育總長樞密顧問拉斯摩夫斯基伯爵底文辭○）

那時，得立陶宛（Lithuania）首府維里納（Vilna）底大學監其爾托里斯基（Czartoryski）底援助，克拉泊洛脫爲該大學計劃附設亞細亞語學校，任教授，將往就職，忽受教育總長命，編纂俄國學士院所藏漢、滿圖書目錄；一八一一年，爲了主持所需要的活字底鑄造，派往柏林。因此他在柏林留了十四個月，任務完了，便向俄政府請求休職，得准許，從此與俄羅斯沒有往來了。

那時歐洲局勢，正當拿破崙戰爭時代，戰雲瀰漫各國，尤其像打敗的德意志，備嘗苦痛，學問研究，遭受非常的困難；而克拉泊洛脫毫不改素志，繼續研習；一八一二年，在巴黎刊行畏吾兒語言文字考（Abhandlung über die Sprache und Schrift der Wiguren），附載華夷譯語中的"高昌譯語"，論定畏吾兒族爲土耳其種。又從一八一二年到一四年，在西蘭徐恩底山裏划爾漠博崙温泉，暫避戰禍；隨着出版前記的高加索和佐治亞旅行記。後遊意大利，訪幽禁在厄爾巴島的拿破崙大帝，得蒙接見；又，暫住了佛羅倫斯。一八一五年，終于到了巴黎。

克拉泊洛脫來巴黎，雖有他向來的名譽，而一方面得撲脫慈扣伯爵底吹噓，不多時，會見德國當年的碩學馮博爾脫，（A. de Humboldt）因他底斡旋，也決定留于巴黎。由于馮博爾脫底奔走，一八一六年八月十一日，普魯士國王贈克拉泊洛脫以亞細亞語言文學教授名稱，給與著書出版費，直到上作完成，使平安留住法都。此後，克拉泊洛脫專心埋頭于東洋學研究。一八三五年八月二十七日，病卒，到了葬于蒙馬爾脫爾時，已出版不少的論著。克氏著作中以關于漢學為中心，重要的列舉于下：

（一）一八一九年在巴黎付印的，巴西蘭〔巴西里烏〕氏中國拉丁辭典補遺（Supplément au Dictionnaire chinois-latin du p. Basile de Glemona.），舉發小吉尼奉拿破崙大帝命所編纂的漢字西譯（漢、法、拉、對譯辭書），實祇是剽竊補譯巴西蘭氏底中國拉丁辭典；明白用這個名稱，為巴氏書補遺。題為"普魯士王夫利特利吼三世勅撰。

（二）一八二二年在巴黎刋行柏林王家文庫所藏漢滿圖書目錄（Verzechnis der chinesischen. und mandschurischen Bücher und Handschriften der Königl. Bibliothek zu Berlin.）再版時，附錄已發表的畏吾兒語言文字考。這目錄祇印二百部，流傳不多。

（三）一八二三年在巴黎刋行對照亞細亞語彙（Asia polygrotta），這書別稱為對照亞細亞各種語法，依諸語言與廣語彙之親疎關係而决定之亞細亞民族分類。(Classification des peuples de l'Asie d'après l'affinité de leur langues avec d'amples vocabulaires comparatifs de tous les idiomes asiatiques.) 對照廣亞細亞諸族底單語，依親疏，把民族分類；別附有色地圖一張，使一見便能瞭然。一八二九年，由巴黎再版，書裏附六十頁的補正。

(四)一八二五年創刊與前年用德文出版同名的法文論纂亞細亞雜誌(Magasin, asiatique, ou Revue géographique et historique de l'Asie centrale et septentrionale.) 登載新著中亞和北方亞細亞底歷史、地理的論文，不幸，後來終不見續刊。

(五)一八二四年到二六年，巴黎刊行的亞細亞歷史地圖(Tableaux historiques de l'Asie, depuis la Monarchie de Cyrus jusqu'à nos' jours) 這是從波斯亞開曼尼特朝底扣洛斯王時代起，到著者底時代(一八二五)間的歷史地圖；實爲東洋史地圖的創始者。共二十七葉彩色地圖。倘以現在看來，是很不完全的；在當時的出品中，有不少的最新知識，于學術界甚爲有利。所附的記事西紀一〇〇〇年爲止的，關于中亞民族底歷史，人種學概觀和民族遷移考；關于論芬（Fins）民族底起原，久爲學術界所重。

（六）亞細亞雜考（Mémoires relatifs à l'Asie, contenant des recherches historique, géographiques et philosophiques sur les peuples de l'Orient. 3 tome paris 1826-28.）集錄許多小論文；使人想到蘭米剎底亞細亞雜稿。彙錄諸文中，於中國研究有深切關係的，列舉如次：

第一卷（一八二六年）集有：

（1）俄淸國境考（De la frontière russe et chinoise.）

（2）見于中國書裏的俄國記事（Description de la Russie traduite du chinois.）

（3）西伯利亞的一些古物（Sur quelques antiquités de la Sibérie）

（4）蒙古可汗史〔蒙古源流〕選評（Examen des extraits d'une histoire des Khans mongols.）

（5）台灣島誌（從漢文譯出）（Description de l'île de Formose, extraite des livres chinois.）

（6）台灣語彙（Vocabulaire formosan.）

（7）台灣語底句法（Phrase en formosan.）

（8）紙幣起原考（Sur l'origine du papier-monnaie.）

（9）亞細亞史家批評（Examen des historiens asiatiques.）

（10）與格洛雪哀氏書（Lettre à M. l'abbé Grosier.）

（11）滿洲族起原考（Sur l'origine des Mandchoux.）

（12）登長白山記（由滿洲文譯出，）(Voyage à montagne Blanche, traduit du Mandchou.)

（13）韃靼考（Sur les Tartares.）

第二卷（一八二四年）：

（1）蒙古所傳佛陀傳（Vie de Bouddha d'après les livres mongols.）

（2）中國原始文字考（Caractères primitifs des chinois.）

（3）琉球諸島誌（從日本・中國書裏譯出。）(Description des Iles Lieoukhieou, extraite d'ouvrages japonais et chinois.)

（4）無人島（小翌原島）誌（從三國通覽譯出，）(Description des Iles Mouninsima, traduite de l'ouvrage japonais San kokf tsuran.)

（5）澉浦和泉州兩港考(Recherches sur les ports de Gampo et Zaithoum en Chine, décrits par Marco-polo.)

（6）威爾森英譯加爾哈拏著的“加起密爾”史鈔(Histoire du Kachmir, extarite de la traduction anglaise de M. H. wilson.)

（7）和闐城史 (Histoire de la ville de khotan.)

（8）西米脫著中亞文化史考批評 (Observation critiques sur les recherches relatives à l'Histoire politique et religieuse de l'intérieur de l'Asie publiées par M. J.-J. Schmidt de Sainte-petersbourg.)

（9）中國和日本所製的印度地圖考(Explication d'une carte chinoise et japonaise de l'Inde.)

第三卷(一八二六年)：

（1）滿洲文學論 (Lettres sur la litérature mandchoue.)(一)研究滿洲語底效用(二)拉恩格蘭斯刋行的錢德明底滿洲辭書底批評，(三)關于拉恩格蘭斯著滿洲文字考 (Alphabet mandchou.) 的第三版，(四)拉恩格蘭斯鈔譯滿洲典禮考(五)關于拉恩格蘭斯譯著其他的滿洲關係論考

（2）貝加爾湖誌 (Description du lac Baika.)

（3）評馬哀爾斯著的“中國語性質論” (Remarques sur l'essai sur la nature de la langue chinoise de M.

Myres.)

（4）關于中國底異名（Sur les différents noms de la Chine.)

（5）裏海考（Notice de la mer Caspienne.)

（6）阿洛斯密斯氏亞細亞地圖（一八二二年刋）考（Observations sur la Carte de l'Asie publiée，en 1822，par M. Arrowsmith.)

（7）中國大運河記（從漢籍裏譯出，）（Description du grand Canal de la Chine extraite d'ouvrages chinois.)

（8）加薩克和基爾吉斯語言考（Sur la langue des Kazak et des Kirghiz，)

（9）伊洛瓦底江上流河道圖（Mémoires sur le cours de la grande rivière du Tibet，appelée Iraouaddy dans le royaume des Birmans，)

（10）阿富汗族語言考（Sur la langue des Afghans.)

（11）大英博物館藏日本所製世界全圖考Notice d'une mappemonde japonaise conservée dans le Musée britanique à Londres.)

（12）史考脫氏德譯孔子著書批評（Remarques critiques

sur la traduction allemande des œuvres de Confucius, par M. le docteur G. Schott.)

（七）滿洲文選(Chrestomathie mandchoue,paris1828)，乃初學滿洲語的讀本，載有錢德明教士譯的乾隆帝所撰滿文盛京賦等。

（八）一八三四年在巴黎刋行與馮博爾脫男爵論磁針發明書(Lettre à M. le Baron A. de Humboldt sur l'invention de la boussole.）討論文化史上著名的問題，力主磁針，火藥，印刷術等，都是中國人發明，由阿剌伯商人和航海者底媒介，先傳入亞洲西部，後乃于歐羅巴。

此外，非克拉泊洛脫自著，而由他自已勤苦校訂出版，有益于學術界的書，也不止一二。例如他底好友撥脫慈扣伯爵底阿斯達拉干艸原和高加索地方紀行（Voyage dans les steppes d'Astrakan et du Caucase，paris 1820.），波蘭人台慈格翻譯的日本王朝一覽，並蘭米刹未完的遺稿法顯傳（佛國記 [Foe- koue-ki]）等。（但佛國記，不是他一人刋行的，有他底同學當時法國學士院文庫主任拉恩特蘭斯底協助。）又，他生前沒有付印，死後刋出的遺稿，有一八三五年，巴黎刋的中央亞細亞地圖；這包括北偉二十五度至五十二度，及于巴黎本初子午線東經六十二度至百十九度的地域；訂正哈爾特敎士中華帝國全誌所附錄的台恩維爾地圖底謬誤。原稿還未刋行的，有如中國歷史地圖（Histarischer Atlas von China，1821）；還未完成，擱置着的稿本，有如中華帝國誌（Description géographique， statistique et historique de'l'Empire chinois［這書，預定用英文出版］）和馬哥孛羅東方聞見錄註釋（這是據拉漠雪屋本，稿子寫到第一百十六章；打算由巴黎地理學會出版。）；又計劃對照全世界語言，編纂比較語彙，已與德國某書局訂定契約，可是祇有蒐集的材料之類而已。

要之，克拉泊洛脫底學術活動，範圍很廣，論文之多勝過蘭米剎。以近代東洋學——尤其漢學創始者的一人而論，該十分認識他底功績的。可是學問的傾向，于語言研究，尤有不少缺點。重視語彙對照，而忽視文法比較等，是其一端；至于人格上的短處，已如前述，終不免爲社會所指摘，很覺遺憾的。

附　錄

研究東洋史者必讀的歐西書

譯者按：這篇乃岩井大慧氏所著，載歷史教育雜誌第六卷（三.五.八號）及第七卷（二,三.四），原文爲對話體，今節譯大意于次；其中在本書已有述及者，祇留書名，不再將說明譯出；所提到的中.日書，仍一併錄入，以便參考。石井氏于本書凡例內，擬把現代歐.美.漢學的趨勢，在第六章末附舉參考書，但實際未曾錄入，此文也許可以補足這個缺陷。西書漢名，大體依著者所譯，有與前述未能一致處，請參看西文原名爲要。

1. 岩井大慧編：東洋史學專修者必讀書目——歷史教育二卷第一.二.三號（昭和二年四月.五月.六月號）
2. 長澤規矩也編：改訂支那學入門書略解——昭和六年三月。這是昭和四年五月出版的支那學入門書略解的增訂本。
3. 文學博士那珂通世著：那珂通世遺書——一頁至七〇頁。載有"東洋史學要目"
4. 中華圖書館協會叢書第二種——北平（民國十八年七月，）即國學論文索引，

5．百年祭紀念號（Le Livre du Centenaire〔1822—1922〕1. Historique de la Société〔Finot, L.〕2. Cent ans d'Orientalisme en France, Paris, 1922）這是法蘭西亞細亞學會所編，該會會員各有專門部分的論文，主要者爲穆蘭（Moret）之埃及學，康脫奴（Contenau）之亞西利亞（Assyria）學，拉姆博（Lambert）之言語學，錫佈（Chabot）之亞美尼亞學，……拉·考脫（La Côte）之印度學，加拔頓之（Cabaton）印度諸島，印度支那學，馬伯勞（Maspero）之漢學，鄧曲默（Dautremer）之日本研究，考爾狄（Cordier）之地理學等。

6．松本信廣譯：現代法蘭西的東洋學（法蘭西的社會科學——五五三——六〇〇頁（昭和五年二月）這是日本法蘭西學會所編法蘭西社會科學中之一篇，大體以百年祭紀念號爲標準，很可一讀。

7．徐放："漢學"（載法蘭西科學卷下）（Chavannes, Eduard, Sinologie, La Science Française, 2 Vols, Paris, 1915. Rédigé Par M. Lucien Poincaré, et Publié par le Ministère d'Instructions Publiques.）法蘭西科學係法國敎育部所編，卷下載有徐放之"漢

學’，加斯頓，馬伯勞之“埃及學”，蘭維（Sylvain Lévi）之“印度學”，郎格洛（Langlois）之“史學”，考利尼弘（Collignon）之“古典考古學”……等。

8. 日法學會編：法蘭西科學“漢學”——石田幹之助譯。二三一——二四七頁。其他“埃及學”——岡田誠太郎譯，一——六四頁。“古典考古學”——濱田耕作博士山口隆一譯。六五——一二六頁。“印度學”——山田龍城譯。二〇七——二八頁。“史學”——大類伸博士譯。一二七——一六二頁（昭和五年十一月）

9. 享利，馬伯勞：中國及中央亞細亞五十年間之研究情況概要（MasP ro, Henri. Chine et Asie Centrale, Revue historique. Ed, Histoire et historiens Depuis Cinquante ans Paris, 1927—'a9 PP, 17——559.）——原文載法國史學雜誌所編的最近五十年間之歷史及歷史家。

10, 考爾狄：論文新集，（Cordier, Henri,‘ Mèlanges de l'histoire et de la géographie Orientale. vol. 1. Paris, 1914,)

11, 弗蘭克：德意志的漢學研究（Franke, otto Ostasiatische Neu I dungen Beiträge zum Verstandnis der

Politischen und Kulturellen Entwicklungs Voränge im Fernen Osten Mit einem Anhange: Die Sinologischen Studien in Deutschland Hamburg 1911)——弗氏係德國柏林大學中國歷史，語言學教授。

12，巴托特：東洋學史（Barthold W. Die Geographische und historische Erdorschung Des Orients mit Besonderer Berucksischtigung der russischen Arbeiten, 1913,）——巴氏，俄人，彼得格勒（Petrograd）大學教授，一九三〇年卒。這書所述，自希臘作者以至法．意．西班牙．荷蘭諸人，並及阿拉伯．波斯諸國，直到一九一三年的東洋學者爲止，是極好的書，務請一讀。

13，英國王立亞細亞學會百年祭記念號（Pargiter, Frederick Eden Centenary Volume of the royal Asiatic Society of Great Britain. and Ireland 1823—1923. London, 1923.）——所述以印度及其附近之事爲多，研究印度學的，尤有閱讀之必要。

14，法學博士田中萃一郎：支那學沿革——東洋學報第八卷第三號，四三四——四五〇頁，第九卷第一號，一二九——一四一頁：第二號，二八一——三〇一頁。

(大正八年九月,九年一月,六月。}——這篇專述十六七世紀法蘭西耶穌會教士在東洋方面的活動。

15, 文學博士羽田亨：輓近東洋史學之進步——史林第三卷第一號，五五——六五頁：第二號，二五二——二六二頁。(大正七年一·二月)——這是介紹最近西域考查的結果，在法·德·英方面所謂西域學的興起，說到關于歷史·宗教·考古·言語·美術各部分，正在急速進展的東洋史學狀況，學者及其成績。

16, 石田幹之助著：歐美支那學界現況一斑——東亞研究講座其六。(大正十四年九月)絕版·著者現正從事改訂增補中。

17, 同上：最近支那學的展望(上)——思想·五二五——五三八頁(昭和四年七月號)

18, 同上：歐美支那學的現況——支那，第十八卷，第七·八·九號(昭和二年)：第十九卷第六、七號·(昭和三年)——以上三篇，均東洋文庫之石田氏所著·歐美支那學界現況一斑，是一本小冊子，介紹現在歐·美各國·各大學·各博物館，各研究所等，有何學者，爲怎樣的研究？又這些學者過去有那種著作，支那雜誌上發表的，也有同樣的敘述，

19，松本信廣著：法蘭西的支那研究——望月基金支那研究會編支那研究三七三——三九七頁（昭和五年）

20，華里：中國書目（Wylie, Alexander, Notes on chinese literature, with introductory remarks on the progressive advancement of the art; and list of translations from the Chinese into various European languages。Shanghai, 1867. —— 書裏載有譯成歐美文的漢籍表，惟無系統，不便初學。

21. 勃羅乃：書目（Brunet, Jacques-Charles. Manuel du liaraire et de l'amateur de livres.6 vols. 1860—65, Supl. 2 vols.1878—80.）

22. 松乃信：良書（Sonnensechein, The best booke, 4 vols., 1922-23.）第四卷大概沒有刋出。

23. 威克斯脫爾：日本書史（Wenckstern. Fr. von. A. Bibliography of The Japanese Empire, 2 vols. London. 1895.）

24. 攀奇斯：日本圖書目錄（Pagés. Léon. Bibliographie Japonaise ou Catalogue des Ouvrages Relatifs au Japon qui ont été publiés depuis le XVe siècle jusqu'à nos jours, Paris. 1859.）這書已少見，一九二

七年京都更生閣重印出版。

25. 拿霍特：日本書錄(Nachod, Oskar. Bibliography of the Japanese Empire, 1906—1926, 2 vols, London. 1928.)——荷蘭人拿霍特，繼威克斯脫爾後增錄日本文献爲兩卷。

26. 斯曲利脫：傳教書籍目錄(Streit, Robert. Bibliotheca Missionum. 1493—1799 6 vols, Berlin, 1929—30)

文學博士幸田成友關于日本的最近目錄二部，載三田史學會史學第九卷第四號，一〇七——一一二頁，于這書有詳細介紹。

斯曲利脫，方濟各派僧侶，羅馬發梯根(Vatican)的傳教圖書舘舘長。這目錄，最後第六卷似未刋。卷四，卷五爲亞細亞部分：收有自十三世紀至十六世紀間中國，蒙古，菲律賓，印度，印度支那，日本諸國內，天主敎僧侶所著的一切文獻書目。並爲西力東漸史及東西交通史的絕好書目。

27. 沙托：日本耶穌會刋行書志(Satow, Ernest Mason, The Jesuit Mission press in Japan 1591—1610 London, 1888〔privated printed〕)——這書已少見，大正十五年十二月，明治文化研究會重印出版。那時

有村上，新村吉野諸博士及石田君，池田氏的解說，欲知詳細，以看這書爲宜。

這書志稍覺過于專門。

28. 考爾狄：中國書目(Cordier, Henri Bibliotheca Sinica, Dictionnaire bibliographique des ouvrages relatifs à l'Empire Chinois……, 4 vols, paris, 1900—1910. Supl. 1 vol. 1921.）這是考氏畢生的大著作，現在研究東洋學的，沒有一人不受這書的助益，許不是過言的吧。中國內地不用說，就是關于蒙古，東三省，西藏，朝鮮，西域等的歐，美人之論著，自十五世紀至一九二〇年末，大小都有紀載，或誌實物，或採著錄，分類排列；新版四卷，增補一卷，五大册，共四千四百三十餘欄（二千二百餘頁），見時，誰也要驚歎的。

29. 考爾狄：日本書目（Cordier, Henri, Bibliotheca Japonica, Dictionnaire bibliographique des Ouvrages relatifs à I'Empire japonais,……paris, 1912.)——這也是難于得到的書，一九三一年一月，日本大岡山書店影印重版出世，那便容易有了。這與前書可說是姊妹篇，並附有

30，印度支那書目四冊（Cordier, Henri, Bibliotheca Indosinica, Dictionnaie, bibliographique, des Ouvrages relatifs à la peninsule Indochinoise………4 vols, Paris, 1911—18,）

其他還有幾種特殊的書目，太專門了，所以從略。

考爾狄，一八四九年生于美洲之紐奧爾倫斯（New Orleans），渡歐求學于巴黎及倫敦；一八六九年來中國，留住至一八七六年，後歸法國，一八八一年任東洋現代語學校教授，四十年間，繼續把中國的史，地，法制，經濟各方面，作懇切明曉的講義，以博覽强記的天資，增訂

31，尤耳馬哥孛羅東方聞見錄譯註（Yule and Cordier, The Book of Ser Marco polo the Venetian concerning, kingdoms and Marvels of the East………… 2 vols, London, 1903, Supl, 1 vol, 1920.）補訂

32，尤耳中國與到中國之路（Yule and Cordier Cathay and the Way Thither, being a Collection of Medieval Notices of China 4 vols, London, New edition, 1913—1916,）

校刋譯述

33，考爾狄譯：鄂多立克東洋旅行記(Cordier, Henri, Les Voyages en Asie au xive siècle du bienheureux Frère Odoric de pordenone, religieux de Saint- François, Paris, 1891,)

著述

34，考爾狄：中國與歐西諸國的外交史（Cordier, Henri, Histoire des Relations de la Chine avec les puissances occidentales 1861—1902, 3 vols, Paris, 1901—1902.）

35，考爾狄：中國通史(Cordier, Henri, Histoire générale de la Chine et ses relations avec les pays ètrangers, 4 vols, Paris, 1920—21,)

考氏大正十四年初，卒，年七十六歲○

徐放 Chavannes, Eduard,——一八六五年十月五日生，一九一八年一月二十九日卒）：法蘭西學院敎授，法譯司馬遷史記，以不朽名譯，見稱于法蘭西學術界○並譯有義淨之西域求法高僧傳○其許多著作中，以中國北部考古圖譜爲最有名○（詳細請看史學雜誌第三十一編第一號裏著者的哀悼文•）

伯希和（pelliot, paul,——一八七九年生——）：現任法蘭西學院敎授○世界東洋學術界第一流學者○任中亞地理，歷史，考古學等所謂西域學講座。精德，英，俄，意，奧，西，葡，美，北歐諸語，並通漢、蒙、土耳其，西藏，波斯古語，于漢學部分，有獨到的見解。考爾狄死後，任"通報"編輯主任，每期所載，差不多他一人所著。一九〇〇年義和團之亂，在北京；一九〇六往中央亞細亞考查，將甘肅敦煌千佛洞所藏古書，古畫數千件，携歸法國，是誰也知道的。漢籍目錄校勘之學，歐西人中，少有這樣造詣的。著述極多，不及枚舉。

36. 考林：中國百科辭典（Couling, Samuel. The Encyclopaedia Sinica, Shanghai, 1917.）——這書現在不易得，內容當然不祗限于歷史的，每條後面附有若干參考書。

37. 鮑爾：中國風土人民事物記（Ball, J, D. Things Chinese being notes on various subjects conneted with China, Hongkong. 1892, 4th ed., 1903.）

28. 泊蘭番•中國地名辭典（Playfair, G. M. H. The cities and towns of China, A geographical Dictionary, 2 nd ed, Shanghai, 1910.）

39. 拉爾斯：大百科辭典（Larousse. La Grande Ency-

clopedie Inventaire raisonné des Sciences des Lettres et des Arts. 31 vols., Paris, 1919.)

40 大英百科全書 (The Encyclopaedia Britanica. A Dictionary of Arts, Sciences, Literature & general information, 32 vols., London, 13版， 1926.)

41. 海斯丁：宗教，倫理百科辭彙 (Hastings, James. Encyclopaedia of Religion and Ethics, 12 vols., Edinburgh, 1908-21.)

42. Meyers Lexikon, 12 vol, Leipzig, 7ed, 1924-30.

43. Pauly-Wissow, Realencyclopädie der classischen Altertumswissenschaft 25 vol. Supl. 2vol., Stuttgart, 1883-1922.（未完）

39. 至43諸書，都有說到"漢學""東洋學"的地方。

44. 海爾拔曼：天主教百科辭彙（Herbermann, Charles G. The Catholic Encyclopedia, An international Work of Reference on the Constitution, Doctorine, Discipline, and History of The Catholic Church, 16 vols., New York, 1907-'14.)

45. 霍慈曼：回教百科辭典（Houtsma, M. Th., Enzyklopaedie des Islam, Geographisches, Ethnographisches

und Biographisches Worterbuch der Muhammedanischen Völker, 2 vols., Leiden; A-M, 1908-28, S-T, 1924-'28.）

（昭和六，五，一二稿。）

46. 尤耳等編：英印字典（Yule Henry and Burnell, A. C. Hobson-Jobson: A Glossary of colloquial Anglo-Indian Words and Phrases and of Kindred Terms. Etymological,Historical, Geographical andDiscursive. New edition. London. 1903.）詳細纂集葡·西·荷·英·法·意諸國語，把印度，印度支那，中國，南海地方等的海港，商埠及土人之間轉訛的語言，指出語原，加以說明，是一册有興趣可寶貴的書。

47. 曼特剎：中華大帝國史（De Mendoça, Juan Gonzales. Historica de les cosas mas notables……del gran Reyno de la China……Roma 1858.）

48. 魯德照：中華帝國志（Semedo padre Alvarez de. Imperio de la China, I Cultura Evangelica en el, por los Religions de la Compania de Jesus…… Madrid, 1642.）

49. 哈佛蘭注：大秦景教流行中國碑（Havret, Henri. La

Stèle chrétienne de Si-ngan-fou. 3 vols., Chang-Hai, 1895）——這碑文注釋，在現在以哈佛蘭的研究爲最佳。欲知詳細，請參看東洋史說苑所載桑原博士之關于大秦景教流行中國碑。

50. 安文思：關于中國的報告（Magalhaens, R.P. Gabriel. Nouvelle Relation de la Chine, contenant la description des particularités les plus considérables de ce grand Empire, Bernou. 1688.）

51. 哈爾特：中華帝國韃靼全誌（Du Halde, P. J. B. de la Compagnie de Jésus. Description Géographique, Chronologique, Politique et Physique de l'Empire de la Chine et de la Tartarie Chinoise, Enrichie des Cartes Générales et Particulières de ces Pays, de la Carte générale & des Cartes particulières du Thibet, & de la Corée,……4 vols., Paris, 1735.）

52. 台維爾：中國新圖 D'anville, M, Nouvel Atlas de la Chine, de la Tartarie Chinoise et du Thibet…… Paris, 1737.）

53. 馮秉正：中國通史（De Mailla, Joseph-Anne-Marie de Mayriac. Histoire générale de la Chine, ou

Annales de cet Empire, 13 vols., Paris, 1777-85.)

54. 格洛雪哀：中國地誌（Grosier, M, Abbé. La Description topographique de la Tartaıie, quinze Provinces qui forment cet Empire, celle de la Tartarie des Isles, & autres pays tributaires qui en dépendent,……paris, 1785.）——這書出第三版時，改題下面的書名，有蘭米剎評語。

55. 蘭米剎評：中華帝國總志（Rémusat, Abel, Nouveaux Mélanges Asiatiques. P. 284.）

56. 衛匡國：中國上古史（Martini, R. P. Martin. Sinicae Historiae decas prima Res a gentis origine ad Christum natum in extrema Asia, sive Mangno Sinarum Imperio gestas complexa. Monachii 1658.）

57. ＿＿＿：中國圖說（Kircherus, Athanasius. China Monumentio qua Sacris quā profanis, Nec non variis Naturae, & Artis Spetca culis.……Illustrata. Amitelodams, 1667.）

58. 白進：中國現勢志（Bouvet, Joachim L'Etat présent de la Chine en figure dédie à Monseigneur le Duc à Madame la Duchesse de Bourgogne. Paris, 1697.

59. 李明：中國現勢新志（Le comte, Louis. Nouveaux Mémoires sur l'Etat présent de la Chine. 2 vols., Amsterdam, 1697.）

60. ＿＿＿：東洋文庫（D'Herlelot, Barthlémi, Bibliothèque Orientale……Maestricht, 1776.）

61. ＿＿＿：中華帝國總志（Davis, John Francis. The Chinese, a general Description of the Empire of China and its Inhabitants……London, 1836.）——台氏英國人，一七九五年生于倫敦。青年時代隨特派全權使節阿姆斯脫卿(Lord Amherst)來華，因而對于中國發生興味，後在澳門・香港等處，爲東印度公司職員，任中國貿易監督，翻譯許多中國小說及詩。這書有法・德・荷・意各國譯本；當爲歐西以輕視中國眼光，敍述中國情形的，第一本書，載有鴉片戰爭前後的見聞。

62. 格萊：中國（Gray, Venerable, John Henry. China: A History of the Laws, Manners, and Customs of the people, translate Gow Gregor 2 vols., London. 1878.）——格氏於一八七五至七八年，遊世界一周，久住廣東・香港。格蘭郭爾（Gregor）將這書編成二

冊，共七百七十一頁○

63. 威廉：中國總論（Williams, S, Wells. The middle Kingdom: A Survey of the Geography, Government, Education, Social life, arts, religion. etc., of the Chinese Empire and illustrations principally engraved by J. W. orr. 2 vols., London and NewYork 1848.）——威氏美國人生于一八一二年○三三年初來中國，爲傳教師，後作外交官，晚年任耶爾（Yale）大學教授，以著述家得令譽，精通中國語，日語也能說○一八五四年，任翻譯，乘披理提督的洋船，再航行于下田，便是那時，三月二十七日，乘陰暗的晚上，吉田松陰以密航美國被捕○

64. 中國小史（Williams, S. Wells, A history of China, London 1897.）——這是前書的增訂本，但僅有歷史部分○

65. 拉•康派利：中國文明起源西方論（La Couperie, Terrien de Western Origin of the Early Chinese Civilization. London. 1894.）——著者法國人，入英籍，于赤貧如洗中，努力用功，任大學院漢語教授，編大英博物館中國貨幣目錄，關于中國的著述很多○

66. 漢學雜纂（Varietés sinologiques）係一八九二年，哈佛蘭（Henri Havret）所創刊，乃徐家匯耶穌會教士發表研究的機關雜誌，其中載有不少良好的論文。法人彭亞伯（Tschepe）有關于吳・周・秦・韓・趙・魏・晉等歷史的論著，于一八九六至一九一〇年前後，繼續在這書裏登載。

67. 彭亞伯：山東聖蹟志（Tschepe la P. Albert, Heiligtumer des Konfuzianismus in K'ü-Fu und Tschou-Hien. Jentschoufu. 1906 [Studien und Schilderungen, NrII]）

68，彭亞伯：泰山志（Tschape, la p. Albert, Der Tai-schan und seine. Kultstätten. Jentschou fu 1906.）

69，彭亞伯：中日交通史（Tschepe, la p. Albert, Japans Beziehungen zu China seit den altesten Zeiten bis zum Jahre 1600. Jentschohfu. 1907.）

70，彭亞伯：尚書研究（Tschepe, la p. Albert, Das kapitel Jü-koung oder der Tribut des Jü. Berlin, 1911. [Mitteilungen des Seminars für Orientalische sprachan No. XIV）

71，徐放譯：史記（Chavannes, Edourd, Les Mémoires

Historiques de Se-Ma. Tséin 5 vols, 1895—1905.)

72，亨利•馬伯勞：中國古代史（Maspero, Henri. La China Antique. paris. 1927 [Collection Histoire du Monde]）——這爲"世界史叢書"的一種，文字明快，議論穩妥，考證綿密；爲務須一讀的良書○著者于一九三○年，任日法會館學監來日本，東京、京都兩帝大、東洋文庫等處，都請他演講○他是河內遠東學院出身的漢學者，所以精通安南的語言、歷史；著有安南古史考等•前述的埃及學家加斯頓•馬伯勞(Gaston Maspero)，是他的父親○（參看歷史教育六月號三二頁所載拙稿○）

73，格里珊：遠東史(Grousset. R. Histoire du l'Extrême Orient. 2vols, paris, 1929.)

74，格里珊：東洋文明（Grousset. R. Les Civilisation de l'Orient 3 vols. paris. 1929—30.)

75，格蘭乃：中國文明(Granet, Marcel, La Civilisation Chinoise, paris, 1929. edited by Ogden. C. K. London.)

——著者現任巴黎高等研究所部長，東方現代語學校教授，漢學研究所總裁○從特克海姆 (Durkheim) Emile) 派社會學進而研究歷史，所以這書與舊有的中國史、東洋史異趣：是務須注意的○第一部分，述一般的政治史；第二部分，述社會史，其中特異的地方，爲格氏得意之作•烏格騰（Ogden）編輯的文明叢書（Chinese Civilization.[The history of Civilization]1930)裏有英譯本；務請一讀○

76，休士：中國古代史（Hirth, Friedrich, The Ancient History of China to the end of the Chou Dynasty. New York. 1908)——立論有多少非難之點，然是著名的書，暫時看一下也好○下面這册，便是這書的日譯本：

77，西山榮久譯：支那古代史——大正七年，三省堂刋○

休士：德意志人，學于哥丹（Gotha）來泊及（Leipzig）柏林諸大學○一八七○年至九七年在中國各地任稅關吏，爲王立亞細亞協會中國北方支部總裁；後應美哥侖比亞大學之聘，任漢學敎授，有關于中國、東洋、南洋等許多良著○最著者爲以下諸書：

78，休士：大秦國考（Hirth, Friedrich. China and the Boman Orient. Researches into their Ancient and Mediaeval. Relations as represented in old Chinese Records. Leipzig, 1885.)

79，休士：諸蕃志(Hirth, Friedrich and Rockhill, W. W. Chau Ju Kua: His work on the Chinese and Arab trade in the twelfth and thirteenth Centuries., entitled Chu-fan-chi. st. Petersburg. 1912.）

80，休士：中國研究（Hirth, Friedrich. Chinesische Studien, München und Leipzig. 1890.）

81，休士：中國陶磁器考 （Hirth, Friedrich, Ancient porcelain—A study in Chinese mediaeval industry and trade. Shanghai. 1888.）

82，康蘭狄：中國史略（Conrady. August China [pflugk-Harttung. welsteins Weltgeschichte, III, orient. ss. 457-567] Berlin, 1908.）——著者爲來泊及（Leipzig）大學中國語及文學敎授。于一九〇三年，前後六次把大學預科程度的中國史，用講義體編成；也許看來太詳細，可是很中肯要。

83，克魯珊譯：元史太祖本紀（Krause, F. E. A. Cingis Han. Die Geschichte seines Lebens nach den chinesischen Reichsannalen. Heiderberg, 1922.）

84. 克魯珊：極東史（Krause, F. E. A. Gescihchte Ostasiens,3 vols, Göttingen, 1926.）——這書述西域方面

較詳。著者乃Heiderberg大學教授。

85. 弗萊克：中華帝國史(Franke, otto, Geschichte des Chinesischen Reiches. Bd. I. Das Altertum und das Werden des Konfuzianischen Staates. Berlin 1930.)——著者係柏林大學漢學教授。這書僅出卷一上古史部分，內容極詳細。弗氏著述甚富，今從略。

86. 拉托蘭脫：中國史概論（Latourette, Kenneh.S. the Development of china, Boston. 1915.）——著者以同一見解編述的日本史概論，(Development of Japan, 1918）仍是幾次再版，每回都有改訂。——著者爲耶爾大學教授。

87. 葛風：中國歷史大綱(Gowen, Herbert. H. An Outline History of China, 2 vols., New York 1913.)——這書最初出兩册，從上古到一六四四年（清世祖順治元年）明毅宗自縊爲第一册，此後直到民國爲第二册。後于一九一七年合成一册，更與霍爾(Hall)共同增訂，于一九二六年出版。葛氏編著的日本史大綱，于一九二七年出版，（An Outline History of Japan, Boston. 1927.）——葛氏爲加利福尼亞州華盛頓大學教授。

88. 斯坦加等合著：遠東史（Steiger, G. N. Beyer H. Otley & Benitz, Courado. A History of the Orient, Boston, 1926.）——斯氏爲上海聖約翰大學敎授，任中國歷史，後轉任波士敦的西蒙學院(simons college)助敎授。這書是日本、朝鮮、中國、印度諸國史概說，編得很不錯的。

89. 濮脫：中國史管見（Houks, F. L. Pott, A sketch of Chinese History. Shanghai, 1908.）——這是著者任上海聖約翰大學總長時所編。一九〇三年初版，一九〇八年再版。有保保隆矣的日譯本，題爲支那史概說，昭和三年，由文敎書院出版，我還不曾見過。

90. 鮑爾志：中國史（Boulger, Demetrius Charles, History of China. 3 vols., London, 1881.）

91. 鮑爾志：中國史略（Boulger, Demetrius Charles, A short history of China. 2 vols., London, 1893.）鮑氏係外交官出身，著有中國問題、印度問題、黃禍論、戈登傳等。

92. 李託風：中國（Richthofen. Fredinand. Freihers von, China: Ergebnisse eigener Reisen und darauf gegründeter Studien, 5 vols., Mit Atlas. Berlin, 1877.）

——著者：一八三三年生于德國加爾斯盧合。(carls-ruhe）早有考查地理的興味，七〇年，來中國。得上海商業會議所援助，往中國十八省各地，作旅行探察，實地調查商業路線兩年，那十一封報告書，據說現在尙存于該會議所，這巨帙中國五册，係用德語所著，還沒有別國語譯本，很是遺憾的。這書以地理爲主，緒論裏，講到中國史的一般狀況；例如黃土層生成的學說等，認爲中國文化的，當有閱讀之必要。

93. 夏之時：中國輿地詳志（Richard, L. Géographie de l'Empire Chine, Shanghai. 1905.）——著者爲法國耶穌會敎士，係住在徐家匯的僧侶，這書是以法文發表的，有甘沛樹（Kennelley）英譯，並加以增補，至爲便利。英譯名：Kennely. M. Richard's comprehensive Geography of the Chinese Empire and Dependencies. Shanghai, 1908

94. 德蘭：中國迷信之研究（Dore, Henri. S. J. Researches into Chinese Superstitions. 3 vols., Shanghai, 1914-16.）——這是甘沛樹的英譯本。

95. 蘇利：中國通史（Soulié, George De Morant, Histoire de la Chine. de l'Antiquité Jousqu'en 1929.

paris. 1929.）

96. 特郭洛脫：中國宗敎體系（De Groot, Jan Jakof Maria, The Religions System of China: its ancient forms, Evolution, History and presente Aspect, Manners, Customs and Social institutions connected there with, 6 vols,, Leyden, 1892-1910,）——著者：一八五四年生于南荷蘭西丹（Schiedam）地方，爲漢學者，不僅任敎本國大學，並于一九一一年，膺柏林大學聘，任敎席，一九二一年卒。這書與前述德蘭中國迷信之研究一書，得認爲中國宗敎研究上二大著述。

97. 特郭洛脫：中國的宗敎（De Groot, Jan Jakof Maria, Religion in China, universism: a Key to the Study, of Taoism and Confucianism, New York, 1912,）——這書可爲孔敎，道敎研究的指針。

98. 華基：中國的信仰及哲理之變遷 Wieger, Léon, Histoire des croyances religieuses et des Opinions philosophiques en Chine, 1917,2ed; 1923,）——著者爲法國耶穌會敎士。這書以直隸東南區（今河北省獻縣，舊河間府郊外張家莊地方，）爲研究根據。這似

爲巴黎舊教研究所的教科書而編纂的，確曾幾次再版。著者生于一八五六年，由亞爾薩斯（Alsace）出身，原爲教區醫師，遣往中國，治療以外，作中國研究，成爲很好的中國通。

99. 華基：道教（Wieger, Léon, Taoism, 2 vols,, Ho kien Fou 1911-1913,）

100. 華基：中國佛教（Wieger, Léon, Bouddhisme Chinois, 2 vols, Ho kien Fou, 1913,）——著者又于一八九五年出版中國口語及文語階梯，共十二大冊；這是漢語，漢文合適的入門書，爲歐西學者所寶重，並通行于日本方面，看一下，當沒有損害的。

101. 特哈蘭：古代漢，滿，蒙宗教比較論（De Harlez, Charles Joseph, La Religion Nationale des Tartares Orientaux Manchous et Mongols, Comparée à la Religion des Anciens Chinois……, d'après les Textes indigènes avec le Rituel Tartare de l'Empereur K'ien Long, Bruxelles, 1887.）這書以

102. 乾隆帝御撰：欽定滿洲祭天祭神典禮——（六卷六冊。乾隆十二年。）爲根據而法譯的。這書原本，滿·漢文並錄，有許多珍異的祭場，祭壇，祭器等

圖，爲稀見的有興味的書。

特哈蘭：一八三二年生于歐戰時著名的里愛巨（Liege）市。任洛文（Louvain）大學東方諸語學教授，通梵，漢，滿，蒸特等語，有關于中國的各種著述。一八九九年卒。

103. 哀特金：中國人的宗教情形（Edkins, Rev, Joseph, The Religions Condition of the Chinese, with Observations on the prospects of Christian Conversion amongst that People, London. 1859,）——著者爲英教士，生于一八二三年，四八年來中國後，從事中國研究；一九〇五年，死于上海。這書先概述中國宗教情形，怎麽中國人會改信耶教。後年增訂改題爲

104. 哀特金：中國之宗教（Edkins, Rev. Joseph, Religion in China: Containing a Brief Account of the Three Religions of the Chinese:……… London, 2nd ed, 1878. 3nd ed. 1893.）一八八二年，由當時法蘭西基曼博物館長密郎譯爲法文，一時盛傳于歐西宗教學界。

105. 密郎譯：中國之宗教（Milloué L. de., La Religion en Chine, Exposé des trois Religions des Chinois, suivi d'Observations sur l'Etat Actuel et l'Avenir

de la Propagande Chrétienne parmi ce peuple. Paris, 1882.)

106. 格蘭乃：中國的宗教'(Granet, M. La Religion des Chinois, paris. 1922.) —— 這是以特克海姆派社會學見解而編述的。

107. 哀特金：中國佛教(Edkins, Joseph, Chinese Buddhism: A volume of Sketches, Historical., Descriptive and Critical. London 1893.) —— 從自已耶穌教立場，竭力批評佛教。此外，也有像以下的小論文：

108. 哀特金：中國佛教提要 Edkins. Joseph. Notices of Buddhism in China, Shanghai Almanac., 1855.)

109. 哀特金：北方佛教之涅槃 (Edkins, Joseph, The Nirvana of the Northern Buddhists, J. R. A. S. [英國王立亞細亞協會雜誌] 抽印本，1881.)

110. 哀灘爾：佛教論 (Eitel, Rev. Ernest John, Three lectures on Buddhism. Hongkong, 1871. 三版時，增補了許多，並改名爲： Buddhism: its Historical, Theoretical and Pupular Aspects, Hongkong, 1884.)

111. 哀灘爾：中國佛教研究者必携 (Eitel, Rev. Ernest John.Handbook for the Student of Chinese Buddhism,

Hongkong, 1870, 再版時增訂並改題爲：Handbook of Chinese Buddhism: being a Sanskrit Chinese dictionary with vocabularies of Buddhist Terms. Hongkong. 1888.）——這是一冊簡便的梵漢字典，爲吾們研究中國佛敎史及西域佛敎史時必備的東西。——著者爲駐于香港的英國官吏。這書的日本複刊本，係由一九三〇年死去的高桑駒吉學士設法翻刻的，書名如下：

112. Eitel, Rev. Ernest John. Handbook of Chinese Buddhism being a Sanskrit Terms in Pali, Singhalese, Burmese, Tibetan, Mongolian and Japanese. Tokyo, 1904.

113. 蘭米剎譯：法顯傳（佛國記）（Rémusat, Abel. Foe-Koue Ki, 佛國記 on Relation des Royaumes Bouddhiques: Voyage dans la Tartarie, dans l'Afghanistan et dans l'Inde, exécuté, à la fin du IVe siècle, par Chy Fa Hian, Paris, 1834.）

114. 求臨譯：慈恩寺傳（Julien, Stanislas, Histoire de la Hiouen Thsang et ses voyages dans l'Inde, depuis l'an 629 Jusqu'en 645, par Hoei-li et Yen-

Thsong, Suivie de Documents et d'Eclaircisements Géographiques tirés de la Relation originale de Hiouen-Thsang, Paris, 1853.)

115. 皮爾譯：西域記（Beal. Samuel. Si-Yu Ki〔西域記〕Buddhist Records of the Western World. 2 Vols., London, 1906.）

116. 皮爾譯：法顯，宋雲傳（Beal Samuel. Travels of Fah-Hian and Sung-Yun, Buddhist Pilgrims from China to India [400 A.D. and 518 A.D.] London, 1869.）

117. 皮爾譯：慈恩寺傳（Beal, Samuel. The life of Hiuen-Tsiang by the Shamans Hwui Li and Yen-Tsung. London, 1888. New ed., 1911.）

118. 徐放譯：義淨西域求法高僧傳（Chavannes, Edouard. Voyages des Pélerins Bouddhistes. M'emoire composé à l'Epoque de la grande Dynastie Tang sur les Religieux Eminents qui allèrent chercher la loi dans les pays d'Occident, par I-Tsing. paris 1894.）

119. 徐放譯：宋雲傳（Chavannes, Edouard. Voyage de Song Yun dans l'Udyāna et le Gannhāra 518-528.

B. E. F. E. O.（河內遠東學院雜誌）III. No. 3. 1903.）

120. 蘭復，徐放合譯：悟空傳（Lévi, Syrvin et Chavannes, Edouard. voyages des pélerins bouddhistes L'Itineraire d'Ou-Kong. [751-790] J. A. 法蘭西亞細亞協會雜誌，IXe Sér. VI. NO. 2. 1895.）

121. 瓦脫譯：西域記 （Watters, Thomas, On Yuan Chwang's Travels in India, A. D. 629-645. 2 vols., London, 1904.）

這些略偏專門一點，各書引的注釋很多，給我們指示的地方，實在不少。

122. 莊士敦：佛教徒的中國（Johnston Reginald. Eleming. Buddhist China. Londan, 1913.）——著者一八七四年生于蘇格蘭，卒業于愛丁堡·牛津兩大學。往香港任事，轉衛海威，後爲宣統帝侍講。

123. 哀利歐：印度教與佛教（Elliot, Sir Charles: Hinduism and Buddhism. 3 vols., London, 1921.）——著者嘗爲駐日英國大使，偶于初夏歸英途次，死於印度洋。這書裏中國西藏一章，可見內容的淵博，爲治中國佛教史者所必讀。

124. 克派：佛陀之宗教（Koeppen, Carl Friedrich, Die Religion des Buddha und Ihre Entstehung. 2 vols., Berlin, 1857-59.）——著者德意志人，據說是柏林弗利第利吼（Friedrich）中學教員。這書上卷爲普通的佛教史，由印度概述到中國的佛教歷史；下卷記喇嘛教政及其教會史；書裏加入評語，爲現在略古一點的名著。

125. 華特爾：西藏佛教——喇嘛（Wahdel, L. A. the Buddhism of Tibet of Lamaism with its Mystic Cults, Symbolism and Mythology and in its Relation to Indian Buddhism, London, 1895.）——這可說西藏佛教精要的書；詳記那歷史，教義僧侶，建築，神話，儀式，魔術，祭式，民俗等。

126: 雪蘭曼：達賴喇嘛史（Schulemann Günther Die Geschichte des Dalai Lamas Hiderberg,1911.）——著者德意志人。

127. 洛克吼爾：喇嘛國（Rockhill, William Woodville. The Land of Lamas. London, 1891.）——著者美國人。

128. 學士：蒙古佛教史（Huth, lGeorg, Geschichte des

Buddhismus in der Monglei mit einer Einleitung: Politische Geschichte der Mongolen. Strasburg, 1896.)——著者爲柏林大學助教授。並德譯藏文Jigs-mednam-makha，爲上下二冊：一，譯文與注譯；一，仍用石印的原文；從一八九三年至九六年刋出，他是一位少壯的西藏學者，前途很有希望，可是于一九〇六年死了，年四十九。

129. 博姆：明朝宗室的歸宗（Boym, Michael. Brieve Relation de la notable conversion des personnes royales et de l'état de la Religion Chrétienne en la Chine. Paris, 1654.）

130. 殷鐸澤：中國佈教現況要略 Intorcetta, Prospero, compendiosa narrarione dello stato della Missione Cinese, cominciado dall' Anno 1581 Sino al 1669………, Roma, 1672.）

131, 拉托蘭脫：中國耶穌教史（Latourette, Kennteh S. A History of Christian Missions in China, New York, 1929.）

132. 穆爾：一五五〇以前中國耶穌教徒（Moule, A. C. Christians in China before the year 1550 London,

1930.）

133. 勃洛姆霍爾：中國的回教 Broomhall, Marshall. Islam in China. London, 1910.）

134. 哈脫曼：中國回教史（Hartmann, Martin. Zur Geschichte des Islam in China. Leipzig, 1921. Quellen und Forschungen zur Eerd-und Kulturkunde, Band X.）

135. 戴爾剎：漢及新疆之回教（Thiersant, P. Dabry de. Le Mahométisme en Chine et dans le Turkestan Oriental. 2 vol',Paris, 1878.）

136. 徐放、伯希和合著：摩尼教考（Chavannes et Pelliot, P. Wn traité manichéen retrouvé en Chine. Paris, J. A. 1913.〔法蘭西亞細亞協會雜誌抽印本〕）

137. 勃鈎脫：摩尼教史（Burkitt, F. Crawford. The Religion of the Manichee, London, 1925.）——這書稍有耶教的偏見。

138. 特・佛利亞：中國之回教與摩尼教（De Véria, G. Musulmans et Manichéens Chinois, Journal Asiatique, 1898. II.）

139. 拉弗：中國伊蘭（Laufer, Barthold, Sina-Iranica.

Chicago, 1919.)

（昭和六、七、二〇稿。）

140. 文學博士濱田耕作著：通論考古學——京都，大鐙閣發行，大正十一年。

141. 濱田耕作：東亞考古學研究——東京，岡書院發行，昭和五年三月。

142. 米梅里司：美術考古學發現的一世紀 （Michaelis, Adolf. Ein Jahrhundert Kunstarchäologischer Eentdeckungen. Leipzig. 1908.）——這是一九〇五年在萊府出版題爲 Die archäologischen Entdeckungen des 19 ten Jahrhunderts. 的增訂版。

英譯本，名： Kahnweiler, Bettina. A century of archaeological discoverries. 濱田博士日譯本爲米海里司氏美術考古學發見史——東京，岩波書店，昭和二年一月。

143, 東京帝國大學文學部編纂：樂浪——東京，刀江書院，昭和五年十一月。

144, 朝鮮總督府、朝鮮古蹟調查會編：慶州金冠塚及其遺寶——古蹟調查特別報告，第三册，昭和二年。

145. 東亞考古學會編：貔子窩·南滿洲碧流河畔之先史時

代遺跡——東方考古學叢刋第一冊，東京，昭和四年三月。

146. 東亞考古學會編：牧羊城、南滿洲老鐵山麓漢及漢以前遺跡——東方考古學叢刋第二冊，東京，昭和六年十二月。

147. 梅原末治著：歐美的中國古鏡——東京，刀江書院，昭和六年十二月。

148. 斯台因哈孫：原史時代的格爾曼文化 (Steinhausen, Germanische Kultur in der Urzeit. 2. Aufl, 1910.)

149. 明斯：希臘人與北狄（Minns, Eellis H. Greek and Scythians. London. 1918.)

150. 洛斯托慈夫：南俄西亞的伊蘭人和希臘人（Rostowtzeff, Mikhael. Irans and Greeks in Southern Russia. Oxford. 1922.)——這書的詳細介紹，請看大正十二年十二月，友人故高橋邦枝君于東洋學報第拾三卷第三號，四一一至四四。頁所發表的。

151. 烏及夫爾維：中亞考查記 (Vjfalvy, Ch. E. de. Expédition Scientifique Française en Russie. en Sibérie et dans le turkestan 1880.)——著者爲匈牙利考查家。

152. 潘灤利：土耳其斯坦遠征、亞腦發掘報告（Pumpelly, Raphael Explorations. in Turkistan: Expedition of 1904. prehistoric. civilization of Anau Origins, Growth and Influence of Enviroment. 2 Vols. Washington, 1908）.——這是把中國的石器與土器，作比較對照考察。亞腦地方在謀甫（Merv）市與裡海之間。

153. 加時洛夫：北蒙諾音山發掘報告——俄文原文從略。這是由俄國學士院發表的考查報告。加時洛夫（Kozlow）係俄國的將軍，為考查家又是地學者，幾次旅行考查蒙古、中亞細亞、西藏、四川甘肅等處，有很好的成績，貢獻于學術界。石田氏于歷史教育雜誌上，有詳細介紹。諾音係山脈的名稱，大概許是蒙古語，這是蒙古庫倫北方七十哩許，色楞格河右岸的山，在那山麓斜坡森林中，據說有二百十二座墳塚，加將軍掘了一小部分。英國方面介紹這考查報告者，有 Yetts. W. Perceval, Discoveries of the Kozlow Expedition. (Burlington Magazine, London Apr 1926.) 至石田幹之助氏所述，為關于北蒙發見的新史料，載歷史教育第一卷第三號，昭和二年一月號，三一至四一頁。

154. 潘潑利：中國北方及日本地質調查 (Pumpelly, R. Geological Researches in China, Mongolia and Japan during the years 1862 to 1865. Washington 1867.)——潘氏並於這時考察黃河河道的變遷。

155. 安特生：甘肅考古記 (Andersson, J. G. Preliminary Report on Acrhaeological Research in Kanshu, [Memoir of the Geological Survey of China, A. S. June, 1925]) ——著者瑞典人，為舊北京政府農商部地質調查所顧問，于一九二三至二四年，在甘肅盆地，發掘墓地、住居地數處。這書有漢文抄譯本並附彩印圖幅。

156. 安特生：奉天省沙鍋屯洞穴 (Andersson, J. G. Cave Deposit at Sha Kuo Tun in Fengtien. [Palaeontologia Sinica. D. I. I. 1923]) ——這是敘述從石器時代洞穴中發現的彩色土器。大要載民族、東亞考古學研究。沙鍋屯在奉天省錦西縣。

157. 安特生：中華遠古之文化 (Andersson, J. G. An Early Chinese Culture [Bulletin of the Geological Survey of China. No. 5. 1923]) ——這是安氏于一

九二一年，在河南澠池縣，一小村名叫仰韶的，調查石器時代遺蹟的著述。發掘品固有詳細記錄，並從時代的推定，說到所使用者的人種問題，爲中國文化起源古遠吐氣；這書也有漢文抄譯本。安博士的發現，在質量上，並足爲中國考古學上的一大革命。

158. 拉弗：玉器考（Laufer, Barthold. Jada, a Study in Chinese Archeology and Religion. Chicago, 1912.）——書中說中國沒有石器時代，這是那時出現材料貧弱的緣故。

159. 拉弗：中國泥象考（Laufer, Barthold. Chinese Clay Figures. Part I. Chicago, 1914.）

160. 拉弗：漢代陶器之研究（Laufer, Barthold. Chinese Pottery of the Han Dynasty, Leiden, 1909.）

161. 拉弗：中國陶磁源流考（Laufer, Barthold. Begining of Porcelain in China, Chicago, 1917.）——以上諸書，同爲弗拉博士傑作，爲研究中國考古學，美術史者必讀的書。著者與法國伯希和氏，可謂當代漢學者中的雙璧。

162. 利蓀，特却爾狄合著：由黃河到白河（Licent, Emile and De Chardin, Teilhard, Hoaung-Ho-Pai-Ho, Com-

ples Rendus de Dix Années 1914-1923, de séjour et D'Exploration dans le Bassin de Fleuve Jaune. du Pai Ho, ········ 4 vols Tientsin,) ——兩氏均為在天津的法國傳教師。這書本文三冊，大幅的圖錄一冊。

163. 利蓀，特，却爾狄合著：中國北部石器的發現（Licent, Emile and De Chardin, On the Discovery of a Palaeolithic Industry in Northern China. [Bul, Geol, Surv, China, 1924]）——照相及圖幅在中國所製，極拙劣。利蓀氏一九三一年秋，應東亞考古學會之招，來京都講演。

164. 石田幹之助著：關于中國石器時代——支那第十六卷第十號，五六——六九頁。大正十四年十月。

165. 皮筱泊：新鄭縣的古銅器（Bishop, C. W. The Bronzes of Hsin-Chêng Hsien〔新鄭縣〕,[Chinese Social and Political Science Review. VIII. 2. Apr. 1924. Pp. 81-99]）——石田君在東洋學報第十四卷第三號，已將大體譯出，題為河南省新鄭縣新出古銅器及其他。京大神田學士在支那學雜誌三，七期，並有介紹。

166. 文學博士林泰輔著：殷墟遺物研究——東亞之光，第十四卷第五號 。清國河南省湯陰縣發見的龜甲牛骨——史學雜誌，第二十編八，九，一〇號。

167. 後藤朝太郎學士 ： 龜甲獸骨文字之研究——東洋學報，第四卷，第一，三號，第五卷第三號。

168. 郭沫若著：甲骨文字研究——上下二冊，上海，一九三〇年十一月。殷周青銅器——一冊，上海，大東書局，一九三一年六月。又，最近出的兩周金文辭大系——東京文求堂，昭和七年二月。

169. 劉鶚著 ：鐵雲藏龜——十冊 ，清光緒二十八年至九年。鐵雲藏龜之餘——一冊，民國三年刊。

170. 羅振玉著：殷墟書契——前八卷，後二卷，兩篇，民國三年——五年。殷墟書契考釋——民國三年刊。

171. 王國維：戩壽堂所藏殷墟文字考釋——民國七年刊。

172. 曼徐斯：有史以前的中國（Menzies, James Mellon, Prehistoric China Part one Oracle Records from the Waste of Yin. Shanghai.）——著者爲加拿大駐華傳敎士，其他爲文字的研究者 ，尙有 Chalphant. 及 Hopkins 等。

173. 克蘭曼慈：吐魯番及其古物（Klements, D. Turfan

und seine Alterthümer, St. Petersburg. 1899.）——這書本爲俄文，有哈爾(D. V. Haller）德譯本，今很少見○這于一八九八年，入新疆，以吐魯番爲中心，探察古址，所蒐集的結果；次年由俄國學士院發表，爲中亞探險的前驅○

174. 斯坦因：古和闐(Stein. Sir M. Aurel. Ancient Khotan. Detailed Report of Archaeological Explorations in Chinese Turkestan.2 vols. Oxford., 1907.）——斯氏爲生于匈牙利的英人，早年任印度政府官吏○一九○○至一九○一年，實地考查新疆塔里木流域，尤以和闐爲中心，尼雅，克里雅等遺蹟，發見漢•晉木簡，獲得古壁畫，佛典等○這書詳細報告探察經過，發掘品細目，並有許多圖幅○

175. 葛魯維特爾：伊狄克脫細里發掘志（Nuebel. Albert Bericht über archaologische Arbeiten in Idikutschari, Münehen. 1906）——葛氏德意志人，他從一九○二年十一月至一九○三年三月，率隊往吐魯番及庫車（龜茲）附近探察，一九○六年，把發掘結果，彙集發表○伊狄克脫細里，乃吐魯番附近古城址之名，這當屬土稱•

176. 葛魯維特爾：中央亞細亞佛教古堂（Grünwedel, Albert. Altbuddhistische Kultstätten in chinesisch-Turkistan. Bericht über Archaologische Arbeiten von 1906 bis 1907 bei Kuca, Qarasahr und in der Oase Turfan. Berlin. 1912.）——這是從一九〇四年九月到一九〇五年十二月，德國著名的爾·康克（Le Coq）所組織的考察隊，那時專以吐魯番為中心，從事發掘；一九〇五年，葛魯維特爾也來協助，到了一九〇七年六月，調查庫車·吐魯番·哈剌沙爾等處，于各地獲得大宗發掘品，葛氏把那結果編成這書，以下二書，也是述這次的收穫：

177. 爾康克：高昌（Le Coq, A. von. Chotscho. Facsimile wiedergaben der wiehtigeren Funde der Ersten Königlich Preussischen Expedition nach Turfan in Ost Turkistan. Berlin. 1913.）

178. 葛魯維特爾：古庫車（Grünwedel, Albert. Alt-Kutseha. Berlin. 1920.）

中央亞細亞佛教古堂，高昌·古庫車·三書，都有不少美麗彩色圖幅；尤其高昌一書，除歷史家·考古學家外，並為佛教美術家，歷史畫家，風俗畫家等絕好參考書。發掘品現公開陳列於柏林民族博物館。

（昭和七，四，十五稿，）

179. 原田淑人著：見于西域發現的繪畫之服飾研究——東洋文庫論叢第四。大正十四年八月。原氏以前發表的支那唐代的服飾——大正十三年三月，東京帝國大學文學部紀要第四，當爲這文的姊妹篇。可參看。

180. 斯坦因：珊利狄亞（Stein, Sir M. Aurel. Serindia. 5 vols Oxford. 1921.）

181. 斯坦因：千佛洞佛畫集粹(Stein, Sir M. Aurel. The Thousand Buddhas. London, 1921.)——以上兩書，係斯氏的探察報告。自一九〇六年至八年，斯氏第二次再訪塔里木盆地，跋涉甘肅西部，實地考查萬里長城殘壘，發掘敦煌千佛洞；這次也帶歸了可貴的出品，一部分在印度博物館，一部分保存于倫敦大英博物館。前書五冊內，一幅係全部地圖，一冊爲全部圖錄，三冊載解說。後書選錄所發現的佛畫精粹，原色印的大圖幅，附簡單說明，實在很美麗的。斯氏于敦煌千佛洞石室裏，買了許多古文書，典籍，繪畫，回印度。詳情載前述的報告中。

182. 伯希和：敦煌石室千佛洞壁畫集存（Pelliot, Paul.

Mission Pelliot, Les Grottes de Touen Houang. 6 vols. Paris, 1920-26.)——所謂敦煌千佛洞的發現，從一九〇六至一九〇九年，伯氏與斯坦因同様先自塔里木盆地，來敦煌，檢出斯氏不曾見到的宋以前的古書，六朝・隋・唐・等的古寫本，漢籍・佛經等數千卷，帶回法國；其中也有許多佛畫，今藏巴黎國民圖書館。先暫時僅出壁畫六帙；編成這畫集；用珂羅版印，不加色彩；恰當世界戰爭，紙張不能輸入，法國財力困難的時候，報告印刷，較他國爲差，而加惠學者則甚大云。

183. 伯希和・羽田共編：敦煌遺書——影印本第一集及排印本第一集，京都，大正十五年九月。伯氏蒐集過多，僅待法國出版，不知何時學者才得應用；羽田出洋時，與伯氏會見，商妥公刊古書類的一部分，這便是共編的敦煌遺書。下面羅振玉編的，仍是這種意味這是把伯氏蒐集品的一部分，用玻璃版複製的。

184. 羅振玉編：鳴沙石室佚書——北京，一九一三年。鳴沙石室佚書續編——北京，一九一七年。鳴沙石室古籍叢殘—北京，一九一八年。墨林星鳳——北京，一九二〇年。

185. 烏里台堡：俄之土耳土斯坦探查記 (Oldenburg, S., Russkaya Turkestanskaya Ekspeditsiya. 1909-10. St. Petersburg, 1914)——著者俄國人，為考查庫車，而作這很好的報告。那彷彿是前述的葛氏等的拾遺。

186. 爾•康克：中亞後期古代佛敎藝術 (Le Coq, A. von. Die bubdhistische Spatantike in Mittelasien.6 vols. Berlin, 1922-28.)——這是從一九一三年正月至四月，調查庫車，馬拉爾拔細如方後，拿回主要的壁畫類及犍陀羅式雕刻等，彩色印極佳，原物今存柏林民族博物館，整然壁的模樣陳列着。

187. 斯坦因：深奧的亞細亞 (Stein, Sir M. Aurel. Innermost Asia. 4 vols. Oxford, 1928.)——一九一三年，繼續至一六年，斯氏從事第三次探察，帕米爾高原東北考查蒙古西境，阿富汗一部分，這便是那結果的報告。

188. 大谷光瑞編：西域考古圖譜——二册，東京，大正四年。第一次明治三十五年——三十七年；主要的為和闐•庫車地方。第二次明治四十一年——四十二年；土魯番•庫車地方。第三次明治四十三年——大正三年；塔里木盆地北部，敦煌。

189. 加時洛夫：西夏黑城址考查報告 (Kozlov, peter Kuzmich Mongoliya i Amdo i mertry i gorod Khara Khoto. Moskva i Petrograd, 1922.) ——一九二五年，有德文抄譯本。日譯載國華第二十七，二，作爲烏里台堡氏的記事。

190. 赫定：中亞科學考查記 (Hedin, Sven. Scientific Results of a Journey in Central Asia, 1899-1902. 6 vols. Stockholm, 1904-1907.) ——赫定，瑞典人。

191. 黎慈：美國博物館中亞調查記 (Reeds, chester A. Central Asiatic Expeditions Roy Chapman Andrews, Leader. The Permain of Mongolia I-IV New york, 1923-31.) 此後在續刋中。

以上兩書，重自然科學的調查，今不詳述。

192. 文學博士羽田亨著：西域文明史概說——京都，弘文堂，昭和六年四月。

193. 石田幹之助著：中央亞細亞檢查之經過及其結果——東洋史講座特殊講義，東京，雄山閣，大正十五年八月。

194. 徐放：中國北部考古圖譜 (Chavannes, E. Mission archeologique dans la Chine septentrionale. 4 vols.

paris, 1909)—— 一九〇七年，徐氏旅行中國北部各地，親自撮影于玻璃版，可惜原版不大好，比之次述的斯加蘭的東西，要遜色一些。徐氏並撮入遠在滿洲，朝鮮，鴨綠江畔的高句麗好太王碑。

195. 斯加蘭：中國西部訪古圖說（Segalen, Victor. &c. Mission archéologique en Chine. Atlas II. Paris, 1923.）——斯氏乃徐放弟子，與拉梯格（Lartigue）及伏新(Voisin)同往陝西，四川考察，後單獨調查江蘇地方。這報告有長安，咸陽，乾縣等的墓闕，碑碣，南朝蕭恩氏墓陵彫刻等，爲有志于中國考古學，美術史者必備的書，圖幅也很好。斯氏帶回來的東西，今藏巴黎吉曼博物館。

196. 石田幹之助，岩井大慧共編：東洋歷史參考圖譜——十五輯。東京，大塚巧藝社，大正十四——昭和六年，——這『圖譜』大部分參考上面兩書而成。

197. 勃先爾：中國美術（Bushell, Stephen Wootton. Chinese Art. 2 Vols. London. 1905-6)——畸爾奴斯基博物館梯刹（Tizac）氏譯爲法文，並附補注，——勃氏英國人。法譯本，名：Tizac. H D'Ardenne de L'Art Chinois. Paris. 1910.

198. 明斯脫堡：中國美術史（Munsterberg. Oskar. Chinesische Kunstgeschichte. 2 Bände. Berlin. 1910-12.）

——明氏德國人。這書卷一述佛教輸入以前的繪畫等，卷二論所有的中國美術。

199. 弗洛利：中國及日本美術史概說（Fenollosa Ernest F. Epochs of Chinese & Japanese Art. An Outline History of East Asiatic Design. 2 vols. London, 1912.）

這書的法譯本：Migeon, Gaston. L'art en Chine et au Japon. Paris, 1913.

德譯本：Milcke, Fr. Hara Shinkichi. Ursprung und Entwicklung der Chinesischen und Japanischen Kunst. 2 Bd. Leipzig. 1913. 原著者弗洛利，英國人。曾任教東京帝大，爲帝室博物館顧問。

200. 羅志等編：勃林頓雜誌特輯號：中國美術（Roger, Fry and Siren, Osvald etc. Burlington Magazine Monographs, Chinese Art. An Introductory Review of Painting, Ceramics, Textiles, Bronzes, Sculpture, Jade, etc……London. 1925.）

201. 勃先爾：中國陶瓷考（Bushell. S. W. Chinese Porce-

lain. Oxford. 1908.）——勃氏為駐華公使館醫士，有多方面趣味的人，在華時留意碑文，泉貨，陶瓷等，鑑別所有古物，目光很是銳利。

202. 求蘊：景德鎮陶器錄（Julien, Stanislas, Histoire et Fabrication de la Porcelaine Chinoise. Paris. 1856.）

203. 霍勃蓀：中國的陶磁(Hobson, R. L. Chinese Pottery and Porcelain. 2 vols. London 1913.)——這是述中國的土器及陶器。中國陶人的藝術（The Art of the Chinese, Potter London. 1923)——這是由漢代到明代的陶器概論。明代之器物（The Wares of the Ming Dynasty. London. 1923.)——這是如書名所示，論有明一代的陶器。此外，霍氏還有許多關于陶瓷器的論著，均從略。近代中國的陶器（The Later Ceramic Wares of China. London, 1925.)——這書主要的論清代的陶器。著者可謂英國的陶器通。

204. 海徐蘊頓：古時中國的陶器（Hetherington, A. L. The Early Ceramic Wares of China. London, 1922.）——有霍勃蓀序。著者乃霍氏弟子。這書德譯本名：Junkelmann, R, E, Chinesische Frühkeramik. Berlin. 1923. 海氏書共有兩三種。

205. 霍勃蓀，海徐滆頓合著：中國陶人的藝術（Hobson, R. L. & Hetherington, A. L. The Art of Chinese Potter. London. 1923.）

206. 霍勃蓀：中國美術傑作百選集（Hobson, R. L. Chinesische Kunstwerke in farbiger wiedergabe auf 100 Tafeln. Steingut & porzellan, Jade & Lackarbeiten, Bronzen, Möbel & Gemalde Eingeleited durch einen Abriss über chinesische Kunst. Berlin1927.）

207. 霍勃蓀編 ： 尤姆爾複泊洛斯蒐集圖錄（陶瓷之部）(Hobson, R. L, ed., The Eumorphopoulos Collection of Chinese pottery and Porcelain. 3 vols. London, 1925-30.）

208. 勃先爾編：烏爾脫蒐集東洋陶磁圖說（Bushell, S. W. Oriental Art. (W. T. Walter's. Collection) New york, 1897.）

209. 利弗哀：遠東陶磁圖選（Rivière, Henri. La Céramique dans l'art d'Extrême-Orient. Paris. 1923.）

——著者法蘭西人。

以上幾種書。都有美麗彩印圖幅。

210. 細蘭：中國北方城壁城門誌(Sirén, Osvald. The Wall

and Gate in Northern China. London. 1926.)——把長城及諸門撮影而整理之。

211. 細蘭：北京宮殿圖說（Sirèn, Osvald. The Imperial Palaces of Peking. 3 vols, Stockholm. 1926.)——這書有法譯本。內容似模仿日本伊東博士之清國北京皇城及北京宮殿建築裝飾。

212. 細蘭：中國彫塑篇（Sirén, Osvald. Chinese Sculptiere from the fifth to the Fourteenth century. 4 vols. 1926.）——這也有法譯本。著者係瑞典斯托克霍爾姆（Stockholm）大學教授，一九二九年來日本。這書鑑定各彫刻時代及眞僞，也有稍覺奇特的；共四册（原文一册，圖幅三册。）

213. 伊東：清國北京皇城（Ito Chuta. The Imperial city of Peking China.）；北京宮殿建築裝飾（The Decoration of the Palace Buildings in Peking. Tokyo. 2 vols.)

214. 大村西崖編：中國美術史雕塑篇——一册，附圖版一套，大正四年。

215. 徐放：兩漢畫象石考(Chavannes, Edouard. La Sculpture sur pierre en Chine au Temps des Deux

Dynasties Han, Paris, 1893.)——這是論述山東所有的兩漢時代的畫象石。

216. 排爾細曼：中國建築史（Böerschmann,Ernst.Die Baukunst und Religiöse Kulture der Chinesen. 2 Bände. 1911-14.）

217. 排爾細曼：中國寫眞集（Boerschmann. Ernst. Picturesque China. Architecture and Landscape, A Journey through twelve Provinces. Berlin, 1922.）——集合中國各地的風景，著名的建築物，彫刻等，用珂羅版印出。

218. 阿先頓：中國雕刻研究（Ashton, Leigh. An Introduction to the Study of Chinese Sculpture. London. 1924.）

219. 奇爾斯：中國繪畫史入門（Giles, Herbert Allen. An Introduction to the History of Chinese Pictorial Art, Shanghai, 1905.）

220. 別尼弘：遠東美術論（Bynion, Laurence. Painting in the Far East. An Introduction to the History of Pictorial Art in Asia especially China and Japan. London, 1908, 2 nd, ed, 1913.）——著者在大英博物

館東洋部多年，專攻中國·日本繪畫。一九二九秋來日本，在東京，西京兩大學講演。對于中日繪畫見解，以歐人而論是很不錯的。他本來是詩人。編有"大英博物館所藏中國及日本繪畫圖錄"數種。

221. 烏蘭·中國繪畫史概說（Waley, Arthur. An Introduction to the Study of Chinese Painting. London. 1923.）——著者並任職于大英博物館東洋美術部，于繪畫眞僞，鑑別力極銳利。

222. 烏蘭：大英博物館所藏中國畫家索引（Waley, Arthur. An Index of Chinese Artists Represented in the Sub Department of Oriental Prints and Drawings in the British Museum. London. 1922.）——將中國畫家姓名，用漢字及漢音羅馬字表出，有作者生歿年月，簡單履歷。

223. 弗格蓀：中國繪畫史（Ferguson, John C. Chinese Painting. Chicago. 1927.）——著在美國人。這書由芝加哥大學出版部刋行。自古代至民國，概述中國繪畫史。

224. 弗格蓀：中國美術概說（Ferguson, John C. Outlines of Chinese Art. Chicago, 1919.）

224. 基曼爾：東洋美術（Kümmel, Otto. Die Kunst Ostasiens——Die Kunst des Ostens.——Herausegeben von William Cohn. Band IV. Berlin. 1921.）

基曼爾：中國美術二百選（Kümmel, Otto. Chinesische Kunst Zweihundert Hauptwerke der Ausstellung der Gesellschaft für Ostasiatische Kunst in der Preussischen Akademie der Künste Berlin. 1929. Berlin, 1930.）——著在德意志人。一九二九年夏來日本。爲柏林民族博物館館長；乃是中國，日本的美術通。

225. 福煦：于達哈探查（Foucher, Arfred. L'Art greco-buddhique du Gandhara. 2 vols, Paris, 1905-18.）——福煦博士一九二九年任日法會館學監來日本。

226. 哈進：拔米恩（Hackin, J., Godard, A.,et Godard. Y. Les antiquités Bouddhiques de Bamyan. Paris. 1928）——哈進博士一九三一年春來日本，這年夏往中亞探查，前月才回來，在非公開的講演會裏，發表旅行報告，全部使用幻燈，實在很有趣。尤有興味的，現在的探查隊，與馬哥孛羅及玄奘三藏完全走同一的路線，大模大樣的乘汽車前進。

227. 馬先爾：摩海徐達洛及印度河流域文化（Marshall, Sir John. Mohenjo-Daro and the Indus Civilization. Being an official account of Archaelogical Excavations, at Mohenjo-daro carried out by the Government of India between the year 1922 and 1929. 3 vols. London. 1931.）——這是印度河流域摩海徐達洛發掘報告。

228. 克泊：中國古銅器考（Koop. Albert J. Early Chinese Bronzes, London, 1924.）

229. 于慈編：中國及朝鮮古銅古玉蒐集圖錄（Yetts, W. Perceval. Catalogue of the Chinese & Corean Bronzes, Sculpture. Jade, Jewellery and Micellaneous Objects. 2 vols. London. 1928.）

230. 服蘭邇：古代中國之銅器（Voretzsch. Dr. E. A. Altchinesische Bronzen. Berlin, 1924.）——著者德國人。這為歐西出版中國古銅器的良好專書。

231. 住友吉左衞門編：泉屋鑑賞——鏡鑑部二冊，一器部一冊，三帙。同上：泉屋清賞——三冊：泉屋清賞續篇——一冊。

232. 拉特洛夫編：北蒙訪古圖錄（Radloff, Wilhelm,

Atlas der Alterthümer der Mongolei. St. Petersburg, 1892-93.)

233. 拉特洛夫編：突厥古碑考（Radloff, Wilhelm. Die alttürkischen Inschriften der Mongolei. St. Petersburg, 1884-99——著者俄國人。

234. 托爾馬趨夫著：金白城發掘志（Tolmachev, V, Y, Histoire Manchurian Relics. Harbin. 1925.）——這是一九二三年至二四年考查結果，載哈爾濱發行的滿洲時報第一號；同年並發表于東省文物研究會A種刊行物第九冊。

235. 因派：元上都考查記（Impey, Lawrence. Shangtu〔上都〕Summer Capital of Kublai Khan.〔Geographical Review XV. 1925〕PP,584-604.）——著者美國人。

236. 加太：中國彫板的發明及西方的傳播。（Carter, Thomas Francis. The Invention of Printing in China and its Spread Westward. New York, 1925, 增補再版。）——著者乃美國哥崙比亞大學漢學助教授。由中國紙的發明起，講到各方面，以中國文化史而論，爲近來的名著。

237. 海慈：中國墓陵明器土偶考(Hentze. C. Les Figurines de la Ciramique Funéraire, I Text, II Planches. Dresden. 1927.)——著者爲比利時干德(Gand)大學講師。這書最初用法語出版，立刻便有英譯。原書本文與圖幅爲二册；英譯百十一圖幅，與本文合裝一書。關于這書有一段趣味的故事，聽說出版沒有多少時候，伯希和先生在某學術雜誌，恣意的批評，著者海慈先生看見了，惶恐得很，彷彿要宣告絕交、決鬥模樣；爲學術界稀見的事情。這書的英譯本，名；

238. Hentze. C. Chinese Tomb Figurene. A Study in the Beliefs and Folklore of Ancient China. London. 1928.

239. 非先：漢代繪畫史（Fisher, Otto. Die Chinesische Malerei der Han-Dynastie; Berlin, 1931.）著者德國人。這書限印二百五十部。從中國人的死人崇拜條寫起，述墓陵營造，因論及描寫棺槨與陵闕的繪畫；有八十一頁圖幅。著者也曾來日本，那時任斯多德牙爾（Stuttgart）博物館長；此次出書時，轉任瑞士巴西爾(Basel）博物館長。

（昭和七年四月十八日稿）

240. 吉尼：北狄通史（De Guignes, Joseph. Histoire générale des Huns, des Turcs, des Mongols, et des autres Tartares Occidentaux……4 vols., Paris. 1756-58.）

241. 衛匡國：韃靼戰記(Martini, Martin. De Bello Tartarico hostoria; in qua quo Pacto Tartari hac nostra aetate Sinicum Imperium.……Antverpiae. 1654.)——這書原本爲拉丁文，多重譯本，下面的便是其中之一：

242. Martini, Martin. Histoire de la Guerre des Tartares Contre la Chine, contenant les Révolutions étrangères qui sont arrivées dans ce grand Royaume…… Paris, 1654.)

243 衛匡國：中國新圖（Martini, Martin. Novus Atlas Sinensis, ……Amsterdam, 1655.)

244. 劉應：韃靼史（Visdelou, Claude. Histoire de la Tartatie. [D-Herbelot, Bibliothèque Orientale, Supplément, Maestricht, 1780])

245. 宋君榮：成吉思汗及其繼承者（Gaubil, Antoine. Histoire de Gentchiscan et de toute la dynastie des Mongous ses successeurs., conquérant de la

Chine. Paris, 1739.)

246. 道蓀：蒙古史（D'ohsson, Baron C. Histoire des Mongols, depuis Tchinguiz-Khan jusqu'à Timur Bey ou Tamerlan, 4 vols., Amsterdam, 1852,)

247. 霍華士：蒙古史（Howorth, H. H. History of the Mongols from the 9th to the 19th Century. 5 vols. London, 1876-1927)

248. 侃丁：蒙古史（Curtin, J. The Mongols. A History. Boston, 1908.)

249. 巴托特：蒙古西征以前的土耳其斯坦史（Bartold, V. Turkestan v epokhu mongolskago nashestriya, St. Peterburg, 1900.）——可說是西域史，很有一讀的價值○原文爲俄文，英譯名：

250. Bartold, W. Turkestan down to the Mongol Invasion, London1928)

251. 華爾夫：蒙古征西史（Wolf, Carl O., Geschichte der Mongolen oder Tataren, besonders ihres Vorringens nach Europa, Sowie, ihrer Eroberungen und Einfälle in diesem Weltteile, Breslau. 1872.)

252 烏拉狄米慈夫：成吉思汗傳（Vladimirtsov, B.Ya,

Chingi-Khan, Berlin. Peterburg, Moskva. 1922.)——譯自蒙文元秘史，原文爲德文，近有英譯。

253. 尤耳、考爾狄合訂：馬哥孛羅東方見聞錄（Yule and Cordier, The Book of sir Marco Polo, the Venetian, ………… 3 vols,; 1903-1910）增訂三版，爲很適宜的書；最後一册，補遺裏頁數略覺少一些。

254. 休克：西藏行記（Huc. M. Souvenirs d'un Voyage dans la Tartarie, le Thibet, et la Chine, Pendant les Années 1844, 1845 et 1846, 2 vols., Paris, 1850.）——英譯本，爲

255 Huc. M. Travel in Tibet, and China during the years 1844-5-6. 2 vols, London and Chicago, 1898. ——英譯本有兩種。

256. 勃先爾：西藏古代史（Bushell, S. W., The Early History of Tibet from Chinese Sources. Calcutta, 1880.）——彷彿是新舊唐書的什麽"吐蕃傳"和"衛藏圖識"的翻譯。

257. 攀爾：西藏之今昔（Bell, Sir C. E. Tibet, Past and Present. Oxford, 1924.）——載實地入藏的見聞，並有圖幅。（著者最近著有宗敎方面的書，這裏從略。）

258. 洛克吼爾：喇嘛國西藏（Rockhill, William Woodville, The Land of the Lamas Notes of a Journey through China, Mongolia and Tibet: London, 1891.）——著者係美國駐華公使，極熟悉遠東情形。並著有

259. 洛克吼爾：拉薩大喇嘛與滿洲朝之關係（Rockhill, William W. The Dalai Lamas of Ihasa and their Relations with the Manchu Emperors of China, 1644 1908. (Reprinted from T'oung Pao, 1910）

260. 洛克吼爾：西藏于闐古史考（Rockhill. W. W. The Life of the Buddha and Early History of his Order, London, 1884.）——譯自西藏舊籍，外加注釋。

261. 摩爾斯：中國外交史（Morse, Hosea Ballou, The International Relations of the Chinese Empire. 3 vols., London, New York, 1910-'18.）

262. 摩爾斯：中國商業政制考（Morse, H. B. The Trate and Administration of China. London, New York, 1921.）

263. 摩爾斯：馬克乃阿合著：遠東國際關係（Morse, H. B. and Mac Nair, H. F. Far Eastern International

Relations. 2nd ed., Boston. 1932.)——原來摩爾斯氏久住上海，爲英國亞細亞協會會員及中國北方支部名譽會員，任美國駐華總稅務司。這書先從古代述到遠東民族的交涉史，漸及日本，朝鮮，中國，印度等。立論多少替白人說話，這書初版在上海刊行，受國民政府禁止；再版在波士敦出書。

264. 摩爾斯：中國錢幣考（Morse, H. B. Currency in China. Shanghai, 1908.）

265. 摩爾斯：中國公司考（Morse, H. B. The Gilds of China; With an account of the Gild Merchant or Co-Hong of Canton, London, 1909.）

266. 馬克乃阿：近世中國史（Mac Nair, Harley Farnsworth. Modern Chinese History, Selected Readings. Shanghai, 1927. 2nd E, d, 1931.）——馬氏爲上海聖約翰大學教授，今歸美任芝加哥大學中國史教職。

267. 范乃克：近世遠東史（Vinacke, Harold M. A History of the Far East in Modern Times. New York, 1928.）——著者爲美國新新乃濟（cincinnati）大學國際法及政治學教授。

268. 豁哀脫：中國與列强（Whyte, Sir Fredrich, China and Foreign Powers. An Historical Review of their Relations, Oxford 1927.）——著者英國人。

269. 克拉哀特：在滿洲的列强競爭（Clyde, Paul Hibbert. International Rivalries in Manchuria. 1689-1922. Ohio, 1926 [2nd Ed. Revised, 1928.]）——著者美國俄亥俄（Ohio）大學助教授，任遠東近世史講席。這書從尼布楚訂結條約起，概述至一九二二年的遠東史，特別詳述最近數十年間的部分。

270. 楊格：滿洲之國際關係（Young, C Walter The International Relations of Manchuria. Chicago, 1929.）——著者為美國國際公法學者，于滿洲問題很有研究。一九二八年，在哈佛大學作星期講演，次年來日本京都，為提案太平洋會議，作此書。

271. 楊格：滿洲在日本統治下與國際公法上的位置（Young, C. Walter. Japan's Jurisdiction and International Legal Position in Manchuria. 4 vols., Bartimore and London,

(A) 日本在滿的特殊位置 [Japan's Special Position in Manchuria, Its ascertion, Legal interpretation and Present Meaning.]

(B) 關東州租借地之國際公法上的位置 [The International Legal Status of the Kwantung Leased Territory,.

(C)南滿洲鐵道附屬地的日本統治 [Japanese Jurisdiction in the South Manchuria Railway Areas,. —1931.)—三冊，總頁數九百九十三頁。

272. 洛克吼爾：中國及朝鮮條約集 (Rockhill W. W., Treaties and Conventions with or concerning China and Korea. 1894-1904. Washington. 1904.)—上下二冊，下冊名： Rockhill, W. W. Treaties. conventions, Agreements, Orbinances, etc., Relating to China and Korea (October, 1904-January, 1908) Washington, 1908.

273. 加乃基國際和平財團報告書 (Carnegie Endowment for International Peace. Washington, 1921.

(a) The Sino-Japanese Negotiation of 1915.

(b) Manchuria, Treaties and Agreement 1921

(c) Outer Mongolia, Treaties and Agreements

1921.

(d) Shang-tung, Treaties and Agreements 1921.

(e) Japanese and Chinese Documents and Chinese Official Statement 1921.)

274. 國際公法雜誌：中日條約及其他（Chino Japanese Treaties and Exchanges of Notes of May 25, 1915 [American Journal of International Law, New York, 1916. Suppl. vol. X. PP. 1-18])

275. 勃爾：華盛頓會議（Buell, R. L. The Washington Conference. New York and London, 1922.)

276. 勃蘭恩特：中國·日本及朝鮮（Bland, J.O. P. China, Japan and Korea. New York, 1921.）——著者英人，極熟悉中國情形。

277. 吉格蘭：遠東外交史入門書（Quigley, Harold S. An Introductory Syllabus on Far Eastern Diplomacy. Chicago, 1931.)

278. 台乃脫：在東亞的美國人（Dennett, Tyler., Americans in Eastern Asia. New York 1922.)

以下都是九一八以後的書：

729. 薛梅：(？)關于中•日衝突的中國方面的言論(Meng, Chih, China Speaks, On the Conflict between China and Japan, New York, 1932.)——著者中國人。先述滿洲富源，次述日•俄的侵入；指日本雖說滿洲門戶開放，可是完全封鎖云。

280. 哀徐頓•易曼合著：亞細亞的鬥雞場——滿洲(Etherton, Colonel P. T. and Tiltmann, H. Hessell. Manchuria: The Cockpit of Asia. London, 1932.)——哀徐頓大佐曾任新疆總領事，及高等法院推事。易曼曾著太平洋。

281. 拉梯摩爾：衝突發生地滿洲(Lattimore Owen, Manchuria Cradle of conflict. NewYork. 1932.)

282 派臨頓：奉天委任在滿的目的與行動 (Penlington John N. Mukden Mandate Act and Aims in Manchuria. Tokyo, 1932.)——著者係倫敦泰晤士報(London Times)駐日通信員。

283. 淑克爾斯基：亞細亞之火絨箱(Sokolsky, George, E. The Tinder Box of Asia.)——見預告，尚未出版。

284. 高特先爾：中國得期望于國際聯盟的是什麼？(Godshall, W. Leon. What can China expect from

the League of Nation? [The Chinese Social and Political Science Review, vol XVI. NO. I. april. 1932. pp. 61-74])——原文載中國社會政治學報。

（昭和七年六月十五日稿）

譯者按：上舉關于東三省事件諸書，大體上都是日人所謂'主張正當"者。

（完）

勘誤表

誤	正	頁數	行數
Bescnderer	Besonderer	3	14
各片原因	各註原音	4	17
洋史各種……	東洋史各種……	5	19
Sararan	Sasan	6	13
恰當印制術……	恰當印刷術……	7	7
達到窩斯……	達利窩斯	8	15
理學斯脫拉蓬	理學者斯脫拉蓬	10	8
還是這漠然的	還是很漠然的	10	12
以前寫	以前寫定	14	17
別剎思	別剎恩	18	16
Sargh	Saragh	19	14
很卑的北方	很廣的北方	22	1
……傳入西方的語	……傳入西方的話	22	6
底等語傳入	等語底傳入	22	7-8
簡括銳	簡括說	25	19
與于三世紀……	與于三世紀……	27	5
的料的供給	的史料的供給	28	6

誤	正	頁數	行數
底底	底	30	7
波剌伯	阿剌伯	34	12
Perplus	Periplus	36	5
Dcuments	Documents	37	2
Peterbourg	Petersbourg	37	3
不少希受臘	不少受希臘	40	4
紀兩回徒……	紀兩回教徒……	45	2
决非難得可寧，	决非難得，寧可……	46	18
商人底往，	商人的來往，	47	6
波斯灣治岸	波斯灣沿岸	51	2
Histoiy	History	54	4
俗縣爲沙拉刪語的	俗稱爲沙拉刪語的	65	3
治海的一部分	沿海的一部份	67	17
馬哥索羅	馬哥孛羅	74	4
不知在哪裏	不知在那裏	74	11
(Clemente IY)	(Clemente IV)	77	18
盛尼斯	威尼斯	81	9
馬哥索羅聞見錄	馬哥孛羅聞見錄	82	1

誤	正	頁數	行數
馬哥索羅底書	馬哥孛羅底書	82	8
馬哥索羅旅行記	馬哥孛羅旅行記	83	2
Stanand edition	Standard edition	83	3
方面偏纂的	方面編纂的	84	1
東方行記	東方旅行記	94	14
Lonbon	London	106	2
現在割受了	現在割愛了	109	19
d'Aistoire	d'hiotoire	111	1
援都他	拔都他	126	5
····旋行家相····	····旅行家相傳····	128	20
土耳土人	土耳其人	134	18
洗福宗	沈福宗	177	2
供抹討資料	供探討資料	189	2
史華帝國全誌	中華帝國全誌	205	17
Kouug	Koung	218	4
緒編	緒論	221	5
緒編	緒論	222	10
繼講任席	繼任講席	231	14

誤	正	頁數	行數
尼便作了一篇…… aux doutes	應接入 234頁最後一行	233	20
乃了般東洋學底進步	了一般東洋學底進步	237	5
嗜好傾向子東洋語	嗜好傾向于東洋語	255	8
常的困離	常的困難	260	10
Chimois	Chnois	266	10
石非	石田	269	8
MasP ro	Maspero	271	11
mèlanges	mélanges	271	16
booke	books	274	12
M'emoire	Mémoire	298	15
Londan	London	299	13
釋文與注譯	譯文與注釋	301	3
土耳土斯坦	土耳其斯坦	314	1
著在美國人	著者美國人	322	16
著在德意志人	著者德意志人	323	13
Tartatie	Trtarie	327	16